Ochotskisches Meer
Russland
Sachalin
Kurilen-Archipel
Aléuten
Hokkaido
45°
N
W
O
S
Japan
Tokio
PAZIFISCHER OZEAN
30°
Hawaii- oder Sandwich-Inseln
Hawaii
(USA)
Marianen oder Ladronen
Gilbert-Inseln
Marshall-Inseln
10°
Mikronesien
Äquator
Papua-Neuguinea
Salomonen
Ellice-Inseln
Port Moresby
10°
Samoa-Inseln
Vanuatu
Korallensee
Fidschi
20°
Tonga
Cook-Inseln
Neukaledonien
(Frankreich)
30°
Kermadec-Inseln
Canberra
Tasmansee
SÜDSEE
Neuseeland
40°
Tasmanien
Wellington
140°
150°
160°
170°
180°
170°
160°
150°

Matthias Naß

KOLLISION

Matthias Naß

KOLLISION

China, die USA und der Kampf
um die weltpolitische Vorherrschaft
im Indopazifik

C.H.BECK

Mit 22 Abbildungen und 2 Karten

www.chbeck.de
Umschlaggestaltung: Rothfos & Gabler, Hamburg
Umschlagabbildung: U-Boote und Kriegsschiffe der chinesischen Marine bei einer internationalen Flottenschau zur Feier des 60. Jahrestages der Gründung der Marine der Volksbefreiungsarmee am 23. April 2009 vor Qingdao in der Provinz Shandong.
Foto © GUANG NIU / POOL / AFP via Getty Images
Satz: Fotosatz Amann, Memmigen
Druck und Bindung: CPI – Ebner & Spiegel, Ulm
Printed in Germany
ISBN 978 3 406 80845 6

myclimate

klimaneutral produziert
www.chbeck.de/nachhaltig

Für Maelle Nami

Inhalt

Einleitung

Es war nur ein Ballon, der Anfang Februar 2023 über die Vereinigten Staaten trieb. Er näherte sich dem Kontinent von Westen über die Aleuten, überflog Alaska, nahm den Weg südwärts über Kanada, verharrte eine Weile über einem Militärstützpunkt mit Silos für Interkontinentalraketen im US-Bundesstaat Montana, flog dann langsam weiter nach Osten. Als er im Bundesstaat South Carolina die Atlantikküste überquert hatte, schoss die US-Luftwaffe den Ballon ab. Wie ein zerknülltes Papiertaschentuch trudelte er vom Himmel. Die Lauschtechnik an Bord fiel etwas rascher herab. Die Navy barg die Überreste aus dem Meer.

Der Ballon kam aus China, was in Peking niemand bestritt. Wir wollten das Wetter erkunden, behaupteten die Chinesen, leider habe der Wind das Luftschiff vom Kurs weggetrieben. Ihr habt uns ausspioniert, empörte sich die Regierung in Washington und sammelte fleißig Beweise für die Richtigkeit ihres Verdachts. Ein chinesischer Ballon über dem Herzland der USA, so groß, dass er mit bloßem Auge zu sehen war, das verstörte die sicherheitsbesessenen Amerikaner. Zumal es, wie sich nun herausstellte, nicht die erste Spionageaktion dieser Art war. Nur waren die bisherigen Ballonflüge nicht in der Öffentlichkeit bekannt geworden. Die Rede zur Lage der Nation, die Präsident Joe Biden wenige Tage später vor dem Kongress halten musste, bot ihm eine prominente Bühne, um klarzustellen: «Wenn China unsere Souveränität bedroht, werden wir handeln und unser Land schützen. Genau das haben wir getan.»

Die Atmosphäre ist aufgeladen zwischen den Vereinigten Staaten und der Volksrepublik China. Es braucht nicht viel, schon knallt es. China will in der Weltpolitik «näher an die Bühnenmitte» rücken, wie es Staatschef Xi Jinping formuliert hat. Diesen Platz aber wollen die USA nicht räumen. Amerika als Nummer zwei – eine solche Zukunft lässt sich mit der eigenen Vorstellung von der Welthierarchie nicht vereinbaren.

Der «strategische Wettbewerb» mit China, den Joe Biden ausgerufen hat, ist globaler Natur. Aber das Zentrum des politischen Ringens zwischen der etablierten und der aufsteigenden Supermacht liegt im Indopazifik. Und dort wiederum im westlichen Teil des Pazifischen Ozeans. Von der koreanischen Halbinsel bis zur Straße von Malakka stoßen die Interessen der Konkurrenten hart aufeinander. Seit dem Ende des Zweiten Weltkriegs war die amerikanische Hegemonie in der Region unumstritten; nun möchte China die fremde Vormacht am liebsten ganz vertreiben – die dort nach Ansicht der US-Verbündeten zur Wahrung der Machtbalance aber dringend gebraucht wird. Je stärker die Volksrepublik werde, desto mehr.

Überhaupt, Amerika eine fremde Macht? Wir waren immer schon eine indopazifische Nation, sagt die Regierung in Washington, wir sind es heute und werden es bleiben. Schließlich reiche amerikanisches Territorium von der kalifornischen Küste über Hawaii bis nach Guam, weit im Westen des Pazifiks. Seit zweihundert Jahren treibe man Handel mit Asien. «Wir sind gekommen, um zu bleiben», versicherte Präsident Barack Obama im November 2011 vor dem australischen Parlament in Canberra. «Hier sehen wir die Zukunft.»

Vom «Indopazifik» war damals, 2011, allerdings noch wenig die Rede. Langsam erst machte dieser Begriff seinen Weg durch die Denkfabriken und Staatskanzleien, tauchte dann immer häufiger in den Memoranden und Reden der strategischen Planer, der Politiker und schließlich der Militärs auf. In die Debatte geworfen hatte ihn der japanische Premierminister Shinzo Abe 2007 bei einem Auftritt vor dem indischen Parlament. Abe war der Überzeugung, Indien sei unverzichtbar als Gegengewicht zu einem übermächtigen China, das seine Macht nicht nur am Pazifischen, sondern auch am Indischen Ozean ausdehnte. Vor den Abgeordneten in Delhi schwärmte er von dem «Zusammenfließen der beiden Meere», eine Formulierung, die er sich bei einem frühen Prinzen des indischen Mogul-Reiches ausge-

Ein chinesischer Aufklärungsballon driftet vor der Küste von South Carolina in den Ozean, nachdem er von der US-Luftwaffe abgeschossen wurde, 4. Februar 2023.

liehen hatte. Die Parlamentarier, so schildert es ein japanischer Diplomat, waren hingerissen von der Rede: Sie «applaudierten, hämmerten auf die Tische, trampelten auf den Fußboden».[1]

Der nationalkonservative Abe, ein für japanische Verhältnisse ganz untypisch offen machtbewusster und zugleich weit vorausdenkender Außenpolitiker, sollte ein zweites Mal einen wichtigen Begriff prägen, als er bei einem Gipfeltreffen 2016 in Nairobi für einen «freien und offenen Indopazifik» warb. Wenig später übernahmen die Amerikaner die Formel. *A free and open Indo-Pacific*, in kaum einem westlichen Regierungsdokument, in kaum einer sicherheitspolitischen Grundsatzrede zum Thema fehlt seither diese Formulierung. Sie richtete sich von Anfang an gegen China. Der Begriff Indopazifik sei mehr als ein Wortspiel, schreibt Rory Medcalf, Professor an der Australischen Nationaluniversität. Er sei ein «Code» für eine Schwächung Chinas. Viele Nationen sähen sich im 21. Jahrhundert vor ein Dilemma gestellt: Gibt es gegenüber einem starken und oft gewaltbereiten China etwas anderes als nur die Wahl zwischen Kapitulation und Konflikt?[2]

In der Praxis, da hat die chinesische Führung schon recht, verbirgt sich hinter dem Wort vom «freien und offenen Indopazifik» eine Politik der Eindämmung. Der Westen will China die Grenzen seiner Macht aufzeigen. Zu diesem Zweck baut er an einer neuen Sicherheitsarchitektur. Jake Sullivan, der Nationale Sicherheitsberater von Joe Biden, beschreibt sie als globales «Gitterwerk» von Bündnissen und Partnerschaften. Es gehe nicht darum, die bilateralen Allianzen in Asien oder die Nato einfach «aufzumöbeln»; vielmehr müssten die bestehenden Sicherheitsstrukturen vernetzt und durch «neue Komponenten ergänzt» werden. Vor allem im indopazifischen Raum.[3] Denn daran lässt die Regierung in Washington keinen Zweifel: Das Zentrum der Weltpolitik hat sich verlagert, weg vom Atlantik, hin zum Indopazifik. Hier bündelt die Supermacht Amerika nun ihre Kräfte. Schon 2018 wurde das Pazifik-Kommando der US-Streitkräfte auf Hawaii umbenannt in Indopazifik-Kommando; es ist heute für die Operationen in beiden Weltmeeren zuständig, dem Pazifischen und dem Indischen Ozean.

Rund ein Dutzend westliche Regierungen sowie die Europäische Union haben inzwischen «Indopazifik-Strategien» veröffentlicht, in denen sie die Grundzüge ihrer Politik gegenüber der Weltregion formulieren. Manche dieser Strategien sind von Vorsicht geprägt, wie die deutsche. Andere, etwa die kanadische, kündigen einen kämpferischen Kurs an und gehen hart mit der Volksrepublik ins Gericht. «China ist eine zunehmend disruptive globale Macht», heißt es in dem Dokument aus Ottawa. Kanada werde sich immer für die universellen Menschenrechte einsetzen, auch die der «Uiguren, Tibeter und anderer religiöser und ethnischer Minderheiten. Kanada wird weiterhin Schulter an Schulter mit den Menschen Hongkongs stehen.»[4]

Die im September 2021 noch von der damaligen großen Koalition in Berlin verabschiedeten «Leitlinien zum Indo-Pazifik» beschreiben die deutsche Politik viel zurückhaltender. Zwar sei Deutschland «bereit, einen Beitrag zur Durchsetzung von Regeln und Normen in der Region zu leisten». Aber die Bundesregierung halte «Eindämmungs- und Entkopplungsstrategien für nicht zielführend».[5] Das ist immer noch die Haltung Berlins und die der meisten anderen europäischen Regierungen. Doch die Beziehungen zwischen China und Europa sind schwierig geworden. Die Volksrepublik hat in den vergangenen Jahren eine rücksichtslose Machtpolitik betrieben, sie hat die Repression im eigenen Land verschärft und die eigenen Interessen nach außen mit aller Härte durchgesetzt, selbst gegenüber einem so kleinen Land wie Litauen, nur weil ihr dessen freundliche Haltung zu Taiwan nicht gefiel. Sie hat mit dem guten Willen, der China aus Europa entgegengebracht wurde, Schindluder getrieben. Das rächt sich nun. Und eint den Westen. Auch wenn die Europäer den amerikanischen Konfrontationskurs bisher nicht mitgehen.

Von Washington aus gesehen, hat der zweite Kalte Krieg längst begonnen. Demokraten und Republikaner mögen sich über alles streiten, in einem Punkt herrscht Konsens: Die fünfzig Jahre lang gemeinsam betriebene Politik einer Einbindung Chinas in das westlich geprägte internationale System ist gescheitert. Sie habe nur eines bewirkt: Die Volksrepublik sei stärker geworden. Etwa durch die auch von den USA unterstützte Aufnahme in die Welthandelsorganisation, für die China die Voraussetzungen gar nicht erfüllt habe. Zugleich habe Amerikas Politik des *engagement* die eigene Wirtschaft geschwächt, weil man der Subvention staatlicher Unternehmen durch Peking oder dem Diebstahl geistigen Eigentums jahrzehntelang tatenlos zugesehen habe. Millionen Jobs seien verloren gegangen. Nun will Joe Biden sie, wie schon sein Vorgänger Donald Trump, nach Amerika zurückholen.

Die lange für unmöglich gehaltene «Entkopplung» in der Weltwirtschaft hat begonnen. In Schlüsselindustrien wie der Halbleiterfertigung oder der Telekommunikation schotten die USA ihren Markt durch Exportkontrollen und Investitionsverbote gegen die chinesische Konkurrenz ab. Begründet wird dies nicht nur mit einer Verzerrung des Wettbewerbs, sondern auch mit Gefahren für die nationale Sicherheit. Und diese Sorge ist nicht unberechtigt. Das chinesische System kennt keine klare Trennung zwischen Staats- und Privatwirtschaft. Zivile und militärische Firmen arbeiten eng zusammen, auch private Unternehmen können gezwungen werden, für die Armee oder die Nachrichtendienste tätig zu werden.

Aber in den USA gibt es auch gewichtige Stimmen, die vor einer Deglobalisierung warnen. Zu ihnen gehört der ehemalige Finanzminister Henry M. Paulson, der in der Weltfinanzkrise 2008 eng mit der chinesischen Führung zusammenarbeitete und so einen totalen Kollaps der Märkte verhinderte. Zwischen den USA und China dürfe kein «wirtschaftlicher eiserner Vorhang» niedergehen, schreibt Paulson. Die Volksrepublik bleibe ein riesiger Markt, den Amerika nicht seinen Konkurrenten überlassen dürfe. Schon heute sei China die größte Handelsnation der Welt. Zwei Drittel aller Länder betrieben mehr Handel mit der Volksrepublik als mit den Vereinigten Staaten. Bei der Hochtechnologie allerdings, räumt Paulson ein, sei «ein gezieltes Entkoppeln absolut notwendig».[6]

Besorgniserregender als die Gegensätze in der Wirtschaftspolitik sind allerdings die wachsenden militärischen Spannungen. Das gilt für die Vereinigten Staaten, es gilt aber auch für deren Verbündete in Asien wie in Europa. China rüstet dramatisch auf, bei der Marine, den Raketenbeständen, die schon heute die größten der Welt sind, und bei den Nuklearwaffen. Das militärische Potential der Volksrepublik wird zunehmend als bedrohlich empfunden. In Japan wie in Indien oder in Australien. Selbst Nato-Generalsekretär Jens Stoltenberg hat ein ums andere Mal vor Chinas Langstreckenraketen und seinen militärischen Aktivitäten im All und im Cyberraum gewarnt.

Wann wird sich Peking stark genug fühlen, um mit dem Gebrauch seiner Waffen zu drohen oder sie tatsächlich einzusetzen? Durch den Ukrainekrieg ist diese Frage dringlicher geworden. Wenn Wladimir Putin ohne jeden Grund und im tiefsten Frieden die Ukraine überfällt, warum soll dann nicht auch Xi Jinping Taiwan angreifen? China hat die Anwendung von Gewalt gegen die 160 Kilometer vor seiner Küste liegende Insel niemals ausgeschlossen und drängt immer ungeduldiger auf die Wiedervereinigung, auch wenn die Bürger Taiwans davon nichts wissen wollen. Im Jahr 2022 sind chinesische Militärjets 1700-mal in die Luftverteidigungszone Taiwans eingedrungen. Eine gezielte Provokation. Das Überfliegen der «Mittellinie» zwischen dem Festland und Taiwan, die beide Luftwaffen voneinander fernhalten soll, gilt inzwischen als das «neue Normal».

Obwohl der Ukrainekrieg alle Aufmerksamkeit auf sich zieht, haben Europäer und Amerikaner die im Indopazifik drohende Eskalation keineswegs aus den Augen verloren. Im Gegenteil, Putins Aggression hat den Blick für die im Fernen Osten heraufziehende Gefahr geschärft. Vor allem natürlich in der Region selbst. In Japan hat er zu einer Neuausrichtung der Verteidigungspolitik geführt, ähnlich der deutschen «Zeitenwende». Australien hält auch nach dem Regierungswechsel von den Konservativen zu Labour 2022 an der Beschaffung von atomgetriebenen U-Booten mit Hilfe der USA und Großbritanniens fest. Die Philippinen, die sich Peking zugewandt hatten, verstärken nun wieder die militärische Zusammenarbeit mit den USA. Indien, das stets größten Wert auf seine Neutralität und Blockfreiheit gelegt hat, arbeitet mit den USA, Japan und Australien in einem Sicherheitsdialog («Quadrilateral Security Dialogue» – Quad) auch militärisch immer enger zusammen. China sieht in der Kooperation dieser vier Staaten den Kern einer «asiatischen Nato», aber von einer formellen Allianz kann bisher keine Rede sein.

Und doch, das «Gitterwerk» der Bündnisse und Partnerschaften, von dem Joe Bidens Nationaler Sicherheitsberater Jake Sullivan spricht, nimmt Gestalt an. Der Ukrainekrieg wirkt wie ein Katalysator. Peking hat dem Terror Wladimir Putins gegen die Zivilbevölkerung ohne ein einziges öffentliches Wort der Kritik zugeschaut, die Schuld an dem Krieg hat es allein den Vereinigten Staaten und der Nato gegeben. Gerade bei den Osteuropäern, die einst voller Hoffnung auf China schauten, hat Peking damit fast allen Kredit verspielt. «China ist im Augenblick kein freundliches Land», sagte Tschechiens neugewählter Präsident Petr Pavel im Februar 2023, «sein Regime ist unvereinbar mit den Zielen und Prinzipien westlicher Demokratien.» Pavel fand Pekings Verhalten von Beginn des Ukrainekriegs an verwerflich. «Zweifellos hatte China die Chance, Russlands Entscheidungen mit starker Stimme zu beeinflussen, hat diese Gelegenheit aber nicht genutzt. Sie sind weggeblieben.»[7]

Noch zerfällt die Welt nicht wie im ersten Kalten Krieg in feindliche Blöcke. Aber es formieren sich erneut zwei Lager. In der Auseinandersetzung mit den Autokratien China und Russland wächst ein «globaler Westen» heran. Länder wie Japan, Südkorea, Australien oder Singapur beteiligen sich an den Wirtschaftssanktionen gegen Russland. Die Regierungschefs aus Tokio, Seoul, Canberra oder Wellington nehmen inzwischen ganz selbstverständlich an den Gipfeltreffen der Nato teil. Kriegsschiffe und Kampfflugzeuge aus Frankreich, Großbritannien und Deutschland beteiligen sich an Manövern im Indischen oder Pazifischen Ozean. Die neue Einheit dieses «globalen Westens» – sie ist auch das Werk Wladimir Putins und Xi Jinpings. Ohne die autokratische Herausforderung wäre er so zerstritten wie eh und je.

Nach Ansicht des chinesischen Politikwissenschaftlers Wang Jisi kann die Rivalität zwischen China und Amerika «von längerer Dauer sein, umfassender und intensiver als jeder andere internationale Konkurrenzkampf der modernen Geschichte, einschließlich des Kalten Krieges». Die Ähnlichkeiten zum ersten Kalten Krieg sind frappierend: Lagerbildung, Aufrüstung, politische Feindbilder, atomare Drohgebärden. Zugleich sind die Unterschiede offenkundig: Der Kommunismus ist Geschichte, die Großideologien des vergangenen Jahrhunderts haben abgewirtschaftet, China und der Westen sind wirtschaftlich und finanziell auf das Engste miteinander verflochten.

Doch der nationalistische Furor ist manchmal stärker als der Wunsch nach Frieden und nach Wahrung des Wohlstands. In der Ukraine hat Putin alle Hoffnungen, er werde sich am Ende rational – und human – verhalten, mit kalter Erbarmungslosigkeit zunichte gemacht. Xi Jinping, heißt es, sei besonnener und pragmatischer. Aber auch für ihn ist die Wiedervereinigung Taiwans mit dem Festland eine heilige patriotische Pflicht. «Um uns herum zieht ein Sturm auf», warnte Singapurs Premierminister Lee Hsien Loong im August 2022 in düsterer Vorahnung. «Es ist unwahrscheinlich, dass sich die Lage bald bessern wird.»[8]

I. Das Ringen der Weltmächte

1. Demokratie oder Autokratie – In welcher Ordnung werden wir leben?

«Amerika ist wieder da!» Mit dieser Botschaft zog Joe Biden im Januar 2021 ins Weiße Haus ein. Dieser Präsident, signalisierte der Demokrat Biden Verbündeten und Gegnern gleichermaßen, werde nach den vier Jahren unter seinem unberechenbaren republikanischen Vorgänger Donald Trump amerikanische Außenpolitik wieder im gewohnten Koordinatensystem betreiben. Glaubwürdigkeit und Einfluss, die unter Trump verspielt worden seien, müssten zurückgewonnen werden, zuallererst dadurch, dass die Vereinigten Staaten ihre eigene Demokratie erneuerten. In einem Grundsatzartikel für die Zeitschrift *Foreign Affairs* hatte Biden ein Versprechen abgegeben: Innerhalb des ersten Jahres seiner Amtszeit werde er einen «globalen Gipfel für Demokratie» organisieren.[1] Drei Aufgaben setzte er auf die Tagesordnung dieses Gipfels: den Kampf gegen die Korruption, die Verteidigung gegen den Autoritarismus und die Förderung der Menschenrechte. Nach Trumps populistischem Getöse des «America first» sollte klar sein, die Vereinigten Staaten wollten sich neu auf ihre politischen und moralischen Maßstäbe besinnen. Wer, wenn nicht wir, kann Freiheit und Demokratie auf der Welt schützen – so der hohe Ton des Artikels. Biden, konnte man zwischen den Zeilen lesen, werde gewiss nicht mit Diktatoren wie Nordkoreas Kim Jong-un kuscheln und treue Alliierte verächtlich behandeln.

Der Gipfel fand am 9. und 10. Dezember 2021 statt. Die Welt nahm nicht viel Notiz davon. Und es wäre noch ruhiger um das Treffen gewesen, hätte nicht China, das außen vorgeblieben war, vor Wut geschäumt. Seit Jahren hörte die Führung in Peking den Westen von einer «systemischen Rivalität» sprechen, nun schien sie entschlossen zu sein, in die Offensive zu gehen und den Wettbewerb um das bessere System aufzunehmen. Denn für sie steht die Überlegenheit der «chinesischen Ordnung» über das «westliche Chaos» außer Frage. Gleich zwei Grundsatzpapiere veröffentlichte die chinesische Regierung am Wochenende vor dem Gipfel. «China. Demokratie, die funktioniert», hieß das erste. «Zur Lage der Demokratie in den Vereinigten Staaten», das zweite.[2]

«Demokratie, die funktioniert» – die chinesischen Staatsmedien listeten Tag für Tag Beispiele auf, was damit gemeint war: die Eindämmung der Covid-19-Pandemie, der Kampf gegen die Korruption, die Selbstbehauptung im Handelskrieg mit den USA, die Niederschlagung des «Aufruhrs» in Hongkong 2019. All dies zeige, wie effektiv das chinesische Modell arbeite. Und wie gerecht es sei. Im Gegensatz zur amerikanischen Alternative. Die Beispiele für dessen Versagen: der Sturm des von Trump aufgehetzten Pöbels auf das Kapitol in Washington am 6. Januar 2021, die Hunderttausende Corona-Toten, die Gewalt gegen Schwarze; aber auch der globale «Krieg gegen den Terror» mit seinen fehlgeschlagenen Interventionen im Irak und in Afghanistan. Das amerikanische System sei «ernsthaft krank», resümierte die Parteipresse. Und dennoch, so lautete ihr Vorwurf, beanspruchten die Vereinigten Staaten gleichsam ein Monopol bei der Definition dessen, was eine richtige Demokratie sei, belehrten andere Länder, mischten sich in deren Angelegenheiten ein und suchten Vorwände, um fern der eigenen Grenzen militärisch zu intervenieren.

Was Chinas Medien unterschlugen: Die Regierung Biden hatte die demokratischen Defizite im eigenen Land keineswegs verschwiegen. Im Gegenteil: Sie verstand die Polarisierung der amerikanischen Gesellschaft, die sich in der Wahl Trumps spiegelte, als einen Weckruf. Außenminister Antony Blinken sprach von einer «Erosion der Demokratie» in den USA, von «strukturellem Rassismus» und «Desinformation».

Kein Präsident vor Donald Trump hatte je die Legitimität freier Wahlen in Frage gestellt. Über die Vertrauenskrise daheim wollte die Regierung Biden auf dem Gipfel ausdrücklich Rechenschaft ablegen.

Und diese Bereitschaft zur Selbstkritik unterschied sich dann doch auffällig von der Selbstgerechtigkeit der chinesischen Führung, die von eigenen Fehlern und Schwächen nichts wissen wollte und will.

Es war aber gar nicht so sehr der Streit über das richtige System, der in Peking für Empörung sorgte. Vielmehr war es die Tatsache, dass auf der Liste der 110 eingeladenen Länder der Name Taiwan auftauchte, gleich hinter der Schweiz. Damit hatte die Regierung Biden eine rote Linie überschritten. Denn die «Insel Taiwan» ist aus Pekinger Sicht kein souveräner Staat, sondern eine abtrünnige Provinz der Volksrepublik. Für die chinesische Führung hatte der Gipfel vor allem einen Zweck: Er sollte den auf Taiwan regierenden «Sezessionisten» eine Bühne bieten. Im Übrigen sei alles bloß der Versuch einer «kleinen antichinesischen Clique», die Volksrepublik einzudämmen.

Nur: Taiwan hat sich seit Ende der achtziger Jahre tatsächlich zu einer lebendigen Demokratie entwickelt, mit freien Wahlen, friedlichen Regierungswechseln, einer kritischen Presse und einer offenen Zivilgesellschaft. Taiwan ist der beste Beweis dafür, dass chinesische Kultur und demokratische Freiheiten miteinander harmonieren können. Jene, die in den achtziger Jahren gegen das Kriegsrechtsregime der 1949 vom Festland auf die Insel geflohenen Kuomintang aufbegehrten, kamen auf demokratischem Weg an die Macht; und die ehemals Mächtigen fanden sich, wenn auch zähneknirschend, mit der Oppositionsrolle ab.

Nachdem Peking in den Jahren 2019 und 2020 die Demokratiebewegung in Hongkong zerschlagen hat, ist Taiwan zum Zufluchtsort bedrohter Dissidenten geworden. Nichtregierungsorganisationen wie Reporter ohne Grenzen oder die Friedrich-Naumann-Stiftung haben ihre asiatischen Regionalbüros nach Taipei verlegt, weil sie hier ungestört arbeiten können. Nirgendwo in Ostasien sind die gesellschaftlichen Freiräume heute größer. Was der wirtschaftlichen Entwicklung nicht geschadet hat: Auf der kleinen Insel mit ihren 23,5 Millionen Einwohnern werden heute die modernsten Mikrochips der Welt produziert.

Demokratie oder Autokratie – dieser Wettbewerb wird keineswegs nur, wie einst im Kalten Krieg, zwischen Ost und West ausgetragen,

Demonstranten schützen sich mit Regenschirmen bei einer Protestveranstaltung in Hongkong, 29. September 2019.

sondern auch zwischen asiatischen Staaten und innerhalb ihrer Gesellschaften. Japan machte sich nach seiner verheerenden Niederlage im Zweiten Weltkrieg auf den Weg zur Demokratie. Südkorea überwand die Militärdiktatur 1987, im selben Jahr hob auf Taiwan Präsident Chiang Ching-kuo das Kriegsrecht auf. Auf den Philippinen zwang 1986 die Protestbewegung «People Power» den Diktator Ferdinand Marcos ins Exil. Die achtziger Jahre des vorigen Jahrhunderts, in denen die Osteuropäer ihre Freiheit erkämpften, waren auch in Ostasien eine Zeit des Aufbruchs. Sogar in China regte sich Protest, doch am 4. Juni 1989 bereitete das Massaker auf dem Platz des Himmlischen Friedens in Peking allen Hoffnungen auf eine politische Liberalisierung ein brutales Ende.

In den achtziger und neunziger Jahren stritten viele asiatische Gesellschaften über ihren künftigen politischen Weg. Die politischen und wirtschaftlichen Eliten strotzten vor Selbstbewusstsein. Nach dem staunenswert erfolgreichen Japan waren weitere Staaten auf Wachstumskurs gegangen. Vor allem die «Vier kleinen Tiger» (Südkorea, Taiwan, Singapur und Hongkong) beeindruckten die Welt mit ihrem ökonomischen und technologischen Fortschritt. Warum holte Asien plötzlich so schnell auf? Warum begann der Westen, der doch seit der industriellen Revolution in der Weltwirtschaft den Ton angegeben und die Maßstäbe gesetzt hatte, plötzlich ebenso bewundernd wie furchtsam vom heraufziehenden «asiatischen Jahrhundert» zu sprechen? Lagen die Gründe dafür auch in den Traditionen Asiens, in seinem Denken?

Die Suche nach Erklärungen mündete in eine leidenschaftliche Debatte über die «asiatischen Werte», die nie allein ein intellektueller Streit, sondern von Anbeginn auch eine politische Auseinandersetzung war. Im Kern ging es um die Frage, ob der asiatische Gemeinsinn, der soziale Zusammenhalt, die Verpflichtung gegenüber Familie und Gesellschaft dem westlichen Individualismus nicht überlegen seien. Ob die Freiheitsrechte des Einzelnen vor allem in den Vereinigten Staaten nicht längst in Libertinage und Dekadenz abgeglitten seien. Davon überzeugt waren die beiden prominentesten Vertreter der «asiatischen Werte», der Premierminister von Malaysia, Mahathir Mohammed, und der Gründervater des modernen Singapurs, Lee Kuan Yew. Mahathir legte gemeinsam mit dem nationalistischen japanischen Politiker Shintaro Ishihara ein Buch vor mit dem Titel «The Asia That Can Say No», eine Attacke auf den Überlegenheitsdünkel des Westens. In die antiwestlichen Tiraden Mahathirs mischten sich auch antisemitische Töne.

Da war Lee Kuan Yew besonnener. Aber auch er rechnete hart mit den vermeintlichen Schwächen des Westens ab. Unvergessen ist mir ein Interview, das ich mit Lee im Jahr 1994 führte. Er trug damals den Titel «Senior Minister». Ich traf Lee, der über Singapur dreißig Jahre lang mit harter Hand geherrscht hatte, im «Istana». Der weiße Kolonialprachtbau liegt inmitten eines weitläufigen Parks, einst hatten die britischen Gouverneure in ihm residiert. Die Atmosphäre in Lees Arbeitszimmer im zweiten Stock war eisig, nicht nur wegen der auf Kühlschranktemperatur heruntergedrehten Klimaanlage. Kein Lächeln, kein Smalltalk. Nur der Blick: Kommen Sie bitte zur Sache!

In Singapur war gerade ein junger Holländer hingerichtet worden, der mit vier Kilo Heroin im Gepäck erwischt worden war. Dass diese

Hinrichtung viele Europäer schockiert hatte, focht Lee nicht an. «Die Tatsache, dass er Holländer ist, schützt ihn nicht vor Strafe, wenn er Drogen nach Singapur bringt», erklärte Lee kühl. «Ich kann nichts dabei finden, dass er hängen musste. Warum nicht?» Lee redete sich in Rage: «Können Sie sich vorstellen, welche Mühen es uns bereitet, unsere Drogenabhängigen zu rehabilitieren? Haben Sie sie jemals gesehen? Wir haben hier Lager für sie. Sie sind zerstörte Menschen, zerstört! Ich sage, wir hängen die Drogenhändler auf. Und jeder weiß das.»

Aber ich wollte mit Lee Kuan Yew nicht über die Todesstrafe sprechen, sondern über die asiatischen Werte. Meine Frage an ihn: Ist Entwicklung möglich ohne Demokratie? Seine Antwort: «Wenn Sie Demokratie nach amerikanischem oder deutschem Muster meinen, dann würde ich sagen: Ja, es kann Entwicklung ohne Demokratie geben. Sie brauchen nicht unbedingt Wahlen, widerstreitende Ansichten und regelmäßige Wechsel von Parteien in der Politik.«[3] Hier sprach ein selbstbewusster Autokrat, in dessen Regierungszeit Singapur von einer malariaverseuchten, sozial und ethnisch zerrissenen Hafenstadt zum Finanz- und Technologiezentrum Südostasiens aufgestiegen war. Westliche Belehrungen wollte er sich nicht anhören.

Der Stolz auf das Geleistete war in Städten wie Singapur und Kuala Lumpur, in Seoul, Taipei oder Hongkong gewaltig. Und er fand im Westen viel Widerhall, vor allem unter Geschäftsleuten, die begeistert waren vom Tempo in den aufstrebenden Ländern Asiens, von der Effizienz und der Entscheidungsfreude, auf die sie dort trafen. Ein Modell, von dem Europa und Amerika lernen könnten, meinten sie. Ralf Dahrendorf, der Soziologe und große Liberale, sprach damals von der «autoritären Versuchung», die manchen Bewunderer des Aufstiegs Asiens erfasst hatte. Dahrendorf sann nach über die Fragen, die sich aus den asiatischen Erfolgen ergaben. «Heißt also die Alternative der modernen Gesellschaft: Wirtschaftliches Wachstum und politische Freiheit ohne sozialen Zusammenhalt – oder Wirtschaftswachstum und sozialer Frieden ohne Freiheit? Gibt es am Ende eine Alternative zum westlichen Modell? Eine, die genauso funktionsfähig ist? Für einige sogar attraktiver, wenn auch für andere inakzeptabel?»[4]

Aber der Streit um die «asiatischen Werte» war keineswegs nur eine Ost-West-Debatte, es war ebenso sehr ein innerasiatischer Disput. So warf Kim Dae Jung, der südkoreanische Oppositionsführer und spätere Staatspräsident, Lee Kuan Yew vor, ideologisch zu argumentieren. Mit seiner Behauptung, das westliche Konzept von Demokratie und Menschenrechten eigne sich aus kulturellen Gründen nicht für Asien, wolle er nur die eigene autoritäre Herrschaft rechtfertigen. Die Demokratie sei dem asiatischen Denken keineswegs fremd, im Gegenteil, es gebe «ein reiches Erbe an demokratisch orientierten Philosophien und Traditionen». Kim nannte beispielhaft den chinesischen Philosophen Menzius (372–289 v. Chr.) und die koreanische Religion Tonghak. «Asien sollte bei der dauerhaften Einführung von Demokratie und der Stärkung der Menschenrechte keine Zeit verlieren», fasste Kim Dae Jung seine Kritik an den Kündern der «asiatischen Werte» zusammen. «Das größte Hindernis ist nicht sein kulturelles Erbe, sondern der Widerstand autoritärer Führer und ihrer Gefolgsleute.»[5]

Zu denen, die bis heute vehement im Sinne Lee Kuan Yews argumentieren, gehört der singapurische Ex-Diplomat, Politikwissenschaftler und Publizist Kishore Mahbubani. In etlichen Büchern und Hunderten von Artikeln beschwor er die Überlegenheit des asiatischen Modells. Der Wiederaufstieg Asiens, insbesondere die Rückkehr Chinas als führende Macht, stellen für ihn die historische Normalität wieder her. In immer neuen Wendungen hält Mahbubani dem Westen seine Verblendung vor, er verzweifelt geradezu an dessen fehlender Einsicht in seinen unabweisbaren Niedergang. Gern zitiert er den britischen Historiker Angus Madison, der errechnet hat, dass China und Indien bis zum Jahr 1820 die beiden größten Wirtschaftsnationen der Welt waren. «Die vergangenen zwei Jahrhunderte welthistorischer Dominanz des Westens waren die Ausnahme, nicht die Regel in zwei Jahrtausenden globaler Geschichte», bekräftigt Mahbubani.[6]

Kritik aus dem Westen, zumal aus den Vereinigten Staaten, an Menschenrechtsverletzungen und Demokratiedefiziten in China weist Kishore Mahbubani als anmaßend zurück. «Wenn künftige Historiker eines Tages zurückschauen, werden sie sich meiner Meinung nach wundern, wie der Westen erwarten konnte, dass ein Land wie die USA mit nicht einmal 250 Jahren Geschichte ein Land wie China mit 4000 Jahren politischer Geschichte glaubte verändern zu können. Die Vorstellung, der Rest der Welt werde sich im Laufe der Zeit genauso entwickeln wie der Westen, ist arrogant.«[7]

Auf intellektueller Ebene wird der Streit um die Demokratie, über die Vorzüge des westlichen oder des östlichen Modells, über das Erbe des Kolonialismus oder die Universalität der Menschenrechte in Asien seit vielen Jahren leidenschaftlich geführt. Politisch jedoch, zwischen den Regierungen, gilt das Prinzip strikter Nichteinmischung. Weiterentwicklungen des Völkerrechts wie eine zwischenstaatliche Schutzverantwortung (*responsibility to protect*) bei schweren Verbrechen gegen die Menschlichkeit oder gar der Ruf nach «humanitären Interventionen» werden rundum abgelehnt. Schon offene Kritik an den politischen Zuständen in den Nachbarländern gilt als unzulässige Einmischung in die inneren Angelegenheiten souveräner Staaten.

Auch der 1967 gegründete südostasiatische Staatenbund Asean (Association of Southeast Asian Nations) hält am Prinzip der Nichteinmischung fest. Er wäre sonst wohl auch längst auseinandergeflogen, zu heterogen sind die Regierungssysteme seiner zehn Mitgliedsländer. Als Werteunion hat sich Asean nie definiert. Immerhin, als am 1. Februar 2021 in Myanmar das Militär putschte, waren plötzlich neue Töne zu hören. Malaysias Regierung zeigte sich «tief besorgt». Indonesiens Außenministerin Retno Marsudi erklärte, die Demokratie sei genauso wichtig wie das Prinzip der Nichteinmischung. Und Singapurs Premierminister Lee Hsien Loong, Lee Kuan Yews ältester Sohn, beklagte in einem Interview mit der *BBC* den Verlust von Menschenleben auf den Straßen der Städte Myanmars.

Die Armee Myanmars, die schon von 1962 bis 2011 diktatorisch geherrscht und sich danach die Macht geteilt hatte mit der im Volk hochverehrten Ikone der Demokratie, der Friedensnobelpreisträgerin Aung San Suu Kyi, reagierte mit dem Umsturz auf den Erdrutschsieg von Suu Kyis Nationaler Liga für Demokratie bei den Parlamentswahlen. Die Generale sprachen von «Wahlfälschung» und brachen das demokratische Experiment ab. Mehr als 700 friedlich protestierende Bürger wurden in den ersten beiden Monaten nach dem Putsch von den

Bewaffnete Truppen werfen einen friedlichen Protest in Myanmar nieder, Februar 2021.

Sicherheitskräften erschossen. Das Militär errichtete Standgerichte und ließ politische Gefangene foltern.

Solidarisch mit der in den Untergrund gezwungenen «Bewegung des zivilen Ungehorsams» Myanmars zeigte sich in mehreren asiatischen Ländern eine Gruppe von Aktivisten: Die «Milk Tea Alliance» hatte sich nach dem Staatsstreich des Militärs in Thailand 2014 zusammengefunden, mit der Zerschlagung der Demokratiebewegung in Hongkong durch das Pekinger Regime war sie weiter gewachsen. Anhänger der «Milchtee-Allianz» protestierten in Bangkok, Hongkong und Taipei gegen den Putsch in Myanmar – in den sozialen Netzwerken und auf der Straße. Sie fanden Zuspruch in Indonesien, Malaysia, Indien und Australien. Die «Alliance» war der zarte Spross einer panasiatischen Solidaritätsbewegung, die Freiheit und Demokratie in ihren Ländern und auf ihrem Kontinent mit dem gleichen Ernst verteidigen wie Menschenrechtsaktivisten im Westen.

Mehrmals bin ich in Asien Zeuge geworden, wie sich die Menschen erhoben gegen erstarrte Strukturen, gegen Willkür und Anmaßung, gegen den Raub ihrer Freiheit.

Auf den Philippinen, wo «People Power» 1986 den Diktator Ferdinand Marcos stürzte. Junge katholische Nonnen, nur mit einem Rosenkranz bewaffnet, stellten sich auf den Stadtautobahnen Manilas den Soldaten und ihren Panzern entgegen. Die sanfte Corazon Aquino, Witwe des ermordeten Oppositionsführers Benigno Aquino, wurde damals von der Woge des Protests in den Präsidentenpalast getragen. Doch der demokratische Aufbruch blieb Episode. An den Machtstrukturen des katholisch geprägten Landes, an der Herrschaft weniger reicher Familien (zu denen auch die Aquinos gehörten) änderte sich wenig. Auch nicht an der Armut der großen Mehrheit. Und das Amt des Präsidenten übernahm dreißig Jahre später Rodrigo Duterte, ein Killer, der sich in seinem Krieg gegen Drogenhändler und Drogensüchtige über Recht und Gesetz stellte und Tausende töten ließ. Bevor dann 2022 mit der Wahl von Ferdinand Marcos Jr. zum Präsidenten wieder die Familie des ehemaligen Diktators an die Macht kam.

In Südkorea, wo 1987 eine selbstbewusste, zu bescheidenem Wohlstand gelangte Mittelschicht das Militär in die Kasernen zurückschickte. Als sich die Studenten im Stadtzentrum von Seoul Straßenschlachten mit der Polizei lieferten, bis die Tränengasschwaden über die Klimaanlagen in die Büros der Konzernzentralen zogen, hatten sie längst die Angestellten auf ihrer Seite. Die Südkoreaner brauchten die Generale an der Spitze des Staates nicht mehr. Sie wussten, gewählte Politiker würden das Land besser regieren. Und wenn sich das in manchen Fällen als Irrtum herausstellte, wenn Präsidenten der Korruption und des Amtsmissbrauchs überführt wurden, dann schickten unabhängige Richter sie ins Gefängnis. Hier siegte die Demokratie.

In China, wo sich 1989 Zehntausende mit dem Ruf nach politischem Wandel auf Pekings Platz des Himmlischen Friedens versammelten. Wo die Entschlossensten unter den Demonstranten in einen Hungerstreik traten, um die Parteiführung zum Dialog mit ihnen zu zwingen. Wo Studenten der Pekinger Kunstakademie eine «Göttin der Demokratie» nach dem Vorbild der New Yorker Freiheitsstatue errichteten, wenige Meter vor dem Porträt Mao Zedongs am Eingang zur Verbotenen Stadt. Wo schließlich in der Nacht zum 4. Juni 1989 die Panzer der Volksbefreiungsarmee den friedlichen Protest niederwalzten. Bis heute weiß niemand, wie viele Menschen damals starben. Niemand in China darf der Toten vom Tiananmen-Platz öffentlich gedenken, für die Staatspropaganda war ihr friedlicher Protest ein «konterrevolutionärer Aufruhr».

Doch patriotische Studenten, die in Sorge um ihr Land die eigenen Interessen und das eigene Wohl zurückstellen, genossen in den konfuzianisch geprägten Ländern Asiens schon immer ein hohes Ansehen, in China und Korea galten sie als «Gewissen der Nation». In dieser Tradition standen die Tiananmen-Proteste 1989 ebenso wie die gewaltigen Demonstrationen in Hongkong 2019.

Nein, die Asiaten brauchen in Sachen Demokratie keine Lehrmeister aus dem Westen. Wohl aber verdienen sie dort, wo sie für ihre Freiheit kämpfen, Unterstützung und Solidarität. Eines hat die Geschichte ein ums andere Mal gelehrt: Der Wandel muss im eigenen Land, von der eigenen Bevölkerung erkämpft werden. Demokratie kann nicht exportiert werden. Schon gar nicht kann sie einer Gesellschaft gewaltsam aufgedrängt werden. Es gilt das Diktum des frühen deutschen Demokraten Georg Friedrich Rebmann von 1798: «Ein Volk muss seine Freiheit selbst erobern, nicht zum Geschenk erhalten.» Deshalb war der noble Gedanke «humanitärer Interventionen» wohl auch von Beginn an zum Scheitern verurteilt. Zumal es die reine, uneigennützige Einmischung von außen nie gibt; immer mischen sich in den Wunsch nach Hilfe auch politische, wirtschaftliche oder strategische Interessen.

Besonders deutlich zeigte dies der Afghanistan-Einsatz, den die Vereinigten Staaten im Sommer 2021 unter chaotischen Umständen beendeten. Die USA, unterstützt von der Nato, hatten in dem Land am Hindukusch aus einem konkreten Grund interveniert: Sie wollten der Terrororganisation Al-Kaida, die am 11. September 2001 New York und Washington angegriffen hatte, ihr von den Taliban geschütztes Rückzugsgebiet nehmen. Dieses Ziel war spätestens mit dem Tod Osama bin Ladens 2011 erreicht. Und dennoch blieben die westlichen Verbündeten ein weiteres Jahrzehnt im Land. Denn sie hatten den Kampf gegen den Terrorismus stets mit dem Versprechen eines *nation building* politisch überhöht – mit der Hilfe beim Aufbau demokratischer, zivilgesellschaftlicher Strukturen, die vor allem den Frauen in Afghanistan ein Leben in Würde und Selbstbestimmung ermöglichen sollten. Dieser Versuch war dramatisch gescheitert. Nach dem Abzug der Nato-Truppen fiel das Land binnen Wochen zurück in die islamistische Despotie.

Der für den überstürzten Abzug viel kritisierte US-Präsident Joe Biden hatte dieses Scheitern früh kommen sehen. Bereits 2009, damals Vizepräsident unter Barack Obama, widersprach er einer Aufstockung der amerikanischen Truppen. Zu Recht hielt er die Regierung in Kabul nicht für einen verlässlichen Partner. Zum Präsidenten gewählt, machte Biden sich daran, Amerikas längsten Krieg zu beenden, und ließ sich von seinem Entschluss auch durch die abzusehenden fürchterlichen Folgen eines Abzugs nicht mehr abbringen. An ein erfolgreiches *nation building* hatte er nie geglaubt. Für Biden galt: «Es ist das Recht und die Verantwortung allein des afghanischen Volkes, über seine Zukunft zu entscheiden.» Angesichts der Bilder vom Wiedereinzug der Taliban in Kabul klangen seine Worte fast zynisch, auch wenn sie anders gemeint waren.

Nach Afghanistan war klar: So bald würde der Westen nicht mehr in fernen Weltgegenden militärisch eingreifen. Die Hoffnungen, die in den neunziger Jahren des 20. Jahrhunderts die kurze Ära der «humanitären Interventionen» begleitet hatten, waren einer großen Desillusionierung gewichen. Vielleicht waren diese Hoffnungen schon im Irak gestorben, in einem Krieg, der mit schamlosen Lügen begann. In Afghanistan hielt der Westen dennoch zwanzig Jahre lang an Kriegszielen fest, die nicht zu erreichen waren.[8]

Im Ringen zwischen Demokratie und Autokratie kann der Westen am besten durch sein Vorbild daheim wirken, durch gutes Regieren in den eigenen Ländern. Er hat ja allen Grund stolz zu sein auf seine Errungenschaften: auf Gewaltenteilung und Mehrparteiensystem, auf Meinungs- und Pressefreiheit, auf unabhängige Gewerkschaften und eine unzensierte Kunst. Aber genauso hat er Anlass, selbstkritisch auf den Niedergang seiner politischen Kultur zu schauen. Populismus und Nationalismus, dysfunktionale Regierungsabläufe und illiberale Tendenzen in der Gesellschaft haben tiefe Zweifel am eigenen Modell geweckt. Bei der Münchner Sicherheitskonferenz, dem Hochamt der strategischen Community Europas und der USA, war die Krise des Westens 2020 das Hauptthema. So tief reiche seine Krise, dass man möglicherweise mit seinem Verschwinden rechnen müsse. Der «Munich Security Report 2020»[9], die offizielle Konferenzbroschüre, erwähnt gleich im ersten Absatz Oswald Spenglers reaktionäre Schrift vom «Untergang des Abendlandes».

Nirgends offenbaren sich die Schwächen des westlichen Regierungsmodells schmerzlicher als in den Vereinigten Staaten, der ältesten und mächtigsten Demokratie der Welt. Zwei Lager stehen sich hier in tiefer, fast unversöhnlicher Feindschaft gegenüber. Zum Jahrestag des Angriffs von Trump-Anhängern auf das Kapitol in Washington am 6. Januar 2021 schrieb der ehemalige Präsident Jimmy Carter in der *New York Times*, er fürchte um Amerikas Demokratie. «Unsere große Nation taumelt heute am Rande eines sich immer weiter öffnenden Abgrunds.»[10]

Noch sind die Errungenschaften des Westens für viele Vorkämpfer der Demokratie in Asien ein Beispiel. Aber mehr noch schöpfen sie aus den eigenen Traditionen. Und sie können anknüpfen an das Erbe von Vertretern vieler Generationen, die in ihren Ländern für politische Reformen gestritten haben: Lehrer, Anwälte, Abgeordnete, Journalisten, Gewerkschafter, Schriftsteller, Professoren, Bauernführer, Priester. In vielen Ländern fordert der Kampf für die Freiheit auch heute noch großen persönlichen Mut. Maria Ressa, die philippinische Journalistin, die 2021 mit dem Friedensnobelpreis geehrt wurde, hat diesen Mut bewiesen. In ihrer Dankesrede stellte sie im Rathaus von Oslo die entscheidende Frage, die sich bei der Verteidigung der Demokratie an jeden Einzelnen richtet: «Zu welchem Opfer für die Wahrheit sind Sie bereit?» Für sich selbst musste sie die Frage nüchtern beantworten: «Jeden Tag lebe ich mit der realen Bedrohung, den Rest meines Lebens im Gefängnis zu verbringen, nur weil ich eine Journalistin bin. Ich habe keine Ahnung, was die Zukunft, wenn ich jetzt nach Hause fahre, für mich bereithält. Aber es ist das Risiko wert.»[11]

2. China – Der Traum von der Rückkehr zu alter Größe

Es ist der 22. Oktober 2022, ein Samstag. In Pekings Großer Halle des Volkes ist der 20. Parteitag der Kommunistischen Partei Chinas zu seiner Abschlusssitzung zusammengekommen. Die Delegierten haben zunächst hinter geschlossenen Türen getagt. Wichtigster Tagesordnungspunkt: die Wahl des neuen Zentralkomitees. Dann werden auf der Empore die Türen für die Presse geöffnet. Kaum haben die Fernsehteams ihre Kameras aufgebaut, kommt es auf der Tribüne des riesigen Saales, mitten in der ersten Reihe der Parteiprominenz, zu leichter Unruhe.

Hu Jintao, Parteichef von 2002 bis 2012, will sich in die Lektüre eines Parteitagsdokuments vertiefen. Doch der neben ihm sitzende Li Zhanshu, Vorsitzender des Nationalen Volkskongresses und die Nummer drei in der Partei, entzieht ihm das Schriftstück, verdeckt es mit einer roten Mappe. Was steht in dem Papier? Die Namensliste der neuen ZK-Mitglieder? Hu Jintao jedenfalls will weiterlesen, Li Zhanshu duldet es nicht, redet auf den 79-Jährigen ein, freundlich, aber bestimmt. Bis von der anderen Seite Xi Jinping in das Geschehen eingreift. Der KP-Generalsekretär, im Zenit seiner Macht, fürchtet offenbar, dass ihm die Choreografie des Parteitags entgleitet, vor den Augen der ganzen Welt.

Xi ruft einen Saaldiener herbei. Der bittet Hu Jintao, er möge mit ihm kommen und die Halle verlassen. Doch Hu sträubt sich, hält sich an der Tischplatte fest. Ein zweiter Mann tritt hinzu. Gemeinsam greifen sie Hu unter die Arme, ziehen ihn von seinem Stuhl und führen ihn aus dem Saal. Im Hinausgehen wendet sich Hu seinem Nachfolger Xi Jinping zu, verwirrt und hilflos. Doch der lächelt ihn nur kühl an, auf ein Gespräch lässt er sich nicht ein. Im Hinausgehen legt Hu Ministerpräsident Li Keqiang seine Hand auf die Schulter. Der nickt ihm kurz zu, dann blickt er wieder nach vorn, über die Reihen der Delegierten hinweg in die Ferne. Starr sitzt er da, aschfahl das Gesicht. Später wird die Öffentlichkeit erfahren, dass Li Keqiang dem Zentralkomitee nicht mehr angehören wird. Damit verliert Li auch sein Amt

Ein historischer Moment: Hu Jintao, bis 2012 Chef der Kommunistischen Partei Chinas, wird auf Anweisung seines Nachfolgers Xi Jinping auf dem 20. Parteitag aus dem Saal geführt.

als Ministerpräsident. Und natürlich sitzt er auch nicht mehr im Ständigen Ausschuss des Politbüros, dem innersten Machtzirkel in China.

Li gilt als Reformer, er ist ein Protegé von Hu Jintao. Die Karrieren der beiden begannen einst in der Kommunistischen Jugendliga. Für Xi Jinping waren sie Parteirivalen. Nun, bei seiner dritten Wahl zum Generalsekretär, will er keinen kritischen Stimmen an der Spitze der KP mehr zuhören. Um sich herum duldet er nur noch engste Gefolgsleute. Xi hat sich die Partei endgültig unterworfen.

Auch wenn es so nicht geplant gewesen sein mag: Für einen ehemaligen Parteivorsitzenden ist es die größtmögliche Demütigung, vor über 2000 Delegierten und den Kameras der Weltpresse aus der Großen Halle des Volkes geführt zu werden. Ein Hauch von Pjöngjang weht an diesem Samstag durch Peking. Bei den Parteigranden auf der Tribüne regt sich keine Miene. Niemand wendet sich Hu Jintao zu, der jetzt langsam, Schritt für Schritt, aus dem Saal tappt. Eiseskälte umgibt ihn. Die Angst muss groß sein unter den führenden Genossen, ihrem ehemaligen Chef auch nur ein Lächeln zu schenken.

Nach diesem 20. Parteitag herrscht Xi Jinping völlig uneingeschränkt über China. Was die Reformer um Deng Xiaoping befürchteten, als sie in den achtziger Jahren beschlossen, die Amtszeiten an der Spitze von Staat und Partei auf zehn Jahre zu begrenzen, ist eingetreten: Wie unter Mao Zedong hat jetzt wieder ein «Steuermann» allein das Sagen. Das Tor zur Willkürherrschaft ist damit weit geöffnet.

Nun, da er seine Macht im Inneren gefestigt hat, wendet sich Xi Jinping wieder mit Verve der Außenpolitik und den selbst definierten strategischen Herausforderungen zu. Richtschnur bleibt die Verwirklichung des zweiten «Jahrhundertziels». Nachdem die Führung im Jahr 2021, hundert Jahre nach Gründung der Kommunistischen Partei, das Erreichen der ersten Wegmarke verkündet hatte, ein Land mit «bescheidenem Wohlstand» geworden zu sein, soll China bis zum Jahr 2049, hundert Jahre nach Ausrufung der Volksrepublik, zu den führenden Industrieländern aufschließen. Man kann es auch anders formulieren: China soll zur Jahrhundertmitte das mächtigste Land der Welt werden, den Vereinigten Staaten nicht nur ebenbürtig, sondern überlegen.

Mit dem 20. Parteitag hat China endgültig Abschied genommen von der Bescheidenheit, die der große Reformer Deng Xiaoping den Genossen einst verordnet hatte, als er mit der Modernisierung des Landes begann. Diese war rasch so erfolgreich, dass sich die globale machtpolitische Balance zu verschieben begann. Dengs Rat: Wir sollten unsere Stärken verbergen, uns die notwendige Zeit nehmen und nie nach Führung in der Welt streben (*taoguang yanghui*). An diese Devise hat sich die Partei lange gehalten, zum Nutzen des Landes. Vorbei. Unter Xi meldet China seinen Machtanspruch unverhüllt an.

«Chinas Führer scheinen zu dem Schluss gekommen zu sein, das Land sei zu stark geworden, um mangelnden Ehrgeiz vorzutäuschen», schrieb Ryan Hass von der Brookings Institution in Washington schon vor dem Parteitag. «Die Tage sind vorüber, da China uns seines Willens zum friedlichen Aufstieg versicherte. Peking richtet seinen Fokus nun darauf, das Land voranzutreiben, um so zur Jahrhundertmitte das Ziel der ‹Nationalen Erneuerung› zu erreichen. Und wer oder was immer wagt, sich dem in den Weg zu stellen, wird überrollt.«[1]

Die aggressivere Außenpolitik hatte allerdings nicht erst unter Xi Jinping begonnen, der 2012 an die Macht kam. Schon sein Vorgänger Hu Jintao hatte die Marine aufgerüstet, die militärische Präsenz im Südchinesischen Meer verstärkt und Chinas «Kerninteressen», bei denen das Ausland von Peking keinerlei Kompromissbereitschaft erwarten konnte, umfassender definiert. Aber noch sprach die staatliche Propaganda unentwegt vom «friedlichen Aufstieg» und von der «friedlichen Entwicklung» Chinas. Als nach den Olympischen Sommerspielen 2008 in Peking der Nationalstolz überzuborden begann und Rufe nach einer größeren Rolle Chinas auf der Weltbühne lauter wurden, beendete Staatsrat Dai Bingguo, damals der höchste Außenpolitiker im Lande, die Debatte mit einem Appell zur Mäßigung: Noch seien die Bedingungen nicht reif für die Übernahme größerer globaler Aufgaben.[2]

Mäßigung und Geduld sind nicht die Stärken Xi Jinpings. Unter ihm begann China auf der Weltbühne selbstbewusster aufzutreten und gern auch einmal die Führung zu übernehmen. Zeigte der seit Jahren anhaltende Wirtschaftsboom nicht, dass man auf dem richtigen Weg war? Und so erklärte Xi auf dem 19. Parteitag 2017 das eigene Land ganz unbescheiden zum Vorbild: «Das chinesische Modell für ein besseres soziales Regieren bietet anderen Ländern und Nationen eine Option, die ihre Entwicklung beschleunigen, dabei aber ihre Unabhängigkeit bewahren wollen.»

Das «chinesische Modell»: Genau davon wollte die frühere Parteispitze nichts wissen. Als sich während der internationalen Finanzkrise im Olympiajahr 2008 die dunklen Seiten des amerikanischen Kapitalismus in ihrer ganzen Hässlichkeit offenbarten, genoss mancher in Peking voller Schadenfreude ein Hochgefühl der Überlegenheit des eigenen Systems. Damals warnte Ministerpräsident Wen Jiabao noch vor zu viel Überschwang: «China betrachtet seine Entwicklung niemals als ein Modell.»

Ganz anders Xi Jinping. Warum sich klein machen, warum die eigenen Erfolge verstecken? Soll die Welt doch wissen, dass China wieder da ist. Und dass es sich nicht damit zufriedengeben wird, auf Dauer hinter den Vereinigten Staaten die Nummer zwei zu sein. Xi traut sich die Erneuerung, die «Verjüngung» Chinas zu. Sich allein und niemandem sonst. Deshalb wollte er seine Amtszeit nicht auf zweimal fünf Jahre begrenzen lassen, wie es seine Vorgänger Jiang Zemin und Hu Jintao gehalten hatten. Von einer kollektiven Führung hält Xi nichts. Er ließ sich zum «Kern» der Partei erklären und das «Xi-Jinping-Denken» im Parteistatut verankern. Die Beschränkungen, die sich die KP auferlegt hatte, um einen Rückfall in die Alleinherrschaft Mao Zedongs zu verhindern, fegte er hinweg.

Die ersten zehn Jahre Xi Jinpings an der Macht seien ein «Schulbeispiel an Hybris» gewesen, schrieb die Chinaforscherin Susan Shirk. «Xi ist in die gleiche Falle gegangen, in die Diktatoren im Laufe der Geschichte immer wieder getappt sind: Er hat überzogen.»[3]

Xi Jinping kennt nur ein Ziel, er will den «chinesischen Traum» Wirklichkeit werden lassen. Dass dies gelingen kann, daran hat er keinen Zweifel. Warum auch? China war viele Jahrhunderte lang die größte Macht der Welt. Noch im Jahr 1820 brachte es das damalige Kaiserreich auf etwa 30 Prozent der weltweiten Wirtschaftsleistung. Keine zwanzig Jahre später begann der Erste Opiumkrieg und damit nach offizieller Geschichtsschreibung das «Jahrhundert der Demütigungen». China, die stolze Kulturnation mit einer 5000 Jahre alten Geschichte, wurde erniedrigt durch Imperialismus und Kolonialismus, durch Krieg, Besatzung und Ausbeutung.

An die Zeit davor, an Chinas alte Größe, will das Land heute wieder anknüpfen. Ihr einstiger «Supermachtstatus macht das chinesische Volk einerseits sehr stolz, andererseits sehr traurig über Chinas gegenwärtigen internationalen Rang», schrieb der nationalistische Politikwissenschaftler Yan Xuetong von der Tsinghua-Universität 2001 in einem Aufsatz. «Sie glauben, dass Chinas Abstieg ein historischer Fehler war, der korrigiert werden sollte.»[4]

Das «Jahrhundert der Demütigungen» endete mit der Gründung der Volksrepublik 1949. China war «aufgestanden», wie Mao Zedong damals vom Tor der Himmlischen Friedens in Peking ausrief. Aber es war ein armes Land, das in selbstgewählter Isolation verharrte. Mao trieb das Volk in wahnwitzige gesellschaftliche Experimente: in die forcierte Industrialisierung und die gnadenlose Kollektivierung des «Großen Sprungs nach vorn», der eine schreckliche Hungersnot mit Abermillionen Toten zur Folge hatte, und in die ideologischen Konvulsionen der «Großen Proletarischen Kulturrevolution» mit erneut Millionen Opfern.

Nach Maos Tod 1976 lenkte Deng Xiaoping die Volksrepublik in ruhigere Bahnen. Mit seiner Politik der Reform und der Öffnung nach außen begann eine vierzig Jahre währende Phase der wirtschaftlichen Modernisierung und des globalen Aufstiegs. Hunderte Millionen Menschen konnten der Armut entkommen. Manche Chinesen häuften einen märchenhaften Reichtum an. Aber noch nahm das Land im internationalen System nicht den Platz ein, der ihm nach Meinung einer jüngeren Politikergeneration gebührte. Zu ihr gehörte Xi Jinping, der 2012 als vermeintlicher Reformer an die Spitze der Partei gewählt wurde und im folgenden Jahrzehnt einen radikal anderen Kurs als seine Vorgänger einschlug: repressiver nach innen und aggressiver nach außen.

Was treibt Xi Jinping an? Der ehemalige australische Ministerpräsident Kevin Rudd, ein Sinologe, hat sich nach seiner Regierungszeit intensiv in Xis Schriften und Reden vertieft. Er nennt Xi einen «marxistischen Nationalisten». Die alten revolutionären Lehrmeister bedeuteten ihm viel mehr als den ehemaligen Parteichefs Jiang Zemin und Hu Jintao. «Das ideologische Bekenntnis zu Marxismus und Leninismus ist für ihn zentral.» Mindestens so wichtig aber sei sein Wille, die Größe Chinas zu bewahren: «Der zweite Teil seines Glaubensgerüsts ist der chinesische Nationalismus.»[5] Unter Xi, schreibt Kevin Rudd, sei die «Ära des pragmatischen, unideologischen Regierens krachend zum Halten» gekommen.[6]

Xis ideologische Überzeugungen, argumentiert Rudd, ließen ihn ein seiner Überzeugung nach «faireres und gerechteres» internationales System anstreben – ein System, «das eher auf chinesischer als auf amerikanischer Macht beruht und das eher marxistisch-leninistische Werte widerspiegelt. Aus diesem Grund drängt China darauf, in UN-Resolutionen alle Bezüge auf universelle Menschenrechte zu streichen, und deshalb errichtet es chinazentrische internationale Institutionen wie die Belt and Road Initiative, die Asiatische Infrastruktur-Investitionsbank und die Schanghaier Organisation für Zusammenarbeit, die mit westlich dominierten Institutionen konkurrieren und diese schließlich ersetzen sollen.»[7]

Es geht aber nicht nur um den geduldigen Bau neuer Institutionen. Unter Xi Jinping ist Chinas Außenpolitik immer rabiater geworden. Auf Länder wie Australien oder Litauen, die eine unabhängige Untersuchung des Ursprungs der Corona-Pandemie verlangten oder engere Beziehungen zu Taiwan anstrebten, übte Peking massiven wirtschaftlichen Druck aus. Chinas Diplomaten sollten «Kampfgeist» beweisen, hat Xi von den Vertretern seines Landes in den Hauptstädten der Welt verlangt, und die haben als wahre «Wolfskrieger» wiederholt alle Höflichkeit fahren lassen. Daheim waren ihre Sprüche («Für unsere Freunde haben wir guten Wein, aber für unsere Feinde haben wir Gewehre») populär.

Nur keine Schwäche zeigen! Als Angela Merkel 2014 in Berlin ein Abendessen für Xi Jinping gab, sprach die Bundeskanzlerin über die Lehren aus der deutschen Geschichte, zu denen auch ein großzügiger Umgang kleineren Nachbarstaaten gegenüber gehöre. So hat es einer, der dabei war, dem *Economist* erzählt. Xi habe geantwortet, die Lehren aus der chinesischen Geschichte seien andere. Wann immer China ein «netter Kerl» gewesen sei, hätten Nachbarn und Feinde das ausgenutzt. Deshalb dürfe China nie nachgeben.[8]

Nicht nachgeben und gern mal die anderen daran erinnern, wer Herr im Hause ist. Berühmt wurde der Auftritt des damaligen Außenministers Yang Jiechi auf einer Konferenz des Südostasiatischen Staatenbundes Asean im Juli 2010 in Hanoi. Wutentbrannt blaffte Pekings Chefdiplomat damals seine versammelten Amtskollegen an, die sich mit ihm um die Zukunft des Südchinesischen Meeres stritten: «China ist ein großes Land und andere Länder sind kleine Länder, und das ist nun mal eine Tatsache!» So macht man sich Freunde.

Oder durch wirtschaftliche Abhängigkeiten. Die Volksrepublik ist heute der wichtigste Handelspartner nahezu aller asiatischen Länder. Die chinesischen Staatsunternehmen haben ihre Geschäfte unter dem

Schirm der Belt and Road Initiative stark ausgeweitet und den bis dahin dominierenden Amerikanern Marktanteile weggenommen. Wie sehr sich die Verhältnisse gewandelt haben, zeigt sich am Beispiel der Asean-Staaten. Im Jahr 2000 betrug der amerikanische Handel mit der Region 135 Milliarden US-Dollar, gut dreimal so viel wie der chinesische Warenaustausch mit 40 Milliarden. Nur zwanzig Jahre später hatten sich die Zahlen dramatisch verändert: Im Jahr 2020 lag Chinas Handel mit 685 Milliarden US-Dollar weit vor dem der Vereinigten Staaten mit 362 Milliarden. Anders sah es bei den Direktinvestitionen in den Asean-Ländern aus, da hatten die Vereinigten Staaten weiterhin einen großen Vorsprung. Im Jahr 2019 übertrafen die amerikanischen Investitionen mit 318 Milliarden US-Dollar die chinesischen mit 110 Milliarden fast um das Dreifache.[9]

Ihre Macht demonstrieren Staaten immer auch mit hochgerüsteten Streitkräften. Xi Jinping folgt der Maxime: «Ein starkes Land braucht eine starke Armee.» Und so stiegen Chinas Verteidigungsausgaben unter ihm kräftig an, von 182 Milliarden US-Dollar 2012 auf 293 Milliarden im Jahr 2021. Xi baute vor allem die Marine aus, nach Zahl der Schiffe ist sie heute größer als die US Navy. Im Juni 2022 war der dritte Flugzeugträger im Rohbau fertig. Bis zum Jahr 2035 sollen es sechs Flugzeugträger werden. Auch bei der Zahl der Raketen übertrifft China inzwischen jedes andere Land. Vor allem aber wächst das Arsenal seiner Atomwaffen. Als die Kommunistische Partei im Juli 2021 ihren 100. Geburtstag feierte, erklärte Xi, das Land lasse sich «nicht mehr herumstoßen, niederdrücken oder unterwerfen». Wer es dennoch versuche, werde sich den «Kopf blutig schlagen an einer großen Mauer aus Stahl».

Alle Politik zielt auf das Jahr 2049. Dann soll China ein starkes, modernes sozialistisches Land sein, auf einer Höhe mit den fortgeschrittenen Industrieländern des Westens, den einstigen Kolonialmächten. China will auf «die Mitte der Weltbühne» zurückkehren, auf seinen – so sieht es die Führung in Peking – angestammten Platz. Die amtliche Nachrichtenagentur *Xinhua* beschrieb in einem Kommentar zum 19. Parteitag 2017 die Herausforderung so: «Bis 2050, zwei Jahrhunderte nach den Opiumkriegen, die das ‹Reich der Mitte› in eine

Zeit des Schmerzes und der Schande gestürzt haben, steht China bereit, seine Macht zurückzugewinnen und wieder zur Spitze der Welt aufzusteigen.»

Mit ihrem übersteigerten Selbstbewusstsein hat die Partei den Nationalismus geschürt. Er wurde zur Ersatzideologie, als in der Bevölkerung die Zweifel an den Segnungen des Kommunismus wuchsen. «Der Osten steigt auf, der Westen steigt ab» – gerade junge Chinesen nehmen die Parteipropaganda für bare Münze, sie glauben an die Überlegenheit des eigenen Systems. So sehr, dass selbst ein nationalstolzer Hochschullehrer wie Yan Xuetong, Professor für internationale Beziehungen an der Pekinger Tsinghua-Universität, über den Hochmut klagt, mit dem seine Studenten auf die Welt blickten. Sie begegneten «anderen Ländern mit einer herablassenden Haltung». Auch sein Professorenkollege Wang Jisi von der Peking-Universität wünscht sich bei seinen Landsleuten etwas mehr Realismus, gerade im Wettbewerb mit den Vereinigten Staaten. «Erst wenn die Leute nicht mehr vor den US-Konsulaten nach Visa anstehen, befinden sich die USA im Niedergang.»[10]

Als Anfang 2021 Joe Biden im Weißen Haus Donald Trump ablöste, waren in Peking die Erwartungen hoch, nach der turbulenten Präsidentschaft des Republikaners könnten sich zwischen Amerika und China die Beziehungen entspannen. Tatsächlich wählte Biden einen höflicheren Ton im Umgang mit der anderen Supermacht, in der Sache aber trat er eher noch härter auf als Trump.

Es war gewiss kein Zufall, dass Rush Doshi unter Biden im Nationalen Sicherheitsrat den für China zuständigen Direktorenposten übernahm. Der Spezialist für chinesische Außenpolitik hatte vor seiner Ernennung das Manuskript eines bemerkenswerten Buches abgeschlossen: «The Long Game. China's Grand Strategy to Displace American Order». Das Buch liest sich wie ein Leitfaden für Washingtons Chinapolitik. Seine Grundthese lautet: «Seit dem Ende des Kalten Krieges hat China eine Strategie verfolgt, die amerikanisch geprägte Ordnung zu ersetzen, erst auf regionaler und jetzt auf globaler Ebene.»[11] Rush Doshi hat sich akribisch durch Hunderte von Reden der chinesischen Führung gearbeitet, durch Partei- und Regierungsdokumente, durch KP-Zeitungen und wissenschaftliche Fachblätter. Seine richtige Grundannahme: Chinas Kommunisten nehmen ihre Texte sehr ernst. Jedes Wort ist durch mehrere Instanzen gegangen, ist geprüft und dann genehmigt worden. Was das Parteiblatt *Renmin Ribao* oder die Nachrichtenagentur *Xinhua* schreibt, was der Regierungschef vor dem Nationalen Volkskongress sagt oder der Generalsekretär auf dem Parteitag, ist zu Schrift geronnene Politik. Nichts daran ist zufällig oder beiläufig. Die Leser sollten diese Texte genauso ernst nehmen, wie ihre Autoren dies tun. Und diese Texte, so das Ergebnis von Doshis in Washington vielgelesenem Buch, lassen nur einen Schluss zu: China will die Vereinigten Staaten als Führungsmacht ablösen, erst in Asien, dann weltweit. Dies sei das Ziel von Pekings «langem Spiel». Im Jahr 2049 solle es erreicht sein.

Auf dem Weg dahin identifiziert Doshi drei Phasen und drei Strategien. Die erste Phase sind die drei turbulenten Jahre 1989 bis 1991. Sie schließen die Studentenproteste auf Pekings Tiananmen-Platz und deren blutige Niederschlagung im Juni 1989 ein, den militärisch-technologischen Triumph der USA im Krieg gegen den Irak 1990/91 und den Zusammenbruch der Sowjetunion Ende 1991. Der Kalte Krieg war vorbei, die Vereinigten Staaten waren als einzig verbliebene Supermacht aus dem Systemkonflikt mit dem sozialistischen Lager hervorgegangen. Für China ging die Hauptbedrohung nun von den USA aus, nachdem die beiden Staaten seit Anfang der siebziger Jahre gewissermaßen Verbündete in der Auseinandersetzung mit der Sowjetunion gewesen waren. Deng Xiaoping warnte damals: «Die Vereinigten Staaten und einige andere westliche Länder versuchen, in den sozialistischen Ländern eine friedliche Evolution Richtung Kapitalismus herbeizuführen.»[12] Die erste, sehr vorsichtige Strategie, mit der China, aus einer Position der Schwäche heraus, auf den weltpolitischen Umbruch und die Dominanz Washingtons reagiert habe: der amerikanischen Bedrohung durch Zurückhaltung ausweichen, ihr die Spitze nehmen.

Die zweite, weit aktivere Strategie sei die Antwort eines erstarkten Chinas gewesen, das sich knapp zwei Jahrzehnte später in der internationalen Finanzkrise 2008 mit dem Versagen des amerikanischen Bankensystems und den dadurch ausgelösten weltweiten Erschütterungen konfrontiert sah. Mit einem gigantischen Konjunkturprogramm half Peking die Finanzmärkte zu stabilisieren. Die Kommunisten, so sahen sie es, mussten jetzt den Kapitalismus retten. «Chinas internationaler Einfluss und sein internationaler Status sind beträchtlich gestiegen», kommentierte Parteichef Hu Jintao 2010.[13] Die zuversichtliche Antwort Chinas auf die Krise waren der Bau eigener Institutionen wie der Asiatischen Infrastruktur-Investitionsbank und der Startschuss für die Belt and Road Initiative, die «Neue Seidenstraße», 2013.

Die dritte, überaus selbstbewusste Strategie schließlich sei die Reaktion auf Großbritanniens Entscheidung für den Brexit und die Wahl Donald Trumps zum amerikanischen Präsidenten im Jahr 2016 gewesen. Hinzu kam, vier Jahre später, zu Beginn der Covid-Pandemie, das Versagen der Politik gerade in den USA, das Hunderttausende Tote zur Folge hatte. Die Prognose vom Niedergang der Vereinigten Staaten schien sich zu bewahrheiten. Von Peking aus gesehen, hieß das: Gesellschaftliche Polarisierung und politisches Chaos im Westen führten zu «großen Veränderungen wie seit hundert Jahren nicht mehr». Zeit, an allen Fronten die Initiative zu ergreifen. China müsse die Gelegenheit nutzen, wieder «in die Mitte der Weltbühne» zurückzukehren. «Zeit und Momentum sind auf unserer Seite», gab sich Xi Jinping zuversichtlich. Auf dem Nationalen Volkskongress im März 2021 rief er aus: «Wenn unsere jungen Leute heute ins Ausland reisen, gehen sie aufrecht und fühlen sich stolz – anders als wir, als wir jung waren.»

Ein eifernder Nationalismus war die unangenehme Seite des neuen chinesischen Selbstbewusstseins. Rund um die Welt wuchs die Kritik an Pekings Politik. An der Unterdrückung der muslimischen Minderheit der Uiguren in Xinjiang. An der Niederschlagung der Demokratiebewegung in Hongkong. An den gegen Taiwan gerichteten Drohungen. An der rücksichtslosen Null-Covid-Strategie und den daraus folgenden Belastungen für den Welthandel. Auf europäische Kritik reagierte Peking zumeist eher milde. Heftig dagegen fiel die Antwort auf Vorwürfe aus den Vereinigten Staaten aus.

Amerika ist der Hauptfeind, dessen Hegemonie Chinas Herrscher brechen wollen. Denn sie sind überzeugt, dass es das Ziel amerikanischer Politik ist, den Aufstieg ihres Landes mit allen Mitteln zu verhindern. Die chinesische Führung, schrieb Professor Wang Jisi von der Peking-Universität schon 2012, sei felsenfest davon überzeugt, dass die USA alles daransetzten, ihre Politik zu sabotieren und aus China einen amerikanischen «Vasallenstaat» zu machen.[14] Nach Ansicht Pekings, sagte Wang Jisi bei einem Vortrag zehn Jahre später, ziele Washingtons Strategie darauf, «China zu verwestlichen und zu spalten und es so daran zu hindern, zu einer stärkeren Macht aufzusteigen».[15]

Außenminister Wang Yi sprach bei einem Treffen mit seinem US-Amtskollegen Antony Blinken im Juli 2022 auf Bali von einem Fall «ernster Sinophobie». Die beiden waren schon bei ihrer ersten Begegnung im März 2021 aneinandergeraten, als sich die außenpolitischen Teams aus Peking und Washington kurz nach der Amtseinführung von Präsident Joe Biden zu einem grundsätzlichen Austausch in Anchorage trafen. Es war eine denkwürdige Konferenz im sechs Grad minus kalten Alaska, bei der einmal mehr die schärfsten Töne von Yang Jiechi kamen, der als Chef-Außenpolitiker der Partei im Rang über dem Außenminister stand.

Vereinbart waren zwei kurze Eingangsstatements vor den Kameras von je zwei Minuten. Aber als Blinken, begleitet vom Nationalen Sicherheitsberater Jake Sullivan, die Gäste mit den Worten begrüßte, mit ihnen von Amerikas großen Sorgen über Pekings Politik sprechen zu wollen, schoss Yang Jiechi zurück. Sechzehn Minuten lang las er den Amerikanern in Anwesenheit der Journalisten mit schneidender Stimme die Leviten. Die große Mehrheit auf der Welt erkenne die von den USA vertretenen «universellen Werte» nicht an. Wie Washington von Peking die Respektierung der Menschenrechte einfordern könne, wenn doch die Schwarzen im eigenen Land um ihr Leben fürchten müssten. «Viele Leute in Amerika haben wenig Vertrauen in die amerikanische Demokratie», rief Yang der US-Delegation über die beiden Konferenztische hinweg zu. Die Zeiten seien vorbei, da Amerika zu China aus einer «Position der Stärke» sprechen könne.[16]

Behandelt uns nicht von oben herab! Bitte keine Belehrungen mehr, Amerika ist nicht der Hort einer höheren politischen Moral! So lautete die Botschaft von Chinas Abgesandten in Alaska. Nach vier

Jahren Trump hatte sich in Peking viel Wut aufgestaut. Xi Jinping stimmte ein paar Wochen später in die Tiraden seiner Spitzendiplomaten ein. Beim Boao-Forum, dem chinesischen Davos auf der Tropeninsel Hainan, hielt er den Amerikanern entgegen: «Andere herumzukommandieren und sich in die Angelegenheiten fremder Länder einzumischen, kommt nicht gut an.»[17]

China demonstrierte sein Selbstbewusstsein nicht ohne Grund. Es war auf dem Weg nach oben, nicht nur in der eigenen Wahrnehmung. Im Jahr 2014 hatte seine Wirtschaftsleistung 60 Prozent des amerikanischen Bruttoinlandsprodukts erreicht, eine Marke, die in Washington genau registriert worden war. Noch nie in den gut hundert Jahren, in denen die USA weltweit die Nummer eins waren, hatten sie je einen so machtvollen Konkurrenten – Nazi-Deutschland war es nicht, das kaiserliche Japan nicht und auch nicht die Sowjetunion. Allerdings begann sich das chinesische Wachstum zu verlangsamen; unter Hu Jintao hatte es noch durchschnittlich 10,6 Prozent jährlich betragen, unter Xi Jinping waren es 6,5 Prozent.

Und doch schien es nur eine Frage der Zeit zu sein, bis China die Vereinigten Staaten überholen würde. Im Jahr 2028 werde es so weit sein, sagten die einen voraus; eher im Jahr 2030, prognostizierten die anderen. Bis die Covid-Pandemie und Russlands Angriff auf die Ukraine ein düsteres Licht auf Chinas Schwächen warfen: die alternde Gesellschaft, die gigantische Verschuldung, die mangelnde Produktivität, die bürokratische Unbeweglichkeit in Krisenzeiten. Hatte die Führung in Peking sich überhoben? Er glaube nicht mehr, dass China an den USA als größter Volkswirtschaft der Welt vorbeiziehen werde, sagte Jörg Wuttke, seit vielen Jahren Präsident der Europäischen Handelskammer in Peking. «Garantiert nicht. (...) China droht in die ‹Falle der mittleren Einkommen› zu tappen. Das Land ist definitiv kommunistischer geworden in den vergangenen zehn Jahren. Bisher haben es allerdings nur Staaten mit demokratischen Strukturen geschafft, zu reichen Industrieländern aufzusteigen.»[18]

Nun war immer klar, dass sich das chinesische Wachstum eines Tages abflachen würde. Für die Führung in Peking änderte das Krisenjahr 2022 nichts an ihrer historischen Mission. Für sie blieb der Westen im unabwendbaren Niedergang. Die von Amerika geführte Ordnung, gab sie sich überzeugt, komme an ihr Ende. Wie aber sieht Chinas Gegenentwurf aus?

«Das gegenwärtige System zu reformieren und zu verbessern, bedeutet nicht, es vollständig zu ersetzen», sagt Xi Jinping, «sondern es in eine Richtung voranzubringen, die gerechter und vernünftiger ist.» Es ist wohl etwas mehr. Es ist ein sehr grundsätzlicher Richtungsstreit, ein Kampf um Institutionen, Werte und Normen.

Dieser Kampf wird vor allem in den Vereinten Nationen ausgetragen. Bei deren Gründung 1945 war die erst 1949 gegründete Volksrepublik nicht dabei. China wurde damals, nach dem Ende des Zweiten Weltkriegs, von der Kuomintang vertreten. Erst 1971 nahmen die Diplomaten der Volksrepublik auf den Stühlen von Generalversammlung und Sicherheitsrat am East River in New York Platz. Peking kann daher zu Recht argumentieren: Wir haben ein System vorgefunden, das andere geschaffen haben. Wir wollen es nicht abschaffen, aber wir wollen es reformieren.

In den zurückliegenden fünfzig Jahren hat Peking seinen Einfluss in den Vereinten Nationen enorm ausgeweitet. Was auch deshalb gelingen konnte, weil sich die USA – nicht erst unter Donald Trump – aus manchen Aktivitäten der Weltorganisation verabschiedet haben. China hingegen hat seine Präsenz überall ausgeweitet, auch durch eine höchst aktive Personalpolitik. Vertreter der Volksrepublik besetzten zeitgleich die Spitzenämter in vier von fünfzehn UN-Sonderorganisationen: der Internationalen Fernmeldeunion (ITU), der Organisation für Industrielle Entwicklung (UNIDO), der Internationalen Zivilluftfahrtorganisation (ICAO) und der Ernährungs- und Landwirtschaftsorganisation (FAO). Das war bis dahin noch keinem anderen Land gelungen. Meistens agieren Pekings Diplomaten bei den Vereinten Nationen vorsichtig, auf Konsens bedacht. Aber natürlich löst die chinesische Politik auch immer wieder Kontroversen aus.

Der Streit geht dabei vor allem um die Menschenrechte. Aus chinesischer Sicht hat der Westen der Welt seine Werteordnung aufgezwungen. Unnachgiebig beharre er auf den universellen, unveräußerlichen Freiheitsrechten des Individuums. Die Menschenrechte seien aber von

Uniformierte bewachen uigurische Häftlinge in einem Umerziehungslager in der Region Xinjian, Dezember 2018.

Kultur zu Kultur, von Gesellschaft zu Gesellschaft unterschiedlich. In China etwa stelle der Staat die wirtschaftlichen und sozialen Rechte den Bürgerrechten gleich, messe ihnen im Zweifelsfall einen höheren Stellenwert zu. Niemand dürfe sich zum Schutz der Menschenrechte in die Angelegenheiten fremder Staaten einmischen. Sie zu schützen, sei allein Aufgabe der jeweiligen Regierung. Wie sie dies tue, gehe außerhalb der Landesgrenzen niemanden etwas an.

Dem Menschenrechtsrat der Vereinten Nationen in Genf gehört die Volksrepublik seit dessen Gründung 2006 an. Seither bestimmt sie über dessen Agenda mit. Welche Menschenrechtsverletzungen werden verhandelt? Soll eine Untersuchungskommission eingesetzt werden? Wie sieht der Abschlussbericht aus? Werden die Verstöße sanktioniert?

Auch in eigener Sache entscheidet Peking mit. So bei der Untersuchung des Lagersystems in der Region Xinjiang, in dem zeitweise bis zu einer Million Uiguren gefangen gehalten wurden. Parlamente mehrerer westlicher Länder hatten die Verfolgung der muslimischen Minderheit einen Genozid genannt. China protestierte heftig und wehrte sich gegen eine unabhängige Überprüfung von außen. Nach langem Widerstand erlaubte Peking der UN-Hochkommissarin für Menschenrechte, Michelle Bachelet, im Mai 2022 schließlich einen Besuch in Xinjiang.

Bachelet kam unter so gewaltigen Druck aus Peking, dass sie ihren Bericht buchstäblich in letzter Minute ablieferte, kurz vor Mitternacht am 31. August 2022, ihrem letzten Arbeitstag in Genf. Darin schrieb sie von «ernsten Menschenrechtsverletzungen», die «Verbrechen gegen die Menschlichkeit darstellen könnten». Menschen seien willkürlich eingesperrt worden und glaubwürdigen Berichten zufolge in den Lagern Folter und sexueller Gewalt ausgesetzt gewesen.[19] Aber im Menschenrechtsrat wurde über den Bachelet-Bericht nicht debattiert. Das wusste die chinesische Regierung zu verhindern. Gegen eine von den Vereinigten Staaten eingebrachte Resolution, die eine Debatte gefordert hatte, stimmten 19 Mitgliedsländer des Rats, 17 Länder votierten dafür, elf enthielten sich der Stimme. Chinas Regierung nannte den Bericht «null und nichtig», weil er ohne ihr Mandat und ohne ihre Zustimmung zustande gekommen sei.[20]

Wie sollen Regierungen mit ihren Bürgern umgehen dürfen? Darüber wird im UN-Menschenrechtsrat gestritten. China vertritt in dieser Frage eine fundamental andere Sicht als der Westen. Die wirtschaftliche Entwicklung hat Vorrang vor den Rechten des Einzelnen, zwischen den Staaten soll respektvoller Dialog herrschen, Regierungen sollen nicht von anderen Ländern auf die Anklagebank gesetzt werden. Die Schurkenstaaten dieser Welt von Syrien bis Myanmar hören es gern. Auf ihre Stimmen kann sich Peking stets verlassen. In New York wie in Genf. Der Menschenrechtsrat sei für China «ein Brückenkopf in seiner Kampagne zur Neudefinition globaler Normen», kommentierte der *Economist*.[21]

Sicherheit geht vor Freiheit. Diese Linie vertritt China auch, wenn es um die internationalen Regeln für das Internet und die Telekommunikation geht. Rund um den Globus offerieren chinesische Netzwerkausrüster ihre Konzepte von «safe cities» und können dabei auf die Unterstützung ihrer Regierung bauen. Ein Land, in dem strengste Zensur und lückenlose Überwachung herrschen, schickt sich an, internationale Standards zu setzen. Die chinesische Führung wirbt für «Souveränität im Internet» und meint damit die totale Kontrolle. Die

Interessen des Staates und der Gesellschaft müssten Priorität haben vor den Interessen des Einzelnen. Nur so sei das im Westen herrschende «Chaos» zu verhindern.

Ein Werteschema, für das Peking in vielen Ländern des «globalen Südens» Zustimmung findet. In den Vereinten Nationen kann sich die Volksrepublik auf etwa fünfzig gleichgesinnte Staaten verlassen, eine «Like-Minded-Group of Developing Countries», in der China gemeinsam mit Russland eine führende Rolle spielt. Der Gruppe gehören vor allem afrikanische Staaten an, von Angola bis Simbabwe. Aber auch Länder wie Belarus, Kuba, Eritrea, Myanmar, Nicaragua, Nordkorea, Syrien oder Venezuela stimmen fast immer mit den beiden autoritären Großmächten.[22]

Die gleichgesinnten Staaten – es sind lauter Diktaturen und Autokratien. Nordkorea ist das einzige Land, mit dem China einen formellen Sicherheitsvertrag abgeschlossen hat. Myanmar kann trotz der Gewaltexzesse der Militärjunta auf die diplomatische und militärische Hilfe Chinas bauen. Mit dem Iran hat Peking im März 2021 eine strategische Zusammenarbeit über 25 Jahre vereinbart und dabei dem vom Westen mit Sanktionen belegten Regime stark reduzierte Preise bei den Öllieferungen abhandeln können. Der belarussische Präsident Alexander Lukaschenko, der Wladimir Putin sein Land als Aufmarschgebiet für den Angriff auf die Ukraine zur Verfügung gestellt hat, wird von Xi Jinping in Peking freundlich empfangen. Allianzen und Partnerschaften spiegeln immer die inneren Verhältnisse in den beteiligten Ländern wider. In einer Weltordnung nach chinesischem Bild wäre wenig Raum für Liberalität und Demokratie.

Die größte Herausforderung für den Westen bildet die Achse der Autokraten, die durch Wladimir Putins und Xi Jinpings «Gemeinsame Erklärung» vom 4. Februar 2022 besiegelt wurde. Jude Blanchette vom Center for Strategic and International Studies in Washington hat diese Erklärung wenige Wochen vor Russlands Angriff auf die Ukraine Xi Jinpings «größten außenpolitischen Fehler in seinen fast zehn Jahren an der Macht» genannt.[23] Aber der demonstrative Schulterschluss war aus chinesischer Sicht wohldurchdacht. Im Wettstreit um die Ordnung im 21. Jahrhundert ist Putin Chinas wichtigster Verbündeter.

Xi und Putin sehen in den Vereinigten Staaten ihren Hauptgegner. «China glaubt sich gegen den amerikanischen und westlichen Druck besser behaupten zu können, wenn es Rücken an Rücken mit Russland steht.»[24]

Im Systemwettbewerb schließt China die Reihen mit den Gleichgesinnten. Auch wenn es bestreitet, dass es einen solchen Wettbewerb überhaupt gibt. «Unser Ziel ist es, die Hoffnungen des chinesischen Volkes auf ein besseres Leben zu erfüllen», sagte Chinas Botschafter in Washington, Cui Tiankai. «Unser Ziel ist es nicht, mit einem anderen Land zu konkurrieren oder an seine Stelle zu treten. (...) Das ist nie unsere nationale Strategie gewesen.»[25] Cui reagierte damit auf eine Rede Joe Bidens, in der dieser vor dem Ehrgeiz Chinas gewarnt hatte, das «führende Land in der Welt» werden zu wollen, «das reichste Land in der Welt und das mächtigste Land in der Welt». Emphatisch hatte der amerikanische Präsident ausgerufen: «Solange ich da bin, wird das nicht passieren!»

Ziel einer Weltordnung, wie Botschafter Cui sie sich wünscht, wäre es, «eine Gemeinschaft von Nationen zu bauen, die miteinander die Zukunft teilen». Es ist die offizielle Formel, die Peking seit einigen Jahren benutzt. Damit eine solche Gemeinschaft Gestalt annehmen kann, hat die chinesische Führung zwei Vorhaben auf den Weg gebracht, eine «Initiative zur globalen Entwicklung» und eine «Initiative zur globalen Sicherheit». Anders als die «neue Seidenstraße» haben diese beiden Initiativen im Westen nicht viel Aufmerksamkeit gefunden. Zu Unrecht, meint Kevin Rudd: «Da entsteht Chinas globaler Fußabdruck.»[26]

Mit der «globalen Entwicklungsinitiative», von Xi Jinping 2021 vor der UN-Vollversammlung verkündet, verspricht China, die Bekämpfung der Armut durch eine «ausgewogene Entwicklung weltweit» zu unterstützen. Praktisch geht es dabei im Wesentlichen um Hilfe im Rahmen von Parallelinstitutionen zu bestehenden Einrichtungen wie dem Internationalen Währungsfonds, der Weltbank oder der Asiatischen Entwicklungsbank. Zu den von Peking geschaffenen Einrichtungen und Aktivitäten gehören die in Schanghai angesiedelte Neue Entwicklungsbank, die Asiatische Infrastruktur-Investitionsbank mit

Hauptsitz in Peking und natürlich die Belt and Road Initiative, also die «Neue Seidenstraße». Gewaltige Summen werden so mobilisiert, mit denen sinnvolle Entwicklungsprojekte finanziert werden können, mit denen China aber fast immer auch geostrategische Ziele verfolgt.

Die «globale Sicherheitsinitiative» stellte Xi Jinping beim Boao-Forum im April 2022 auf der Insel Hainan vor. Xi plädierte in seiner Rede für eine «unteilbare Sicherheitsgemeinschaft». Ein Wort, das im Jahr des Angriffs auf die Ukraine mehr verkleisterte als erklärte. Mit unteilbarer Sicherheit argumentierte auch Wladimir Putin, als er gegen das Vordringen der Nato gen Osten wetterte. Übersetzt hieß das: Ihr könnt nicht sicher sein, solange wir uns nicht sicher fühlen. Eine Sicht der Dinge, die China übernahm, das nach der Invasion in der Ukraine für eine «ausgeglichene, wirksame und nachhaltige europäische Sicherheitsarchitektur» plädierte. China musste ja Gründe dafür finden, dass es den Angriff auf die territoriale Integrität der Ukraine nicht verdammte. Ob Amerika jemals bedacht habe, «welche Konsequenzen es hat, wenn man ein großes Land an die Wand drückt?», fragte Hua Chunying, die Sprecherin des chinesischen Außenministeriums bei einer Pressekonferenz in Peking.[27] Genau dies habe Amerika mit Russland getan. Es habe im Osten Europas «das Feuer entzündet» und dann «die Flammen angefacht».

So hält es Amerika nach chinesischer Überzeugung auch in Asien. Mit der «globalen Sicherheitsinitiative» reagiert China auf die von den Vereinigten Staaten geführten Bündnisse – die Nato in Europa oder den noch jungen «Quadrilateralen Sicherheitsdialog» (Quad) in Asien. Die Vorwürfe Richtung Washington sind stets die gleichen: Denken in den Kategorien des Kalten Krieges und Blockbildung. Während das atlantische Bündnis seit über siebzig Jahren gefestigt ist, setzt China alles daran, eine ähnliche, westlich dominierte Sicherheitsstruktur in Asien zu verhindern. «Es ist Sache der Asiaten, die Angelegenheiten Asiens zu regeln», sagte Xi Jinping schon 2014.

China möchte die Militärmacht USA aus Asien und dem westlichen Pazifik zurückdrängen. Es trennt dabei nicht zwischen innerer und äußerer Sicherheit. Seinen Partnern in der Region und darüber hinaus bietet es neben Waffenlieferungen und militärischer Ausbildung auch

Polizeitraining und Überwachungstechnologie an. Auch im eigenen Land bedeutet Sicherheit in erster Linie Regimesicherheit. «Xi hat äußere Sicherheitsbedrohungen immer durch das Prisma betrachtet, inwieweit sie die Parteiherrschaft zuhause untergraben könnten.»[28]

Xi Jinpings Kritik an der «US-Hegemonie» und Machtpolitik, an Blockkonfrontation und einem Denken in den Kategorien des Kalten Krieges; sein Plädoyer für Souveränität und Nichteinmischung – das alles kommt in vielen Ländern des «globalen Südens» gut an. Genau wie die mit chinesischem Geld finanzierte Infrastrukturhilfe, die anders als bei Weltbank und Internationalem Währungsfonds nicht an strikte soziale und ökologische Auflagen geknüpft ist. So wird der Systemwettbewerb zwischen den Vereinigten Staaten, dem Westen insgesamt und China auch in den sich entwickelnden Ländern Afrikas, Lateinamerikas, Südasiens, der Karibik und des Pazifiks ausgetragen. Aber überschätzt die Volksrepublik nicht ihre Kräfte? Hat sie möglicherweise den Höhepunkt ihres wirtschaftlichen und politischen Einflusses schon erreicht? Das Schwächeln des Riesenreichs ist nicht zu übersehen. «China scheint auf dem Weg zur globalen Supermacht ins Trudeln zu geraten», schrieb die *Frankfurter Allgemeine Zeitung* vor dem 20. Parteitag 2022 in einem Leitartikel. «Das Wachstumsmodell, das dem Land seinen beispiellosen Aufstieg beschert hat, stößt gerade an seine Grenzen.»[29]

Langfristig am schwersten wiegt die sich abzeichnende demografische Katastrophe. Nach einer Schätzung der Schanghaier Akademie der Sozialwissenschaften könnte die Einwohnerzahl Chinas von heute 1,4 Milliarden bis zum Jahr 2100 auf 587 Millionen Menschen sinken.[30] Grund dafür ist die Jahrzehnte währende Ein-Kind-Politik. Seit 2016 dürfen Eltern wieder zwei oder sogar drei Kinder haben. Und doch ist die Geburtenrate zwischen 2016 und 2020 noch einmal um fast 50 Prozent gefallen. 2020 kamen so wenig Babys zur Welt wie zuletzt im Jahr 1961, als China die schlimmste Hungersnot seiner jüngeren Geschichte durchlitt.[31] Besonders die Zahl der erwerbstätigen Menschen wird kleiner, eine Entwicklung, die durch eine steigende Produktivität kaum auszugleichen sein wird.

Wie andere Länder, Deutschland zum Beispiel, könnte China den

Bevölkerungsrückgang durch verstärkte Immigration wettmachen. Aber China ist kein einwanderungsfreundliches Land. Der Anteil der Ausländer an der Gesamtbevölkerung liegt bei weniger als 0,1 Prozent. In der Covid-Pandemie ist die Zahl der Ausländer weiter gesunken, Folge der langen Lockdowns und der strengen Quarantänevorschriften. China hat in der Pandemie begonnen, sich wieder von der Welt abzuschotten. Schon die Politik der «zwei Kreisläufe», mit der die heimische Industrie gestärkt werden sollte, ließ einen Rückfall in längst überwunden geglaubtes Autarkiedenken erkennen. Das Land wollte sich von Importen möglichst unabhängig machen, zugleich aber kräftig ins Ausland exportieren, um die Partner dort umso stärker an China zu binden.

Die Chinesen lieben historische Anspielungen, das Reden und Schreiben in Gleichnissen. Den Uneingeweihten geben sie Rätsel auf, aber die Gebildeten entzücken sie, weil so Wahrheiten benannt werden können, die nicht offen ausgesprochen werden dürfen. Und so erregte ein Artikel Aufsehen, der im Juni 2022 in dem Fachjournal *Historische Forschung* erschienen war. «Ein frischer Blick auf die isolationistische Politik in den Ming- und Qing-Dynastien» war der Beitrag überschrieben. Es ging darum, dass Chinas Herrscher vom 16. bis zum 19. Jahrhundert keine totale Isolation betrieben hätten, sondern eine Politik der «Selbstbeschränkung». Deren Ziel sei es gewesen, die nationalen Interessen des Landes und seine Souveränität zu schützen und so die Versuche westlicher Invasion und Kolonisation abzuwehren. Der Artikel wurde von der Chinesischen Akademie für Geschichte in den sozialen Medien verbreitet. Dort löste er eine lebhafte Debatte aus. Sollte die Bevölkerung darauf eingestimmt werden, dass China sich wieder stärker auf seine eigenen Kräfte verlassen wolle? Würde das Land sich von Deng Xiaopings Politik der Öffnung abwenden und sich unter Xi Jinping erneut abschotten?[32]

In der Debatte spiegelte sich die tiefgreifende Verunsicherung wider, die das Land nach drei Jahren Covid-Pandemie erfasst hatte. China-Beobachter lieferten das passende Stichwort vom «Peak China»: Die Volksrepublik habe den Höhepunkt ihrer Macht erreicht oder sogar schon überschritten. Es werde ihr nicht gelingen, die Supermacht

Amerika einzuholen und an ihre Stelle zu treten. Was sie aber, von Washington aus betrachtet, nicht weniger bedrohlich machte. Im Gegenteil.

Der These vom «Peak China» folgt das Buch «Danger Zone» (2022) von Hal Brands und Michael Beckley, das in der amerikanischen Politik viel Beachtung fand. Der gefährlichste Moment sei gekommen, argumentieren die Autoren, wenn eine Macht «stark genug ist, um die existierende Ordnung aggressiv zu stören, aber das Vertrauen verliert, dass die Zeit auf ihrer Seite ist».[33] An diesem Punkt befinde sich China. Das «window of opportunity», das sich durch seinen atemberaubenden Aufstieg in den zurückliegenden vierzig Jahren aufgetan habe, werde nicht mehr lange offen sein. Also müsse Peking, wenn es seine Ziele, etwa gegenüber Taiwan, erreichen wolle, jetzt handeln. Die zwanziger Jahre würden zum entscheidenden Jahrzehnt werden – eine neue «Gefahrenzone» tue sich in der Weltpolitik auf.

Mit ihrem Buch trafen Brands und Beckley ziemlich genau die Stimmung im Washington dieser Jahre. Während Demokraten und Republikaner in fast allen anderen politischen Fragen bis aufs Blut zerstritten sind, so stimmen sie darin überein, den Wettbewerb gegen China aufnehmen zu wollen. Taiwan soll verteidigt, die liberale Weltordnung gemeinsam mit den Verbündeten in Europa und Asien gefestigt, der technologische Vorsprung und die wirtschaftliche Überlegenheit sollen abgesichert werden. Die Vereinigten Staaten sind entschlossen, die Nummer eins in der Welt zu bleiben.

3. Die Vereinigten Staaten von Amerika – Die Weltmacht will Nummer eins bleiben

An diesem Sonntagmorgen im August 2022 ist im Westen des Pazifiks gerade die Sonne aufgegangen, als Caroline Kennedy und Wendy Sherman nebeneinander auf einem Hügel der Salomonen-Insel Guadalcanal stehen. Amerikas Botschafterin in Australien und die stellvertretende Außenministerin der USA sind aus Canberra und Washington angereist, um der Opfer einer der blutigsten Schlachten im Pazifischen Krieg gegen Japan zu gedenken. Siebentausend US-Soldaten starben bei den von August 1942 bis Februar 1943 währenden Kämpfen um Guadalcanal. Die Väter von Caroline Kennedy und Wendy Sherman aber haben überlebt. Mal Sherman, damals ein junger Marine, wurde bei den Gefechten verwundet. John F. Kennedy, der spätere amerikanische Präsident, befehligte ein Torpedoboot, das ein paar Monate nach der Schlacht in der Nähe der Insel von einem japanischen Zerstörer gerammt und versenkt wurde. Kennedy und zehn Mitglieder seiner Crew konnten gerettet werden.

Achtzig Jahre ist das jetzt her. Wendy Sherman erzählt einem Reporter, wie sie vor ihrer Reise mit Caroline Kennedy über ihrer beider Leben gesprochen habe. «Sie würde nicht hier sein, ich würde nicht hier sein, wären unsere Väter nicht gerettet worden.»

In ihrer Ansprache vor den Ehrengästen aus Japan, Australien, Neuseeland und den Salomonen wird die Vizeaußenministerin politischer. Sie spricht über den neuen Großmachtkonflikt am Pazifik, in dem die USA heute nicht mehr mit Japan, sondern mit China aufeinanderstoßen. «Es liegt an uns, ob wir weiterhin in Gesellschaften leben möchten, in denen die Menschen frei ihre Meinung sagen können», begründet Wendy Sherman Amerikas fortdauerndes Engagement in der Region. «Ob wir ein internationales System wollen, in dem es fair zugeht, jeder nach denselben Regeln spielt und Konflikte friedlich beigelegt werden.»

Manasseh Sogavare, der Ministerpräsident der Salomonen, hört Wendy Shermans Worte nicht. Er ist den Feierlichkeiten in seiner Hauptstadt Honiara ferngeblieben. Das Verhältnis zwischen den Salomonen und den Vereinigten Staaten ist angespannt, seitdem Sogavare sich der Volksrepublik China zugewandt hat und zu einem von Peking umworbenen Partner avanciert ist. China hat Hilfe beim Ausbau der Sicherheitskräfte versprochen, es könnte sogar, fürchten die USA, einen Militärstützpunkt auf den Salomonen errichten. Die Amerikaner wollen nun rasch wieder ihre Botschaft in Honiara eröffnen, nachdem ihnen die strategisch wichtigen Inseln nordöstlich von Australien lange ziemlich egal waren.[1]

Die Vereinigten Staaten, die noch immer junge Nation, sind seit dem Ende des 19. Jahrhunderts eine pazifische Macht. Über hundert Jahre ist das nun her. In den frühen Jahrzehnten der Republik wurde die «frontier» über den Kontinent hinweg immer weiter Richtung Westen vorangeschoben, bis nach Kalifornien. Dann lag vor den Siedlern nur noch die endlose Weite des Stillen Ozeans. Der Beginn des amerikanischen Ausgreifens in den Pazifik lässt sich aber noch weiter zurückdatieren, auf das Jahr 1784, als der Finanzier Robert Morris die «Empress of China» mit Fellen, Wein und spanischen Silberdollars an Bord von New York nach Kanton segeln ließ und seine Ladung dort mit einem Gewinn von 400 Prozent verkaufte. Beladen mit Seide, Porzellan und Tee kehrte die «Empress» in ihren Heimathafen zurück. Bis zum Jahr 1790 waren bereits 28 amerikanische Handelsschiffe nach Kanton gesegelt.

Anders als die europäischen Mächte waren die Vereinigten Staaten an kolonialer Landnahme zunächst nicht interessiert. Politische Eroberungen passten nicht zum eigenen Weltbild, hatten die Amerikaner doch eben erst die eigene Freiheit gegen die englischen Kolonialherren erkämpft. Ihre Kaufleute wollten neue Märkte erobern, ihre Missionare die Ungläubigen zum Christentum bekehren.

Die gleichen Rechte wie die Europäer aber wollten die Amerikaner schon genießen, etwa in China, das die imperialistischen Mächte im 19. Jahrhundert unter sich aufzuteilen begonnen hatten. Washingtons Außenminister John Hay formulierte diesen Anspruch, beispielsweise beim Zugang zu den Vertragshäfen und bei den Zolltarifen, in zwei diplomatischen Noten 1899 im Rahmen seiner «Politik der offenen Tür». Die Vereinigten Staaten wollten kein Territorium in China und betrieben nicht den Sturz der chinesischen Regierung. «Was ich mir wünsche», sagte Hay einem Freund zur Zeit des Pekinger Boxeraufstands 1900, «ist Chinas Freundschaft, wenn die Unruhen vorbei sind.»[2]

Nicht, dass den Vereinigten Staaten das imperialistische Denken der Europäer fremd war. Wenn sich die Gelegenheit bot, griff die Regierung in Washington zu. Im Juli 1898 annektierte sie das Königreich Hawaii, mitten im Pazifischen Ozean gelegen. Im Dezember 1898 musste Spanien nach seiner Niederlage gegen die Amerikaner im Krieg

Pearl Harbor, 7. Dezember 1941: Der Kreuzer «Shaw»
der US Navy explodiert nach einem Treffer.

um Kuba (dem «splendid little war», wie ihn John Hay in einem Brief an seinen Freund Theodore Roosevelt nannte) neben Puerto Rico auch Guam und die Philippinen an die USA abtreten. Ein Jahr später, im Dezember 1899, ging ein Teil Samoas an die Vereinigten Staaten.

«Diese Erwerbungen in den wenigen Monaten, die den Open-Door-Noten vom September 1899 vorangingen und ihnen folgten, übertrafen jene der anderen Mächte im Pazifik», notiert nüchtern John King Fairbank, der Nestor der amerikanischen Sinologie in seinem grundlegenden Werk über die Beziehungen zwischen den USA und China.[3] Die Vereinigten Staaten hatten sich in kurzer Zeit als pazifische Vormacht etabliert. Als das kaiserliche Japan in den dreißiger Jahren des 20. Jahrhunderts erst große Teile Chinas und dann immer weitere Staaten Asiens und des westlichen Pazifiks unterwarf, war es allein Amerika, das Tokios Militarismus entgegentreten konnte.

Es ist ein sonniger Nachmittag im Oktober 2021 auf der Hawaii-Insel

Oahu. Auch die heitersten Touristen werden still, wenn sie das Arizona-Memorial betreten. Sie wissen, dass sie hier, am nördlichen Ufer der blauen, vom Wind gekräuselten Wasserfläche Pearl Harbors, über einem Massengrab stehen. Auf dem Schlachtschiff «USS Arizona» starben am 7. Dezember 1941 beim japanischen Angriff auf die amerikanische Pazifikflotte 1177 Seeleute. Für mehr als 900 Besatzungsmitglieder wurde der stählerne Schiffsrumpf zur letzten Ruhestätte. Ihre sterblichen Überreste liegen seit über achtzig Jahren auf dem Meeresgrund. Die Soldaten «dienen auf ewig», sagt mit feierlichem Ernst der Park Ranger, der die Besucher der Gedenkstätte begrüßt.

Das Schicksal der «USS Arizona» hat die Überlebenden der Katastrophe nie wieder losgelassen. Mancher von ihnen wollte hier, an der Seite der damals gestorbenen Kameraden, zur letzten Ruhe gebettet werden. Am 7. Dezember 2019, dem Jahrestag des Angriffs, wurde die Urne mit der Asche von Lauren Bruner in den Schiffsrumpf auf den Grund eines der Geschütztürme hinabgelassen. Bruner war im September 2019 im Alter von 98 Jahren gestorben.

Die lichte weiße Gedenkstätte über dem Wrack der «USS Arizona» erinnert daran, dass in den Weiten des Pazifiks schon immer die Interessen der Mächte miteinander kollidiert sind. Als das mit Nazi-Deutschland verbündete kaiserliche Japan aufzurüsten begann in dem Bestreben, eine von ihm dominierte «Großostasiatische Co-Prosperitätssphäre» zu errichten, mobilisierten die Vereinigten Staaten ihre gigantische Industrie- und Militärmacht. Sie sahen ihre Interessen unmittelbar bedroht. Die Kriegsgefahr wuchs. Doch noch hielt ein prekärer Frieden zwischen den beiden pazifischen Großmächten. Bis Admiral Isoroku Yamamoto, der Kommandeur der japanischen Kriegsflotte, den Plan entwarf, die in Hawaii versammelten Schlachtschiffe der US Navy mit einem Überraschungsangriff außer Gefecht zu setzen.

In größter Geheimhaltung zog Yamamoto im November 1941 sechs Flugzeugträger und 24 sie begleitende Kriegsschiffe weit im Norden des Pazifiks vor den Kurilen zusammen. Von dort aus nahmen sie am 26. November Kurs auf Hawaii. Am 7. Dezember, einem Sonntag, kurz vor acht Uhr morgens, stießen die japanischen Bomber in mehreren Angriffswellen auf die in Pearl Harbor vor Anker liegenden amerikanischen

Kriegsschiffe hinab. Insgesamt 22 Schiffe wurden versenkt oder stark beschädigt. Die Pazifikflotte, der Stolz der Navy, lag in Trümmern.

Am nächsten Tag trat US-Präsident Franklin D. Roosevelt in Washington vor den Kongress. «Gestern, am 7. Dezember 1941 – ein Datum, das in Infamie weiterleben wird –, wurden die Vereinigten Staaten von Amerika plötzlich und mit kühlem Vorsatz von den Marine- und Luftstreitkräften des Kaiserreichs Japan angegriffen», rief Roosevelt vor den versammelten Mitgliedern von Senat und Repräsentantenhaus aus. Ein «Verrat», gegen den sich Amerika zur Wehr setzen werde. «Ich ersuche den Kongress zu erklären, dass seit dem unprovozierten und hinterhältigen Angriff Japans am Sonntag, dem 7. Dezember 1941, zwischen den Vereinigten Staaten und dem japanischen Kaiserreich der Kriegszustand herrscht.»

Im Pazifischen Krieg 1941–45 war China ein Verbündeter Amerikas. Genauer gesagt: das China Chiang Kai-sheks, dessen nationalistisches Regime zugleich gegen die japanischen Besatzer und die kommunistischen Truppen Mao Zedongs kämpfte. Washington versuchte, zwischen den chinesischen Bürgerkriegsparteien zu vermitteln und China zu helfen, seine militärischen Kräfte gegen die japanischen Aggressoren zu bündeln. Doch Nationalisten und Kommunisten vermochten es nicht, über einen längeren Zeitraum eine antijapanische Einheitsfront zu bilden. Zu tief saßen das Misstrauen und der gegenseitige Hass. Nach der Kapitulation Japans im August 1945 zog sich der Bürgerkrieg noch vier grauenhafte Jahre lang hin. Er endete mit dem Triumph der Kommunisten. Am 1. Oktober 1949 rief Mao Zedong in Peking vom Tor des Himmlischen Friedens die Volksrepublik aus.

Die Revolution im bevölkerungsreichsten Land der Erde war ein welthistorischer Einschnitt. In der zweigeteilten Welt des Kalten Krieges lehnte sich die Kommunistische Partei Chinas zunächst an die Sowjetunion an. Mao Zedong war aber nicht gewillt, sich der Führung durch Moskau unterzuordnen. Der stolze Revolutionär wollte seinen eigenen chinesischen Weg gehen und dabei nicht den Anweisungen Stalins folgen. Moskau lehnte Maos «linkes Abenteurertum» ab. Peking seinerseits sah in den späten fünfziger und in den sechziger Jahren die KPdSU unter Chruschtschow und Breschnew auf dem Weg zu «Revisionismus» und «Sozialimperialismus». Das Schisma des Weltkommunismus trat offen zutage. In der Feindschaft zum westlichen «Imperialismus» unter Führung der Vereinigten Staaten und zur «Kriegspolitik» der Nato allerdings waren sich China und die Sowjetunion einig.

Zwischen Peking und Washington begann eine Jahrzehnte währende Zeit gegenseitiger Abschottung und tiefen diplomatischen Schweigens. Die Politiker gingen sich buchstäblich aus dem Weg und überschritten dabei gelegentlich die Grenze zur persönlichen Beleidigung. Als der chinesische Premier Zhou Enlai und US-Außenminister John Foster Dulles einander 1954 auf der Indochina-Konferenz in Genf begegneten, weigerte sich der Amerikaner, Zhous ausgestreckte Hand zu ergreifen. Achtzehn Jahre später, am 21. Februar 1972, landete Präsident Richard Nixon zu seinem historischen Besuch in Peking. Als er auf dem Rollfeld aus der «Air Force One» stieg, ging sein Gastgeber Zhou Enlai mit lächelndem Gesicht auf ihn zu. Nixon reichte dem Regierungschef die Hand – eine Geste, auf die ganz China gewartet hatte. «Ihr Handschlag kam über den weitesten Ozean der Welt», sagte Zhou seinem Gast im Wagen auf dem Weg in die Stadt, «nach fünfundzwanzig Jahren ohne Kommunikation.»[4]

Richard Nixon, der 1974 in der Watergate-Affäre als Lügner entlarvt wurde und zurücktreten musste, war ein politischer Schurke – und zugleich ein strategischer Denker und außenpolitischer Visionär. In Washington konnte wohl nur ein über jeden ideologischen Zweifel erhabener Antikommunist wie er es wagen, den Weltrevolutionären in China seine Aufwartung zu machen. Nixon hatte schon lange darüber nachgedacht, ob sich aus der partiellen Interessenidentität Chinas und Amerikas gegenüber der Sowjetunion nicht machtpolitisches Kapital schlagen ließe. Aufsehen erregte ein Artikel 1967 in der Fachzeitschrift *Foreign Affairs*, in dem Nixon dafür warb, die Volksrepublik in das internationale System einzubeziehen. China sei zu groß, um in zorniger Isolation zu verharren, in der es «seine Fantasien nährt, seinem Hass frönt und seine Nachbarn bedroht».[5]

Als Präsident machte er sich gemeinsam mit seinem Nationalen Sicherheitsberater und späteren Außenminister Henry Kissinger ans

Werk, das Tor nach China aufzustoßen und – was ihm damals wohl nicht klar war – dem Land seinen Aufstieg zu einer Amerika fast ebenbürtigen Supermacht zu ebnen. Wie weitreichend die Folgen seiner Politik sein könnten, ahnte er gleichwohl, als er am Ende seiner Chinareise im Februar 1972 resümierte, dies sei die Woche gewesen, welche «die Welt verändert hat». So war es. In ihrer langen Geschichte von Freundschaft und Feindschaft hatten die beiden pazifischen Mächte ein neues Kapitel aufgeschlagen.

Im Jahr 2011 habe ich mit Henry Kissinger ein langes Interview zur amerikanischen Chinapolitik geführt. Der damals schon Achtundachtzigjährige hatte gerade sein Spätwerk «On China» vorgelegt. Wir saßen in seinem geräumigen Büro an der New Yorker Park Avenue, auf den Fensterbänken Dutzende von gerahmten Fotos, die Kissinger mit den Mächtigen der Welt zeigten, und ich fragte ihn nach Nixons Reise im Februar 1972. Sie sei deshalb so folgenreich gewesen, sagte Kissinger, «weil sie eine grundsätzliche Verschiebung in der Politik des Kalten Krieges bewirkte. Sie gilt als Beginn eines Dialogs – das war sie auch. Aber sie war mehr als das. Sie kehrte die Allianzen um. Mit der Reise begann sich China in Richtung einer De-facto-Allianz mit den Vereinigten Staaten zu bewegen.»[6]

Richard Nixons strategischer Richtungswechsel leitete die produktivste Phase in den chinesisch-amerikanischen Beziehungen seit Gründung der Volksrepublik ein. Sie währte fast fünfzig Jahre. Alle Präsidenten, die auf Nixon folgten, waren sich in dem Versuch einig, China in die von den Westmächten nach dem Ende des Zweiten Weltkriegs geschaffene liberale internationale Ordnung zu integrieren. Bevor sie ins Amt kamen, schauten die Präsidenten fast ausnahmslos kritisch auf China, kritisierten die Menschenrechtslage oder den Technologiediebstahl. Doch am Ende obsiegte ihr Pragmatismus. Die Zukunft, darin waren sich alle Amtsinhaber einig, werde sich nur mit China gemeinsam bewältigen lassen.

Unter Jimmy Carter nahmen die beiden Länder 1979 diplomatische Beziehungen auf. Bill Clinton warb für den Beitritt der Volksrepublik zur Welthandelsorganisation (WTO), der im Jahr 2001 erfolgte. In der Amtszeit Barack Obamas traten beide Staaten dem Pariser Klimaabkommen bei. Die Hoffnung in Washington war groß, China könne tatsächlich ein «verantwortungsvoller Teilhaber» (Robert Zoellick) an der internationalen regelbasierten Ordnung werden.

Zu Beginn dominierte in der amerikanischen Wahrnehmung der Gleichklang der strategischen Interessen gegenüber der Sowjetunion. Aber mit der Zeit traten die wirtschaftlichen Erwartungen in den Vordergrund. Der Warenaustausch zwischen den beiden Ländern explodierte. Doch mit den immer enger werdenden Verflechtungen ging eine wachsende Rivalität einher. Die Konflikte nahmen zu – im Handel, beim Schutz geistigen Eigentums, bei Währungsfragen, bei Territorialstreitigkeiten, bei der Verteidigung der Menschenrechte, beim Streit um Hongkong und Taiwan. Während der Präsidentschaft Barack Obamas waren die Beziehungen zunächst so gut wie nie zuvor, dann begannen sie spürbar abzukühlen.

Obama war der erste «pazifische Präsident» der Vereinigten Staaten. 1961 in Honolulu auf Hawaii geboren, verbrachte er als Kind vier Jahre in der indonesischen Hauptstadt Jakarta. Er wuchs auf mit der Vielfalt der Kulturen, Religionen und Hautfarben. «Hawaii hat vieles mit Jakarta gemeinsam», zitiert ihn sein ehemals enger Mitarbeiter, der stellvertretende Nationale Sicherheitsberater und Redenschreiber Ben Rhodes. «Hier gibt es einen gewissen Gemeinschaftsgeist. Die Amerikaner sind größere Individualisten.»[7]

In einer Grundsatzrede zu seiner Asienpolitik vor dem australischen Parlament in Canberra am 17. November 2011 erinnerte sich Obama daran, wie er als Achtjähriger auf dem Weg nach Indonesien zum ersten Mal nach Australien gekommen war und sich dort – trotz «Ihrer fremden Sprache», wie er zur Erheiterung der Abgeordneten sagte – sogleich zuhause gefühlt hatte. Jetzt kehrte er als Präsident zurück. Und seine Botschaft lautete, dass sich Amerika nach zwei blutigen und teuren Kriegen im Irak und in Afghanistan nun dem «gewaltigen Potential der asiatisch-pazifischen Region» zuwenden werde. «Hier sehen wir die Zukunft», rief Obama vor den Parlamentariern. «Als Präsident habe ich deshalb die wohlüberlegte und strategische Entscheidung getroffen, dass die Vereinigten Staaten als pazifische Nation eine größere und langfristige Rolle bei der Zukunftsgestaltung dieser

Region spielen werden, in enger Partnerschaft mit unseren Alliierten und Freunden.» Das amerikanische Interesse verlange eine fortdauernde Präsenz in der Region.[8]

Die Hinwendung nach Asien («pivot to Asia» oder, wie es später hieß, «rebalancing to Asia») wurde in Peking als das verstanden, was sie im Kern tatsächlich war: eine Strategie zur Eindämmung Chinas. Die Vordenker dieser Politik haben das immer bestritten. Kurt M. Campbell zum Beispiel, unter Obamas Außenministerin Hillary Clinton im State Department für Ostasien und den Pazifik zuständig und später unter Joe Biden Koordinator für den Indopazifik im Weißen Haus. Die wichtigste Botschaft des «pivot» an die chinesische Führung sei es gewesen, schrieb Campbell, die Vereinigten Staaten als asiatisch-pazifische Macht nicht abzuschreiben. In Peking habe es die falsche und gefährliche Wahrnehmung gegeben, Amerika könne sich aus der Region zurückziehen. Im Übrigen wisse jeder ernstzunehmende Politiker in Washington, dass eine Politik der «Eindämmung» (*containment*) Chinas gar nicht möglich sei. «Das Konzept der Eindämmung, das auf den Wettbewerb mit der Sowjetunion im Kalten Krieg zurückgeht, hat wenig bis gar keine Bedeutung für die komplexe Wirklichkeit eines interdependenten Asiens, in dem die meisten Staaten enge wirtschaftliche Bindungen an China haben.»[9]

Peking dagegen bleibt dabei, beim «pivot» habe es sich um *containment* gehandelt. Und seither habe sich am Ziel der amerikanischen Politik nichts geändert: Es gehe den USA im Kern darum, den Aufstieg Chinas zu verhindern. Richtig daran ist, dass die Vereinigten Staaten entschlossen sind, die Nummer eins zu bleiben, im Indopazifik wie im Rest der Welt. Konsequent baut Washington die Beziehungen zu seinen Verbündeten und Partnern in der Region aus und verstärkt seine militärische Präsenz. Die Konkurrenz mit China ist der Grund dafür, dass sich die außenpolitische Aufmerksamkeit seit Jahren immer stärker von Europa und vom Mittleren Osten Richtung Indopazifik verlagert. Amerika will China seine Grenzen aufzeigen.

Nie war das Verhältnis zwischen den beiden Mächten schlechter als in den vier turbulenten Jahren der Präsidentschaft Donald Trumps. Der Republikaner im Weißen Haus warf der Volksrepublik vor, Amerika mit seinen unfairen Wirtschaftsmethoden «vergewaltigen» zu wollen. Trumps Regierung brach einen Handelskrieg mit der Volksrepublik vom Zaun, erhöhte die Zolltarife dramatisch und verschärfte die Kontrollen bei der Ausfuhr von Produkten der Hochtechnologie. Der Ton verschärfte sich. Außenminister Mike Pompeo wetterte gegen die «bankrotte, totalitäre» Ideologie der Kommunistischen Partei und hoffte darauf, das chinesische Volk möge die Kraft finden, die politischen Verhältnisse im Land zu verändern.

Zum Erstaunen der chinesischen Führung schlug die auf Trump folgende Regierung des Demokraten Joe Biden fast ebenso unerbittliche Töne an. In der Sache wurde die Chinapolitik der Vereinigten Staaten eher noch härter. Diese Kontinuität kündigte sich schon im Wahlkampf an, als die führenden außenpolitischen Köpfe der Demokratischen Partei sich in programmatischen Artikeln zu Wort meldeten. Kurt M. Campbell und Jake Sullivan, Bidens späterer Nationaler Sicherheitsberater, notierten im Herbst 2019 lakonisch den neuen Konsens in Washington: «Es herrscht wachsende Übereinstimmung darüber, dass die Ära der Einbindung Chinas an ihr unrühmliches Ende gekommen ist.» Die Annahme sei grundfalsch gewesen, durch Einbindung «einen fundamentalen Wandel in Chinas politischem System herbeiführen» zu können. Ein ebenso großer Fehler wäre es allerdings zu glauben, mit einer Politik der Eindämmung die Kapitulation oder gar den Kollaps Chinas erzwingen zu können. Anzustreben sei vielmehr eine «illusionslose Koexistenz» zwischen den beiden Ländern, die auf Konkurrenz und Kooperation zugleich beruhe. Damit war die künftige Chinapolitik Joe Bidens präzise umrissen.[10]

Der alte wie der neue amerikanische Präsident, resümierte ein kluger Beobachter von außen, der ehemalige australische Ministerpräsident und Chinakenner Kevin Rudd, waren zu dem Schluss gekommen, die Politik der Einbindung Chinas habe sich «in ihrer Nützlichkeit als Strategie überlebt».[11] Jetzt, mit Joe Biden im Amt, musste es darum gehen, dass aus der Rivalität kein offener Konflikt oder gar ein Krieg zwischen den beiden Mächten wurde.

Denn diese Rivalität war fundamentaler Art, sie reichte weit hinaus über Handelsstreitigkeiten, Konkurrenz in der Hochtechnologie und außenpolitische Geländegewinne. Zu beantworten war die Frage: Wer wird in Zukunft die Regeln der internationalen Ordnung festlegen? Man konnte darüber streiten, wie sinnvoll der Vergleich mit dem Kalten Krieg zwischen den Vereinigten Staaten und der Sowjetunion war. Zweifellos aber ging es um einen neuen Systemkonflikt, um den Wettbewerb zwischen einer liberalen marktwirtschaftlichen Demokratie und einer digital-leninistischen Diktatur. Und es ging um nackte Machtpolitik, um die Hegemonie im Indopazifik und in der Welt.

Der neu ins Amt gekommene US-Außenminister Antony Blinken sprach vom «größten geopolitischen Test des 21. Jahrhunderts». Da stand ihm sein erstes Kräftemessen mit der chinesischen Führung noch bevor. Es wurde ein «rhetorischer Faustkampf» *(Washington Post)* vor den Augen der Weltöffentlichkeit. Für den März 2021 hatte die US-Regierung Pekings führende Außenpolitiker zu einem ausführlichen Meinungsaustausch nach Alaska eingeladen. Von amerikanischer Seite nahm neben Antony Blinken der Nationale Sicherheitsberater Jake Sullivan teil, die chinesische Delegation leiteten Außenminister Wang Yi und Staatsrat Yang Jiechi, der wichtigste Außenpolitiker der Partei.

Die Reporter und Kameraleute waren noch im Saal, als Blinken das Gespräch mit der Bemerkung eröffnete, über die Sorgen sprechen zu wollen, die sich Washington über die Lage der Uiguren in Xinjiang, über Hongkong und über Taiwan sowie über chinesische Cyberattacken auf Amerika mache. Yang Jiechi, der auf Blinken antwortete, hob an zu einer Tirade, die in der Frage gipfelte, mit welchem Recht ein Land wie Amerika der Welt Vorschriften machen wolle? China jedenfalls halte nichts davon, in andere Länder einzumarschieren, Regierungen zu stürzen und Menschen umzubringen; all das führe nur zu «Aufruhr und Instabilität in der Welt».[12] Die Fernsehleute wollten schon ihre Kameras einpacken, da bedeutete Blinken ihnen, noch zu bleiben. Er wollte Yang Jiechis Vorwürfe nicht unerwidert lassen. Die Vereinigten Staaten, sagte er, wüssten um ihre Mängel, sie versuchten nicht, diese zu ignorieren. Blinken erinnerte an ein mehr als zehn Jahre zurückliegendes Treffen zwischen Joe Biden und Xi Jinping, bei dem der damalige US-Vizepräsident gesagt habe, es sei nie eine gute Idee, gegen Amerika zu wetten. «Das gilt auch heute noch», erklärte Blinken.

Als die Reporter nun endlich gehen wollten, hielt Yang Jiechi sie zurück. «Wait!», rief er ihnen auf Englisch zu. Um dann erneut zu einer langen Kritik an der amerikanischen Politik auszuholen.[13] Fast eine Stunde ging es so hin und her, ein Schlagabtausch auf offener Bühne. Kaum allerdings hatten sich die Türen des Konferenzraumes geschlossen, berichtete ein amerikanischer Delegierter hinterher den Journalisten, sei das Gespräch sachlich geworden – «substanziell, ernst und direkt».

Die Republikaner hatten Joe Biden im Wahlkampf vorgeworfen, in der Regierung Obama zu denen gehört zu haben, die China gegenüber zu viel Nachsicht gezeigt hätten. Biden wies diese Kritik heftig zurück, auch wenn er sich seines guten persönlichen Verhältnisses zu Xi Jinping rühmte, den er als Vizepräsident mehrfach getroffen und mit dem er stundenlang gesprochen hatte. Kaum im Amt, rückte der Demokrat mit harten Worten von seinem einst vertrauten Gesprächspartner ab. «Xi hat keinen einzigen demokratischen – demokratisch mit kleinem ‹d› – Knochen im Leib», sagte er auf seiner ersten Pressekonferenz als Präsident.

Der Präsident holte viele alte Gesichter aus der Obama-Administration in seine Regierung. Das galt auch für die Asien- und Chinakenner. Aber in seiner Politik ließ er nicht den geringsten Zweifel, dass er Peking gegenüber eher den kompromisslosen Kurs von Donald Trump als den um Ausgleich bemühten Kurs von Barack Obama fortsetzen würde. Dies zeigte auch seine erste große außenpolitische Entscheidung: der Abzug aus Afghanistan. Schon lange hatte Biden nicht mehr geglaubt, der Westen könnte Afghanistan dauerhaft stabilisieren. Für ihn war die Regierung in Kabul kein verlässlicher Partner. Als die Taliban im Sommer 2021 in schockierendem Tempo auf Kabul vorrückten und die afghanische Hauptstadt kurz vor dem Fall stand, bekräftigte Biden seine Entschlossenheit zum Abzug noch einmal: «Ich war der vierte Präsident, unter dem amerikanische Truppen in Afghanistan standen – zwei Republikaner, zwei Demokraten. Ich werde diesen Krieg nicht einem fünften Präsidenten übergeben.»[14]

Aus Sicht Bidens hatten sich die sicherheitspolitischen Prioritäten verschoben. Die Hauptgefahr ging nicht mehr vom islamistischen Terrorismus aus, sondern von der politischen, wirtschaftlichen und militärischen Macht des aufsteigenden Chinas. Joe Biden sagte es ausdrücklich: Wir verlassen Afghanistan auch, weil wir uns auf die viel wichtigere Auseinandersetzung mit China konzentrieren wollen. Zehn Jahre zuvor, in seiner Rede vor dem australischen Parlament, hatte schon Barack Obama eine neue Prioritätensetzung angedeutet. Auch er wollte Amerikas Kriege im Irak und in Afghanistan hinter sich lassen. Aber es brauchte ein weiteres Jahrzehnt, um sich aus den mittelöstlichen Verstrickungen zu lösen.

Alle Aufmerksamkeit sollte nun also China gelten. Warum das aus seiner Sicht notwendig sei, erklärte der designierte CIA-Chef William Burns bei seiner Anhörung im Senat. Die Volksrepublik «zu übertrumpfen, wird entscheidend für unsere nationale Sicherheit in den kommenden Jahrzehnten sein».[15] Burns ist ein erfahrener, allenthalben hochgeschätzter Fahrensmann der amerikanischen Außenpolitik. Der langjährige stellvertretende Außenminister verkörpert wie kaum ein Zweiter das Washingtoner strategische Establishment. Sein Wort hat Gewicht.

Eine andere Stimme, die in Washington viel Aufmerksamkeit fand, war die von Rush Doshi, Autor des Buches «The Long Game».[16] Ähnlich wie Burns formuliert Doshi den neuen Washington-Konsens. Auch für ihn ist Chinas Machtstreben die «größte geopolitische Herausforderung dieses Jahrhunderts». Sollte sich die «chinesische Ordnung» durchsetzen, wären aus Doshis Sicht die möglichen Folgen «der Abzug der US-Truppen aus Japan und Korea, das Ende der amerikanischen regionalen Allianzen, der faktische Rückzug der US Navy aus dem Westpazifik, Botmäßigkeit der regionalen Nachbarn gegenüber China, Vereinigung mit Taiwan, Lösung der territorialen Streitigkeiten im Ostchinesischen und im Südchinesischen Meer» in Pekings Sinne. Ein autoritärer Wind würde durch die Region wehen. Verglichen mit der amerikanischen würde die chinesische Ordnung «entschieden illiberal» sein.[17]

Das kann man alles so sehen, und man muss in Doshis Thesen noch keinen Hinweis auf Washingtoner Überlegungen zum *regime change* in Peking sehen.[18] Aber die amerikanische Politik darf sich auch nicht wundern, wenn in Peking die Einkreisungsängste wachsen. Deshalb warnen Kritiker einer kompromisslosen amerikanischen Abgrenzungspolitik vor dem Fatalismus, eine Krise zwischen den beiden Großmächten sei nicht mehr abzuwenden.[19]

Dass weiterhin der Dialog zwischen Washington und Peking gesucht werden muss, davon brauchte man Joe Biden indes nicht zu überzeugen. Die Pandemie verhinderte zwar zunächst ein persönliches Treffen, aber im November 2021 schalteten sich Biden und Xi zu einer Videokonferenz zusammen. Es war ein erster Versuch, miteinander ins Gespräch zu kommen. In den Monaten davor hatte sich China erkennbar abgeschottet, und das nicht nur, um sich vor dem Virus zu schützen. Die Führung in Peking sah allerorten feindliche Kräfte am Werk, die Chinas wirtschaftlichen und politischen Aufstieg behindern wollten. Überall nur Missgunst und Kritik! Dann sollte die Welt doch draußen bleiben.

Waren es in den Jahren davor die Vereinigten Staaten unter Donald Trump, die über eine «Entkopplung» von China spekuliert hatten, so war es nun die Volksrepublik, die sich ökonomisch und technologisch unabhängiger machen wollte. Ideologisch hatte sich das Land ohnehin bereits eingemauert. Auf Kritik aus dem Ausland reagierte die Führung mit nationalistischem Zorn: Am Wiederaufstieg Chinas würden alle Einmischungsversuche von außen nichts ändern.[20]

Nach der langen Sprachlosigkeit zwischen Peking und Washington appellierte Biden an den «gesunden Menschenverstand» beider Seiten, der es ratsam erscheinen lasse, «Leitplanken» zu errichten, um Kollisionen zwischen den Rivalen zu vermeiden. «Unsere Verantwortung als Staatsführer Chinas und der Vereinigten Staaten ist es sicherzustellen, dass der Wettbewerb zwischen unseren Ländern nicht in einen Konflikt ausartet, ob gewollt oder nicht.»[21] Auf die Überzeugungskraft seiner Worte allein wollte sich Joe Biden jedoch nicht verlassen. Er wollte zugleich Amerikas Willen zur Erneuerung demonstrieren. Nur Stunden vor dem Gespräch mit Xi unterzeichnete er im Garten des Weißen Hauses das vom Kongress verabschiedete Infrastrukturgesetz im Umfang von 1,2 Billionen Dollar. Mit diesem Programm, erklärte Bidens Sprecherin, investierten die Vereinigten Staaten zum ersten Mal seit zwanzig Jahren wieder mehr in die Infrastruktur als China. «Und das schafft nicht nur Jobs für Millionen Menschen, das stärkt auch unsere Wettbewerbsfähigkeit.»[22]

Den Wettbewerb zwischen den USA und China verantwortungsvoll zu managen – das fordert auch die Nationale Sicherheitsstrategie, die das Weiße Haus im Oktober 2022 veröffentlichte. Der Krieg in der Ukraine tobte damals bereits acht Monate. Und doch rückte das Regierungsdokument, das die Leitlinien der amerikanischen Sicherheitspolitik formuliert, nicht die von Putin ausgehende Bedrohung in den Mittelpunkt. Zwar stelle Russland «eine akute und andauernde Gefahr für die regionale Sicherheitsordnung in Europa dar»; es sei eine «Quelle der Disruption und Instabilität weltweit». Aber die viel größere Herausforderung gehe von Peking aus. «Die Volksrepublik China ist der einzige Wettbewerber, der sowohl die Absicht hat, die internationale Ordnung umzugestalten, als auch zunehmend die wirtschaftliche, diplomatische, militärische und technologische Macht, dies zu tun.»

Und deswegen stehen in der Nationalen Sicherheitsstrategie der USA auch nicht mehr das transatlantische Bündnis und die Verteidigung Europas an erster Stelle, sondern der Einsatz für einen «freien und offenen Indopazifik». Dorthin verlagert sich aus Sicht der amerikanischen Strategen «das Epizentrum der Geopolitik im 21. Jahrhundert». Amerika stehe zu den Verpflichtungen gegenüber seinen fünf Alliierten Australien, Japan, Südkorea, den Philippinen und Thailand; es wolle enger mit Indien zusammenarbeiten, der «größten Demokratie der Welt und einem wichtigen Partner bei der Verteidigung». Besondere Aufmerksamkeit werde sich auf Südostasien und auf die Pazifischen Inseln richten. «Keine Region wird für die Welt und für das tägliche Leben der Amerikaner eine größere Bedeutung haben als der Indopazifik.»[23]

Auf die Herausforderung durch China solle Amerika, so heißt es in der Nationalen Sicherheitsstrategie, drei Antworten geben. Die USA sollten zunächst einmal die Hausaufgaben daheim erledigen und

Amerikas Wettbewerbsfähigkeit stärken, seine Innovationskraft, seine Widerstandsfähigkeit und – am wichtigsten – die eigene Demokratie. Sie sollten, zweitens, ein noch engeres Netzwerk mit ihren Verbündeten und Partnern flechten. Und drittens sollten sie in der Konkurrenz mit China die eigenen Interessen «verantwortungsvoll» verteidigen.

Dass es um ihr Land nicht zum Besten steht, wer wüsste dies besser als die Amerikaner selbst? Bei allem oft sentimentalen Patriotismus, sie haben sich ihren Blick für die Missstände daheim bewahrt: den alltäglichen Rassismus, die politische Polarisierung und Dysfunktionalität, das heruntergekommene öffentliche Bildungswesen, die verfallende Infrastruktur, die Gewalt auf den Straßen und die Schießereien in den Schulen. Die Fähigkeit zur Kritik an den eigenen Unzulänglichkeiten zählt zu den Stärken der amerikanischen Gesellschaft.

Zunächst die Hausaufgaben daheim erledigen, das empfiehlt auch Bidens Nationaler Sicherheitsberater Jake Sullivan. Die Amerikaner sollten nicht versuchen, den Aufstieg Chinas zu verlangsamen, sondern sich anstrengen, dass «wir selber schneller laufen». Rascher vorangehen werde es zum Beispiel durch mehr Investitionen des Staates in Forschung und Technologien wie Halbleiter und künstliche Intelligenz.

Noch sind die Vereinigten Staaten der Volksrepublik in nahezu allen Belangen überlegen. Rush Doshi zählt die Beispiele in seinem Buch auf: eine junge wachsende Bevölkerung, die finanzielle Dominanz durch den US-Dollar als Weltwährung, die Innovationskraft der Wirtschaft, die reichen Energievorkommen, friedliche Grenzen und starke Allianzen. Vor allem aber nennt er – zu Recht – die Soft Power Amerikas, die ihren Grund nicht im Handeln der Regierung habe, sondern in der Kreativität und im staatsbürgerlichen Pflichtbewusstsein einer offenen Gesellschaft.[24]

Ein anderer Chinakenner in Washington, der an der Denkfabrik Brookings Institution forschende Ryan Hass, hat ein ganzes Buch der These von der amerikanischen Überlegenheit im Wettbewerb mit der Volksrepublik gewidmet.[25] Amerika könne sich Gelassenheit und Großzügigkeit gegenüber dem Konkurrenten leisten, auch weil die eigene militärische Kraft noch immer erdrückend sei. Das Land verfüge «über das stärkste globale Netzwerk an Alliierten und Partnern, das die Welt je gesehen hat. Es hat Zugang zu Militärbasen rund um den Globus. Und es hat die tödlichste Streitmacht auf der Erde.»[26] Die Allianzen der USA vereinten in sich 25 Prozent der Weltbevölkerung und 75 Prozent der Weltwirtschaftskraft. Die amerikanische Armee könne von 587 Stützpunkten in 42 Ländern aus operieren.

Die Militärmacht der Vereinigten Staaten bleibt tatsächlich furchterregend. Fühlt sich das Land herausgefordert, rüstet es auf. Im Jahr 2023 erreichte der Verteidigungshaushalt die Rekordhöhe von 816,7 Milliarden Dollar. Es kann kaum einen Zweifel geben, dass die USA in der Lage sind, ihren militärischen Vorsprung China gegenüber zu wahren, wenn auch mit noch größerem Aufwand als am Ende des Kalten Krieges im Wettrüsten mit der Sowjetunion.

Mehr noch als auf eigener militärischer Kraft ruht Amerikas Stärke auf seinen Bündnissystemen. Donald Trump hat dies nicht begriffen und die Alliierten mit überzogenen Forderungen nach höheren Verteidigungsbeiträgen und seinem Populismus des «America first» düpiert. Joe Biden hingegen ist sich des überragenden Werts der Allianzen bewusst und hat ihre Pflege in das Zentrum seiner Sicherheitspolitik gerückt. Die Vereinigten Staaten stützen sich nicht allein auf die Nato. Im Indopazifischen Raum haben sie seit dem Koreakrieg (1950–53) Verteidigungsabkommen mit Australien (1951), den Philippinen (1951), Japan (1952), Südkorea (1953) und Thailand (1962) abgeschlossen. Dazu kommen Partnerschaften mit Neuseeland und Singapur. Insgesamt sind knapp 100 000 amerikanische Soldaten in der Region stationiert, die größten Militärbasen befinden sich in Japan, Südkorea und auf der Pazifikinsel Guam, die amerikanisches Territorium ist.

Bisher beruhte die Strategie der USA vor allem auf bilateralen Vereinbarungen. Jetzt kommen auch multilaterale Strukturen hinzu wie der «Quadrilateral Security Dialogue» (Quad) mit Japan, Indien und Australien oder die Sicherheitspartnerschaft Aukus mit Großbritannien und Australien sowie «minilaterale» Formen der militärischen Zusammenarbeit wie etwa zwischen Japan und Australien. Es werden aber auch Partner der Vereinigten Staaten in der Region aktiv, die bisher sicherheitspolitisch im indopazifischen Raum kaum präsent waren.

Zum Beispiel Kanada. Auch der nördliche Nachbar der USA sieht seine Interessen durch Chinas wachsende Macht beeinträchtigt. Im November 2022 legte die Regierung in Ottawa ihre Indopazifik-Strategie vor. 23 Seiten, die es in sich hatten. «Kanada ist ein pazifisches Land», heißt es in dem Dokument. Die Hälfte der heutigen Einwanderer komme aus dem indopazifischen Raum, die größten Diasporagemeinden hätten hier ihren Ursprung. Kanada wolle Teil der ökonomischen Dynamik der Region sein und sich deren strategischen Herausforderungen stellen.

Das Problem sei China. Die Volksrepublik werde immer mehr zu einer «disruptiven globalen Macht». China verdanke seinen Aufstieg den internationalen Regeln und Normen, die es nun zunehmend missachte. Es strebe eine Ordnung an, in der Interessen und Werte gelten sollten, die mit den kanadischen Vorstellungen nicht zu vereinbaren seien. Kanadas Blick auf das heutige China sei «realistisch und illusionslos». So wie die Politik, die daraus folge. «Wir werden uns weiterhin für universelle Menschenrechte einsetzen, einschließlich jener der Uiguren, Tibeter sowie anderer religiöser und ethnischer Minderheiten in China. Kanada wird weiterhin Schulter an Schulter mit den Menschen in Hongkong stehen.» Die Regierung in Ottawa kündigte an, gegen «willkürliche Verhaftungen und wirtschaftlichen Zwang» vorgehen zu wollen und sich gegen «unilaterale Maßnahmen» zu wenden, «die den Status quo in der Straße von Taiwan bedrohen».[27]

Das waren Töne, die China sich nicht bieten lassen wollte. Wieder einmal zeige sich, dass Ottawa nichts weiter sei als ein «Vasall» der USA, hieß es in der Pekinger Propaganda. Aus dem «feindseligen Dokument spreche die «Mentalität des Kalten Krieges». Es bewerfe China mit Schmutz. Wer immer sich an die Front der amerikanischen Anti-China-Politik begebe, werde der «Erste sein, der das Feuer des Gegenschlags ertragen muss».[28] Kanadas Außenministerin Mélanie Joly, die Ottawas Indopazifik-Strategie vorgelegt hatte, ließ sich von solchen Drohungen nicht beeindrucken. Sie werde kanadische Firmen nicht auffordern, mit China keine Geschäfte mehr zu machen. «Aber es ist mein Job, die Risiken zu erklären. Und ich sage, dass es ein großes geopolitisches Risiko gibt, wenn man Geschäfte mit China macht.»[29]

Als «Vasall» der Amerikaner sah sich auch Japan angegriffen, der wichtigste Verbündete Washingtons in Asien, als es unter dem moderaten Premier Fumio Kishida im Herbst 2022 eine Wende in seiner Verteidigungspolitik vollzog. Nicht nur wollte die Regierung in Tokio nach dem Beispiel der Nato-Staaten den Verteidigungshaushalt auf 2 Prozent des Bruttoinlandsprodukts anheben. Künftig sollten bei befürchteten Raketenangriffen auf das Land auch Angriffe auf gegnerische Abschussanlagen erlaubt sein («counterstrike capability») – eine Neuausrichtung der Verteidigungsrichtlinien, die sich gegen Nordkorea und China richtet und die nach Ansicht japanischer Kritiker gegen die pazifistische Nachkriegsverfassung verstößt. Japans neue Sicherheitsstrategie sieht ein noch engeres Zusammengehen mit den USA und deren Verbündeten im Indopazifik vor. Für Peking ein weiteres Beispiel der «blinden Gefolgschaft» Tokios.

Freundlicher ging die chinesische Führung mit den Philippinen um. Die hatten sich China unter ihrem Präsidenten Rodrigo Duterte angenähert, von dem viele Regierungen im Westen wegen seiner schweren Menschenrechtsverletzungen nichts wissen wollten. 2022 folgte ihm Ferdinand Marcos Jr., der Sohn des früheren Diktators Ferdinand Marcos, im Präsidentenamt nach. Dessen Ruf ist zwar nur wenig besser. Aber Marcos Jr. schlägt ganz in der Tradition seines Vaters wieder einen proamerikanischen Kurs ein. Er könne sich die Zukunft der Philippinen ohne eine Partnerschaft mit den Vereinigten Staaten nicht vorstellen, sagt der neue Präsident. China wirbt trotzdem weiter um seine Gunst und stellt eine Fortsetzung der «kostbaren Freundschaft» zwischen beiden Staaten in Aussicht.

Jahrzehntelang verfügten die Vereinigten Staaten in der südostasiatischen Inselrepublik über riesige Marine- und Luftwaffenstützpunkte, von denen aus die US-Armee im Vietnamkrieg verheerende Angriffe startete. Diese gewaltige militärische Präsenz wollten die Philippinen schon lange vor der Amtszeit Dutertes nicht mehr dulden. Anfang der neunziger Jahre mussten die amerikanischen Truppen das Land verlassen. Inzwischen aber haben sich die beiden Regierungen auf der Grundlage eines Abkommens über verstärkte militärische Zusammenarbeit (*Enhanced Defense Cooperation Agreement*, *EDCA*) wieder auf die gemeinsame Nutzung von Militärbasen verständigt, auch im Norden der Philippinen in der Nähe Taiwans. Zunächst 82 Millionen Dollar will Washington in den Ausbau der Infrastruktur investieren. «Wir sind ein Verbündeter der USA, und unsere Lage ist von strategischer Bedeutung», sagt General Emmanuel Bautista, früherer Generalstabschef der philippinischen Streitkräfte. «Wir sind so nah dran, was immer in Taiwan geschieht, es wird uns betreffen.» Die Philippinen, meint Bautista, seien eine «Schlüsselregion» für die amerikanisch-chinesische Rivalität.[30]

Könnten US-Truppen auch auf der Insel Palawan im Süden der Philippinen stationiert werden? Palawan liegt den umstrittenen Spratly-Inseln im Südchinesischen Meer am nächsten, auf die auch China Anspruch erhebt und um die herum es immer wieder zu Zusammenstößen zwischen der philippinischen und der chinesischen Marine kommt. Die Spekulationen entzündeten sich an einem Besuch von US-Vizepräsidentin Kamala Harris im November 2022. Auf Palawan bestieg Harris im Hafen von Porto Princesa die «BRP Teresa Magbanua» der philippinischen Küstenwache und versicherte den auf dem Schiff angetretenen Soldaten die Solidarität Amerikas. «Als Verbündeter stehen die USA den Philippinen im Angesicht von Einschüchterung und Nötigung im Südchinesischen Meer bei.»[31]

Nur wenige Monate nach Kamala Harris reiste US-Verteidigungsminister Lloyd Austin nach Manila und vereinbarte mit seinem philippinischen Kollegen die Nutzung von vier weiteren Militärbasen. Auf insgesamt neun Stützpunkten im Land dürfen die Amerikaner jetzt militärisches Gerät lagern und auf Rotationsbasis Soldaten stationieren. Die Nähe zu Taiwan macht die reaktivierte Partnerschaft mit seinem ältesten Verbündeten in Asien für Amerika so bedeutsam.[32] Präsident Marcos selbst hat die wachsenden Spannungen um Taiwan zwischen den USA und China «sehr, sehr besorgniserregend für uns» genannt. Als sich der Konflikt im August 2022 wegen des Besuches von Nancy Pelosi auf der Insel verschärfte, ließ die Regierung in Manila Notfallpläne für die Evakuierung von 150 000 Landsleuten aus Taiwan erarbeiten.[33]

Auch fern vom Indopazifik mobilisierte die Regierung in Washington ihre Verbündeten für die Auseinandersetzung mit China. Nachdem Joe Biden den japanischen Ministerpräsidenten Yoshihide Suga und den südkoreanischen Staatspräsidenten Moon Jae-in als seine ersten ausländischen Gäste im Weißen Haus empfangen hatte, machte er sich auf den Weg nach Europa zu Gipfeltreffen mit EU und Nato. Dort hatten die Amerikaner das Thema China auf die Tagesordnung gesetzt. Die Europäer – froh darüber, dass im Weißen Haus wieder ein Transatlantiker regierte – blieben zwar zurückhaltend, aber sie widersetzten sich dem amerikanischen Drängen nicht.

In Peking begann man zu begreifen, wie gefährlich die bedächtige Diplomatie des US-Präsidenten dem Land noch werden kann. «Die Regierung Biden isoliert China mit ihrer Strategie eines multilateralen Clubs», sagt Yan Xuetong, Professor für internationale Beziehungen an der Pekinger Tsinghua-Universität. «Diese Strategie macht viel mehr Schwierigkeiten für Chinas wirtschaftliche Entwicklung und übt größeren Druck auf Chinas diplomatische Beziehungen aus als Trumps unilaterale Strategie.»[34]

Nicht nur diplomatisch versucht die Regierung Biden, China unter Druck zu setzen. Sie verschärft auch den technologischen Wettbewerb, den sie für entscheidend hält im Ringen um die Vormacht mit der Volksrepublik. Schon bei der konfrontativen Begegnung der Außenpolitiker beider Seiten in Alaska im März 2021 hatte die amerikanische Seite den Chinesen klargemacht, dass die USA eine chinesische Überlegenheit in technologischen Kernbereichen wie der Halbleiterherstellung, bei der künstlichen Intelligenz oder im Quantencomputing nicht hinnehmen werden.

Im Sommer 2022 verabschiedete der Kongress mit den Stimmen sowohl der Demokraten als auch der Republikaner den «CHIPS and Science Act», ein gigantisches Subventionsprogramm im Umfang von 280 Milliarden Dollar für Investitionen in der Hochtechnologie. Davon sollen allein 52 Milliarden Dollar in die Produktion von Hochleistungschips der jüngsten Generation fließen, die bisher nur Hersteller in Taiwan und Südkorea beherrschen. Das Förderprogramm ist die späte Antwort der USA auf die Jahre zuvor begonnene gezielte chinesische Industriepolitik, mit denen sich die Volksrepublik in ausgewählten Hochtechnologiebereichen an die Weltspitze katapultieren wollte. Mit dem «CHIPS and Science Act», sagte Brian Deese, der Direktor des Nationalen Wirtschaftsrates, hätten die USA Abschied genommen von der Wirtschaftsphilosophie der vergangenen vierzig Jahre, in denen die Regierung vor allem die Steuern gesenkt, die Regeln gelockert und sich ansonsten «aus dem Weg gemacht» habe.[35]

Zugleich fuhren die USA erneut das schwere Geschütz der Wirtschaftssanktionen auf, das Donald Trump schon beim Streit um die Beteiligung des chinesischen Telekommunikationsriesen Huawei am Aufbau mobiler 5G-Netze in den westlichen Ländern eingesetzt hatte. Sein Nachfolger ging sogar noch weiter. Biden wollte Geschäfte amerikanischer Firmen mit Huawei komplett verbieten. Zulieferer aus den USA sollten keine Ausnahmelizenzen mehr erhalten, die sie unter Trump noch bekommen hatten. Biden versuchte, China von der Fertigung der jüngsten Generation von Halbleitern abzuschneiden, aus Sorge, diese könnten militärisch genutzt werden und damit die Sicherheit der Vereinigten Staaten gefährden.

Ähnlich wie die USA hinkt auch die Volksrepublik bei der Produktion von Hochleistungschips hinterher. Im Oktober 2022 verhängte das Handelsministerium in Washington Beschränkungen beim Export von Chips, aber auch von Maschinen zu deren Herstellung nach China. Mehr als dreißig chinesische Unternehmen wurden vorläufig auf eine «schwarze Liste» gesetzt, darunter der führende Halbleiterhersteller Yangtze Memory Technologies Corporation (YMTC). An sie sollen keine Chips und keine Maschinen mehr geliefert werden. Auch soll es amerikanischen Staatsbürgern fortan nicht mehr erlaubt sein, an der Chipproduktion dieser Firmen mitzuwirken. Zudem setzt die amerikanische Regierung Unternehmen aus verbündeten Ländern unter Druck, nicht mehr nach China zu liefern, etwa die hochspezialisierten Chipausrüster ASML aus den Niederlanden und Tokyo Electron sowie Nikon aus Japan.

Ende Januar 2023 landete das Thema auf höchster politischer Ebene. Bei Besuchen im Weißen Haus sagten sowohl der niederländische Ministerpräsident Mark Rutte als auch Japans Premierminister Fumio Kishida Gastgeber Joe Biden zu, Unternehmen aus ihren Ländern würden keine Maschinen zur Herstellung der leistungsfähigsten Halbleiter mehr in die Volksrepublik liefern. Gerade für ASML war das ein harter Schlag, denn für den niederländischen Konzern macht das Chinageschäft einen beachtlichen Teil seines Umsatzes aus. Eine einzige der hochspezialisierten Lithographiemaschinen zur Chipproduktion, die mit extrem ultraviolettem Licht (EUV) arbeiten, kostet rund 160 Millionen Euro.

China sprach von einer «Blockade» seiner Halbleiterindustrie und legte Beschwerde bei der Welthandelsorganisation ein. Doch die Biden-Regierung setzt ihre aggressive Politik unbeirrt fort. Sie will bei der Chipherstellung nicht nur die Nase vorn haben, sie will ihren Vorsprung gegenüber China so weit wie möglich ausbauen.[36] Deshalb warb sie auch mit aller Kraft um den taiwanischen Chipauftragsfertiger TSMC (Taiwan Semiconductor Manufacturing Company), den weltweit führenden Hersteller von Halbleitern der jüngsten Generation. TSMC produziert die kleinsten und leistungsfähigsten Chips, wie sie etwa beim Bau des iPhones verwendet werden. Eigentlich hatte TSMC beabsichtigt, diese Produktion auf seine «Gigafabriken» in Taiwan zu konzentrieren, für das Unternehmen sei dies am effizientesten. Aber dann gab die Konzernleitung dem Drängen Washingtons nach, das sich eine Produktionsstätte auf amerikanischem Boden wünschte. Wie hätte sich TSMC diesem Wunsch verschließen sollen, hängen die Sicherheit Taiwans und damit auch des eigenen Unternehmens doch ausschließlich vom Schutz durch die Vereinigten Staaten ab.

Ursprünglich wollte TSMC 12 Milliarden Dollar in den Bau einer Fabrik in Phoenix im US-Bundesstaat Arizona investieren. Daraus wurde dann eine Investition von 40 Milliarden Dollar in zwei Fabriken. Chips in einer winzigen Größe von vier oder gar drei Nanometern sollen hier produziert werden, was bisher nirgendwo in den USA möglich ist. Kein Wunder, dass zum Baubeginn nicht nur Apple-Chef Tim Cook in Phoenix anreiste, sondern auch Präsident Biden persönlich. Begeistert ließ Biden sich über das Gelände führen. «Leute, wo steht geschrieben», rief er euphorisch aus, «dass Amerika in der Industrieproduktion nicht wieder die Welt anführen kann?»[37] In Arizona allerdings erst einmal nur mit Hilfe Taiwans.

US-Präsident Biden und der chinesische Staatschef Xi Jinping beim Händedruck vor einem Treffen der G20 in Bali, 14. November 2022.

Ob in der Diplomatie, beim Militär, in der Technologie – Rivalität beherrscht die amerikanisch-chinesischen Beziehungen. Doch dies ist nicht das ganze Bild. Die wirtschaftliche Zusammenarbeit bleibt eng, der Handel miteinander erreichte im Jahr 2021 ein neues Rekordniveau von 718,8 Milliarden Dollar. Chinesische Konzerne drängen darauf, an der New Yorker Börse gelistet zu sein, um ihre Kapitalbasis zu stärken. Sie unterwerfen sich dafür den viel strengeren Regeln, nach denen die amerikanischen Behörden die Bücher börsennotierter Unternehmen prüfen. Die größten Hochtechnologiefirmen haben Forschungszentren im jeweils anderen Land errichtet – Alibaba, Baidu und Tencent in den USA, Apple, Microsoft und Tesla in China.[38]

Sollte man aus dieser gegenseitigen wirtschaftlichen und finanziellen Abhängigkeit aber gleich auf eine gegenseitige Nichtangriffsfähigkeit schließen, ähnlich der einstigen «gegenseitig gesicherten Zerstörung» (*mutually assured destruction – mad*) zwischen den USA und der Sowjetunion auf dem Höhepunkt der nuklearen Bedrohung im Kalten Krieg?[39] Auf die friedenssichernde Kraft der Interdependenz sollte man sich besser nicht verlassen. Die vielfachen Verflechtungen zwischen den beiden größten Volkswirtschaften der Welt machen es für die Politik allerdings dringlicher, nach einem Ausgleich der Interessen zu suchen.

Deshalb war es gut, dass sich Joe Biden und Xi Jinping im November 2022 am Rande des G20-Gipfels auf Bali zu ihrem ersten persönlichen Gespräch als Präsidenten ihrer Staaten trafen. Dreieinhalb Stunden saßen sie auf der indonesischen Ferieninsel zusammen. Und auch wenn es bei den harten Gegensätzen blieb, auch wenn Biden die «nötigenden und aggressiven Aktivitäten» Chinas gegen Taiwan verurteilte und Xi die Taiwanfrage «die erste rote Linie» nannte, «die in den chinesisch-amerikanischen Beziehungen nicht überschritten werden darf», so gab es doch versöhnliche Signale. «China strebt nicht danach, die bestehende internationale Ordnung zu verändern», versuchte Xi Jinping die Amerikaner zu beruhigen. Und gab sich zum Abschied versöhnlich: «Die Welt ist groß genug für beide Länder.»

Taiwan wird der Testfall sein, ob die Vereinigten Staaten und China zu einer friedlichen Koexistenz finden können. Nirgendwo ist die Gefahr größer, dass aus einem Regionalkonflikt ein Weltkrieg werden könnte. «Die Geschichte neigt nicht dazu, an begrenzte Kriege zu glauben», schreibt Kevin Rudd, der ehemalige australische Ministerpräsident. «Im Gegenteil, sie lehrt uns, es ist viel wahrscheinlicher, dass Kriege eskalieren und außer Kontrolle geraten.» Aber schon ein regionaler Krieg zwischen den beiden Ländern würde ausreichen, um «wahrhaft seismische geopolitische Verschiebungen rund um die Welt» auszulösen.[40]

II. Konflikte und Kriegsgefahr

1. Taiwan – Die bedrohte Demokratie

Würde sie es wirklich tun? Bis zur letzten Minute blieb ungewiss, ob Nancy Pelosi, die Sprecherin des US-Repräsentantenhauses, ihr Vorhaben wahrmachen und nach Taipei fliegen würde. Wütend hatte die Regierung in Peking versucht, Pelosi von ihren Reiseplänen abzubringen. Die chinesischen Medien sprachen von «resoluten Maßnahmen», die ergriffen werden sollten. Sie spekulierten, ob die Luftwaffe mit Kampfjets Pelosis Flugzeug begleiten würde oder ob nicht gleich der gesamte Luftraum über Taiwan zur Flugverbotszone erklärt werden sollte. «Sagt nicht, wir hätten euch nicht gewarnt», zitierten Experten auf einem Forum des Instituts für Taiwanstudien an der Chinesischen Akademie für Sozialwissenschaften einen ominösen Satz, den das Parteiorgan *Volkszeitung* zweimal aus dramatischem Anlass gebraucht hatte: 1962 vor Chinas Grenzkrieg mit Indien und 1979 vor dem Einmarsch chinesischer Truppen in den Norden Vietnams. Wenn die Staatsmedien jetzt diesen Satz wieder hervorholten, bedeutete das: Vorsicht, es wird ernst! «Jene, die mit dem Feuer spielen, werden darin umkommen», warnte Staatschef Xi Jinping in einem Telefonat mit Joe Biden.

Nancy Pelosi trotzte allen Drohungen. Mehr als 700 000 Menschen folgten ihrem Flug von Malaysia nach Taiwan live über die App von Flightradar, angeblich die bis dahin höchste Zahl von Flug-Trackern überhaupt. Als Pelosi am 2. August 2022 um 22.44 Uhr auf dem Stadtflughafen von Taipei landete, hatte sie ihren Kopf durchgesetzt, auch gegen Bedenken daheim. Denn selbst in Washington fanden viele zumindest den Zeitpunkt des Besuchs unglücklich, nur wenige Monate nach der russischen Invasion in der Ukraine. Präsident Biden schob das Militär vor, das ihm gesagt habe, dies sei kein guter Moment für eine Reise. Verteidigungsminister Lloyd Austin selbst hatte mit Pelosi gesprochen, um ihr die angespannte Sicherheitslage noch einmal zu schildern. Doch *Madam Speaker* ließ sich nicht umstimmen. Sie wusste, aus chinesischer Sicht würde es nie einen guten Zeitpunkt für den Besuch einer hochrangigen amerikanischen Politikerin in Taiwan geben. Warum also nicht jetzt?

Die Demokratin, damals Nummer drei in der politischen Hierarchie der Vereinigten Staaten, gab sich unbeeindruckt auch von der Kritik ihr sonst wohlgesinnter Kommentatoren. Thomas L. Friedman, der Kolumnist der *New York Times*, nannte ihre Stippvisite «vollkommen rücksichtslos, gefährlich und unverantwortlich». Der Sicherheit Taiwans diene dieser «rein symbolische Besuch» überhaupt nicht. Die Folgen aber könnten weitreichend sein. «Diese schließen eine militärische Antwort Chinas ein, die dazu führen könnte, dass die USA in indirekte Konflikte mit einem atomar bewaffneten Russland und mit einem atomar bewaffneten China gleichzeitig gestürzt werden.»[1] So schlimm kam es dann doch nicht. China beschränkte sich auf Militärmanöver mit scharfer Munition um Taiwan herum. Hunderte Kampfflieger und Bomber drangen tief in die von Taiwan deklarierte Luftverteidigungszone ein. Dabei missachteten sie die von beiden Seiten bis dahin zumeist respektierte «Mittellinie» in der Straße von Taiwan, mit der die Streitkräfte Chinas und Taiwans voneinander getrennt werden sollen. Die chinesischen Manöver, bei denen auch eine Seeblockade der Insel simuliert wurde, waren bedrohlich genug. Aber den internationalen Frieden brachten sie nicht in Gefahr.

Amerikas oberste Parlamentarierin konnte sich nicht mehr Aufmerksamkeit für ihre Botschaft wünschen, die sie im Moment ihrer Landung via Twitter verbreitete: «Amerikas Solidarität mit den 23 Millionen Taiwanern ist heute wichtiger denn je, da die Welt vor der Wahl zwischen Autokratie und Demokratie steht.» Taiwans Präsidentin Tsai Ing-wen nutzte am nächsten Morgen die Anwesenheit der vielen Kameras, um die Skeptiker in Washington vor Nachgiebigkeit gegenüber Peking zu warnen: «Jede Aggression gegen das demokratische Taiwan hätte starke Auswirkungen auf die Sicherheit der Indopazifik-Region.» Dann drapierte sie der Besucherin die türkisfarbene Schärpe

Die Sprecherin des US-Repräsentantenhauses, Nancy Pelosi, bei einer Rede während ihres Besuchs in Taiwan, 3. August 2022. Neben ihr Taiwans Präsidentin Tsai Ing-wen.

des «Ordens der glücksverheißenden Wolken», Taiwans höchster Auszeichnung, über die rechte Schulter. Zwanzig Stunden nach ihrer Landung bestieg Nancy Pelosi wieder die Maschine der U. S. Air Force und flog weiter nach Südkorea.

Zurück blieben dankbare Taiwaner. Sie ließen sich wenig beeindrucken von den Jets, die in ihre Luftverteidigungszone eindrangen, von den Kriegsschiffen, die im Westen wie im Osten kreuzten, und von den Raketen, die Chinas Volksbefreiungsarmee erstmals über die Insel hinweg ins Meer feuerten, auch in Gewässer, die zur exklusiven Wirtschaftszone Japans gehören. Die Menschen auf Taiwan blieben gelassen, denn die Spannungen um ihre Heimat begleiten sie seit über siebzig Jahren.

Der Konflikt geht auf das Jahr 1949 zurück, auf den Sieg der Kommunisten im gut zwanzig Jahre währenden chinesischen Bürgerkrieg. Damals zog sich der Anführer der Nationalisten, Generalissimus Chiang Kai-shek, mit seinen verbliebenen Truppen und rund 1,5 Millionen Anhängern auf die Insel zurück. Der Aufenthalt auf Taiwan, so die Hoffnung, würde nicht von Dauer sein. Eines Tages würden die

Nationalisten auf das Festland zurückkehren und wieder die Macht in ganz China übernehmen.

Seither existieren zwei chinesische Staaten nebeneinander: die von der Kommunistischen Partei beherrschte Volksrepublik China, mit 1,4 Milliarden Einwohnern bis vor Kurzem das bevölkerungsreichste Land der Erde; und die Republik China, wie der offizielle Name Taiwans lautet, mit gut 23 Millionen Bürgern im Vergleich zur Volksrepublik ein Zwerg, der es allerdings dank seiner wirtschaftlichen Kraft zu allgemeinem Wohlstand gebracht hat und der zu einer blühenden Demokratie geworden ist. Ausgerufen wurde die Republik China am 1. Januar 1912 nach dem Sturz der letzten kaiserlichen Dynastie, in der Zeitrechnung («112. Jahr der Republik») lebt sie bis heute auf der Insel fort. Doch die Rückkehr an die Macht jenseits der Meerenge ist längst zur Illusion geworden. Niemand auf Taiwan ruft noch wie in den fünfziger und sechziger Jahren: «Befreit das Festland von den kommunistischen Banditen!» Selbst möchte man aber umgekehrt auch nicht befreit und mit der Volksrepublik vereinigt werden. Die Bürger Taiwans wollen in ihrem eigenen Staat leben, in faktischer, wenn auch nicht formell erklärter Unabhängigkeit.

Ein Teil der Volksrepublik war Taiwan nie. Chiang Kai-sheks Nationale Demokratische Partei (Kuomintang, KMT) hatte bereits 1945 die Macht auf der Insel übernommen, vier Jahre vor der Übersiedlung der politischen und militärischen Kuomintang-Führung. Zuvor war Taiwan fünfzig Jahre lang eine japanische Kolonie gewesen. Mit der Niederlage im Zweiten Weltkrieg endete auch die Herrschaft Tokios über die Insel. Für die einheimische Bevölkerung löste eine Fremdherrschaft die andere ab. Zwar waren die neuen Herren chinesische Landsleute. Aber nicht nur sprachen die meisten von ihnen unverständliche Dialekte, sie führten sich auch wie Besatzer auf. Am 28. Februar 1947 entlud sich der Zorn über Unterdrückung und Korruption in einem Volksaufstand. Chiang Kai-sheks Sicherheitskräfte gingen mit äußerster Brutalität gegen die aufbegehrende Bevölkerung vor. Schätzungen zufolge starben beim «Zwischenfall vom 28. Februar» zwischen 18 000 und 28 000 Menschen. In den folgenden Jahren des «Weißen Terrors» sollen weitere 10 000 Taiwaner getötet worden sein.

Im Jahr 1949, nach seiner Flucht vom Festland, verhängte Chiang Kai-shek das Kriegsrecht über die Insel. Es blieb 38 Jahre lang in Kraft, bis es 1987 von Chiangs Sohn, dem damaligen Präsidenten Chiang Ching-kuo, aufgehoben wurde. So lange war Taiwan eine lupenreine Militärdiktatur. Jedes Aufbegehren wurde erstickt; es gab keine freie Presse und keine unabhängige Justiz. Nur die Wirtschaft konnte sich weithin frei entfalten. Taiwan wurde – neben Südkorea, Hongkong und Singapur – einer der vier «kleinen Tiger», die mit ihrem ökonomischen Aufschwung und ihrer wachsenden Prosperität die Welt seit den siebziger Jahren in Staunen versetzten. Mit dem Wohlstand wuchs der Wunsch nach politischer Mitsprache. Der Beton der Diktatur begann zu bröckeln, Bürgerrechtler meldeten sich zu Wort, aus Dissidentengruppen wurden Oppositionsparteien. Im Jahr 2000 wurde die Kuomintang abgewählt. Chen Shui-bian, der Kandidat der Demokratischen Fortschrittspartei (DPP), wurde neuer Staatspräsident. Seither haben sich Kuomintang und DPP zweimal in der Regierung abgewechselt. Taiwan hat die wichtigste demokratische Bewährungsprobe, den friedlichen Machtwechsel, bravourös bestanden. Folgt man dem «Demokratieindex» des britischen *Economist* für das Jahr 2022, dann können sich alle Nachbarstaaten ein Beispiel an Taiwan nehmen. Mit Rang 10 auf dem Index ist es das bestplazierte asiatische Land, vor Japan (Platz 16) und Südkorea (Platz 24). Weltweit rangiert Taiwan noch vor Kanada (Platz 12) und Deutschland (Platz 14). Die Volksrepublik China landet auf Rang 156.

Im Widerstand gegen die Diktatur hat sich eine neue politische Identität herausgebildet. Taiwaner regieren Taiwan, ein eigenes Nationalgefühl ist entstanden, in Abgrenzung zum Festland. Und dieses Nationalgefühl verkörpert die heute regierende DPP weit stärker als die jahrzehntelang dominierende Kuomintang. Von vielen Jüngeren wird die KMT mit Diktatur und Kriegsrecht gleichgesetzt, nicht wie von ihren Eltern mit Widerstand gegen die Kommunisten und wachsendem wirtschaftlichen Wohlstand. Das neue Taiwan-Gefühl schafft sich seine eigene Symbolik. Seit 1995 wird am 28. Februar auch offiziell der Opfer des «Weißen Terrors» gedacht. Die jetzige Präsidentin Tsai Ing-wen von der DPP hat 2017 eine Kommission eingesetzt, die das unter dem Kriegsrecht geschehene Unrecht aufarbeiten soll.

Umfragen zeigen den dramatischen Wandel im politischen Bewusstsein der Bevölkerung. Nach einer Erhebung der Chengchi-Nationaluniversität in Taipei verstehen sich heute 60 Prozent der Bürger ausschließlich als Taiwaner, dreimal so viele wie 1992. Gerade noch zwei Prozent definieren sich ausschließlich als Chinesen, vor drei Jahrzehnten waren es noch 25 Prozent. «Wir müssen unsere Unabhängigkeit nicht mehr erklären», sagen die jungen Taiwaner, «wir sind längst unabhängig.»[2]

Die einstige Staatspartei Kuomintang stemmt sich gegen ihren Niedergang. Sie will weiterhin enge Verbindungen zum Festland pflegen. Gerade deshalb wenden sich die Jungen von ihr ab. Der Abstieg der KMT beschleunigte sich mit der «Sonnenblumen-Bewegung» von 2014. Studenten besetzten 24 Tage lang das Parlament in Taipei aus Protest gegen ein Dienstleistungsabkommen mit Peking. Der damalige Präsident Ma Ying-jeou hatte es aushandeln lassen. Nach Meinung der Demonstranten vertiefte Ma mit der Vereinbarung die wirtschaftliche Abhängigkeit der Insel vom Festland. Die aufbegehrende akademische Jugend, unterstützt von einer Mehrheit der Bevölkerung, wollte die Bindungen an China aber nicht festigen, sondern lockern.

Ihre politische Vertretung fanden diese Wähler über die Jahre in der DPP, die damit endgültig mehrheitsfähig wurde. Bei den Präsidentschaftswahlen 2016 siegte ihre Kandidatin Tsai Ing-wen mit einem klaren Plädoyer für ein souveränes, allerdings nicht formell unabhängiges Taiwan. Tsai ging auf Distanz zum «Konsens von 1992», einer Übereinkunft zwischen Peking und Taipei, nach der beide Seiten am Ein-China-Prinzip und am Ziel der Wiedervereinigung festhalten. Für die chinesische Führung ist der «Konsens von 1992» Grundlage ihrer Taiwan-Politik. Als Tsai Ing-wen den Konsens aufkündigte, stellte Peking jede direkte Kommunikation mit ihrer Regierung ein.

Für Chinas Führung ist Tsai, die «Anführerin der Regionalbehörden», eine verabscheuungswürdige «Sezessionistin». Aber unter ihrer Präsidentschaft hat sich Taiwans Demokratie gefestigt, hat sich die Gesellschaft weiter liberalisiert. Taiwan wurde das erste Land in Asien, das gleichgeschlechtliche Ehen legalisierte. Nach der Niederschlagung der Demokratiebewegung in Hongkong wurde die Insel zum nunmehr einzigen Gegenmodell auf chinesischem Boden. Journalisten, Schriftsteller, Künstler und Aktivisten aus Hongkong flohen vor der wachsenden Repression in ihrer Stadt. Nachdem Peking im Sommer 2020 das neue Nationale Sicherheitsgesetz über Hongkong verhängt hatte, versprach Tsai zunächst, Flüchtlinge aus der Stadt unterstützen zu wollen. Ein Büro wurde geschaffen, um die humanitäre Hilfe zu koordinieren. Bei der Gewährung von politischem Asyl und permanentem Aufenthaltsrecht zeigte sich Taiwans Regierung dann allerdings nicht besonders freigiebig. Sie wollte Peking bei aller Solidarität mit den Verfolgten nicht zu sehr provozieren. [3]

Tsai und ihre Regierung verstehen es immer wieder, demokratische Standfestigkeit und Pragmatismus zu vereinen und so den Raum für politisches Handeln zu erweitern. Wie gut auf der Insel die Demokratie inzwischen funktioniert, und wie wichtig die Rolle der Zivilgesellschaft dabei ist, zeigte sich im Kampf gegen die Covid-Pandemie. Neben sehr strengen staatlichen Regeln führte vorbildliches Bürgerengagement etwa bei der Entwicklung von Apps oder der Verteilung von Masken dazu, dass Taiwan sich im weltweiten Vergleich glänzend schlug. 2020, im ersten Jahr der Pandemie, registrierte das Land nur 899 Infektionen und sieben Todesfälle. Zum ersten Mal seit dreißig Jahren wuchs die Wirtschaft auf Taiwan 2020 schneller als auf dem Festland. Das Gegenmodell bewährte sich auch in der Krise.

Nicht, dass dies irgendjemanden in Peking beeindruckt hätte. Der Kampf gegen das Virus brachte die beiden chinesischen Staaten einander nicht näher. Im Gegenteil, China verhinderte weiterhin die Mitarbeit Taiwans in der Weltgesundheitsorganisation, von der die Insel und die Weltgemeinschaft gleichermaßen profitiert hätten.

Es darf eben nur ein China geben. Die Wiederherstellung der Einheit der Nation zählt für die Führung in Peking zu den «Kerninteressen» ihrer Politik. Bei diesen ist sie zu keinerlei Kompromissen bereit. Sie hat über Jahrzehnte bei der Erreichung dieses Ziels strategische Geduld bewiesen. So war es schon beim historischen Besuch von Richard Nixon 1972 in Peking. Taiwan war ein zentrales Thema der

Gespräche des US-Präsidenten mit Parteichef Mao Zedong und Ministerpräsident Zhou Enlai. Die beiden KP-Führer betrachteten die Taiwan-Frage als ein von der Geschichte hinterlassenes Problem. Eines Tages würde es sich lösen lassen, jetzt war es dafür noch zu früh. Warum nicht warten, notfalls hundert Jahre. Wichtiger war es, gemeinsam mit den Amerikanern Front gegen die Sowjetunion zu machen. Mao sagte es so: «Das kleine Thema ist Taiwan, das große Thema ist die Welt.»

Diese strategische Geduld ist bei Xi Jinping nicht zu erkennen. Warten will er nun nicht mehr lange, die ungelöste Taiwan-Frage dürfe nicht «von Generation zu Generation weitergereicht» werden. Ohne Vereinigung des Vaterlandes kein neuer Aufstieg der chinesischen Nation, keine Verwirklichung seines politischen Lebenstraumes. Dieser historischen Mission fühlt sich Xi verpflichtet. Und er will den Ruhm ernten, der ihn in der Geschichte der KP unsterblich machen würde, einem Mao Zedong ebenbürtig. Es erscheine immer wahrscheinlicher, dass Xi entschlossen sei, Taiwan noch innerhalb seiner Amtszeit zu einem Teil der Volksrepublik zu machen, schreibt Kevin Rudd in seinem Buch «The Avoidable War»: «Wenn es um Taiwan geht, dann ist Xi ein Mann in Eile.»[4]

Natürlich wäre Peking eine einvernehmliche, friedliche Wiedervereinigung am liebsten. Aber die Bürger Taiwans möchten nun einmal nicht zur Volksrepublik gehören. Dann werde man sie wohl zwingen müssen, notfalls mit militärischer Gewalt – so hat es die KP immer wieder aufs Neue verkündet. Lange fehlten der Volksbefreiungsarmee dafür die Mittel. Die hat sie nun. Ihre Marine ist nach der Anzahl der Schiffe die größte der Welt. Ihre Raketenarsenale sind furchteinflößend, mit ihren Cyberwaffen könnte sie die Infrastruktur Taiwans lahmlegen. Gewiss, auch China würde bei einem Krieg um Taiwan einen entsetzlichen Blutzoll und einen enormen politischen und wirtschaftlichen Preis zahlen. Acht der zehn größten Handelspartner Chinas sind westliche Demokratien; sollten diese wie nach dem Angriff Russlands auf die Ukraine strenge Wirtschaftssanktionen gegen den Aggressor verhängen, wären die Erfolge von vierzig Jahren Reform und Öffnungspolitik gefährdet.[5]

China, nein danke: Unterstützerinnen von Präsidentin Tsai Ing-wen bei einer Wahlveranstaltung in Taipei, 10. Januar 2020.

Und doch: Am Ende wäre die KP wohl bereit, Gewalt einzusetzen. Sie war es immer, wenn es um die Macht ging oder um die vermeintlichen «Kerninteressen» der Nation. Chinas Verteidigungsminister General Wei Fenghe stellte dies unmissverständlich klar. Er sprach im Juni 2022 beim Shangri-La-Dialog, der großen alljährlichen Sicherheitskonferenz in Singapur. «Wenn irgendjemand es wagt, Taiwan von China abzuspalten, dann werden wir nicht zögern zu kämpfen. Wir werden um jeden Preis kämpfen, wir werden bis zum bitteren Ende kämpfen. China hat keine andere Wahl.»[6]

Wie ein Krieg um Taiwan aussehen könnte? Er dürfte mit Angriffen auf die vorgelagerten Inseln beginnen. Kinmen und Matsu liegen in unmittelbarer Nähe, teilweise in Sichtweite des Festlands, sie wären wohl die ersten Opfer eines chinesischen Angriffs. Auch die Inselgruppe Penghu (Pescadoren) in der Straße von Taiwan, das Pratas-Atoll (Dongsha) und die Insel Taiping (Itu Aba) im Südchinesischen Meer, allesamt von Taiwan verwaltet, wären denkbare Ziele – in der Hoffnung, schon damit die Regierung in Taipei zum Aufgeben zu bewegen. Was mehr als ungewiss wäre. Die nächste Stufe der Eskalation könnte ein flächendeckendes Bombardement Taiwans mit Raketen und Flugzeugen sein. Die Häfen der Insel könnten von der chinesischen Marine blockiert werden. Zeitgleich dürfte China amerikanische Stützpunkte und Kriegsschiffe in der Region angreifen. Am Ende könnten amphibische Landeoperationen stehen, die Invasion Taiwans hätte begonnen.

Das Pentagon hat gemeinsam mit Denkfabriken wie der RAND Corporation im kalifornischen Santa Monica immer wieder diese Szenarien durchgespielt, mit dem ernüchternden Ergebnis, dass China stets die Oberhand behielt. Doch sicher wäre ein solcher Ausgang nicht, sollten sich die Vereinigten Staaten tatsächlich mit ihrem Militär an die Seite Taiwans stellen. Amerikas Streitkräfte sind denen Chinas technologisch noch immer überlegen. Eine Invasion Taiwans über die 160 Kilometer breite Wasserstraße hinweg könnte die größte Landeoperation der Geschichte werden, möglicherweise müsste China rund eine Million Soldaten in Marsch setzen. Angehörige einer Armee, die seit Jahrzehnten keine Kampferfahrung gesammelt hat und zuletzt 1979 beim kurzen Grenzkrieg gegen Vietnam im Einsatz war. Damals habe sich China «eine blutige Nase geholt, es war keine sehr erfolgreiche Operation», sagte Bonnie Glaser, Direktorin des Asienprogramms beim German Marshall Fund in Washington. Chinas Militär könnte «große Verluste erleiden, sollte es Taiwan tatsächlich angreifen».[7]

Führende Militärs in den USA prophezeiten dennoch wiederholt, China werde sich zum Krieg gegen Taiwan entscheiden. Admiral Philip Davidson, damals Chef des Indopazifik-Kommandos auf Hawaii, sagte bei einer Senatsanhörung 2021 in Washington einen möglichen Angriff innerhalb von sechs Jahren voraus, also bis 2027. Sein Nachfolger, Admiral John Aquilino, meinte ebenfalls vor einem Senatsausschuss, «dieses Problem ist uns viel näher, als die meisten denken». Aquilino wünschte sich einen «Sinn für die Dringlichkeit» des Problems. «Wir sollten vorbereitet sein.» Amerikas oberster Soldat hingegen wiegelte ab. General Mark Milley, der Vorsitzende der Vereinigten Stabschefs, sagte im Sommer 2021, China habe noch einen relativ langen Weg vor sich, bis es in der Lage sei, Taiwan zu erobern. Falls es denn wirklich auf Gewalt setze. In der nahen Zukunft, meinte Milley, sei dafür «die Wahrscheinlichkeit gering».[8] Eine Einschätzung, die wiederum der Vier-Sterne-General Mike Minihan, Chef des Air Mobility Command, nicht teilte. Er hielt einen Krieg um Taiwan schon im Jahr 2025 für möglich.

Ob mit Gewalt oder auf friedlichem Wege – China plant bereits die Zeit nach der Wiedervereinigung. In einer Rede 2019 verlangte Parteichef Xi Jinping nach Ideen, wie das Prinzip «Ein Land, zwei Systeme» auf Taiwan angewendet werden könne. Die Regierung beauftragte Wissenschaftler, hierzu Überlegungen anzustellen. Und so machte sich Zhou Yezhong, Juraprofessor an der Universität Wuhan, an die Arbeit und legte mit seinem Ko-Autor einen «Entwurf für Chinas Vereinigung» vor. Taiwans Gesellschaft müsse «re-sinisiert» werden, schrieben die Wissenschaftler in ihrer Studie. Nur so könne sie sich die geltenden chinesischen Werte aneignen und ein politisches Denken überwinden, «das lange von den Gedanken einer ‹taiwanischen Unabhängigkeit› geprägt wurde».[9] Die Umwertung der Werte – viel klarer lässt sich nicht formulieren, was auf die Taiwaner zukäme, sollten sie eines Tages Bürger der Volksrepublik werden.

Ginge es nach den Amerikanern, wird es dazu nicht kommen. Zwar haben die Vereinigten Staaten 1979 die diplomatischen Beziehungen zu Taipei abgebrochen und stattdessen die ungleich mächtigere Volksrepublik anerkannt. Die «Ein-China-Politik», die alle Regierungen in Washington seither verfolgt haben, sollte Peking aber keine freie Hand geben, die Vereinigung notfalls mit Gewalt herbeizuführen. Im Gegenteil, die USA beharrten stets auf einer friedlichen Lösung des Konflikts. Im *Taiwan Relations Act* von 1979 verpflichteten sie sich gesetzlich dazu, Taiwan mit den zu seiner Verteidigung notwendigen Waffen auszustatten. Seither haben alle Präsidenten Rüstungsgüter im Milliardenwert an die Insel liefern lassen. Niemand war bei der Waffenhilfe großzügiger als Donald Trump, unter dem die Beziehungen zwischen Washington und Taipei besonders eng wurden.

Zur Überraschung vieler und zum Entsetzen der chinesischen Führung hat Joe Biden diese Politik bruchlos fortgesetzt. Biden hat den

Ton gegenüber Peking sogar noch verschärft. Und er wurde persönlich. Im Wahlkampf nannte er Xi Jinping einen «Gangster» *(thug)*, so wie für ihn Wladimir Putin ein «Killer» war. Mit Höflichkeiten hält sich dieser im Vergleich zu seinem Vorgänger Trump eigentlich sehr verbindliche Präsident nicht lange auf, wenn es um den Kern seiner Außenpolitik geht, den Wettbewerb zwischen Demokratien und Autokratien. Dann redet Biden Klartext und sendet unmissverständliche Signale. Zu seiner Vereidigung auf den Stufen des Kapitols lud er auch Hsiao Bi-khim ein, Taiwans Vertreterin in Washington. Das hatte es seit dem Abbruch der diplomatischen Beziehungen nicht gegeben.

Noch kurz vor der Amtsübergabe hatte die Regierung Trump alle Einschränkungen aufgehoben, die bis dahin im offiziellen Umgang mit Regierungsvertretern Taiwans galten. Der in Peking besonders verhasste Außenminister Mike Pompeo erklärte sie schlicht für «null und nichtig». Sein demokratischer Nachfolger Antony Blinken hielt an dieser Linie fest. Schon vor seinem Einzug ins State Department traf er sich mit De-facto-Botschafterin Hsiao. Gesprächspartner aus Taipei sollen sich nicht länger in Hinterzimmern verstecken müssen. Nur eine Regel gilt noch: Keine taiwanische Nationalfahne in amerikanischen Regierungsbüros!

Und Amerikas Diplomatie sandte weitere fein dosierte Signale aus. Als Surangel Whipps, der Präsident des westpazifischen Inselstaats Palau, im März 2021 zu einem offiziellen Besuch nach Taiwan reiste, begleitete ihn der amerikanische Botschafter. Palau war damals einer von nur noch fünfzehn meist sehr kleinen Staaten, die Taiwan anerkannten. Ein anderer war Paraguay. Antony Blinken rief den Präsidenten des südamerikanischen Landes an, um die Bedeutung der Zusammenarbeit mit demokratischen Partnern wie Taiwan zu betonen. Palau wie Paraguay sollten nach dem Wunsch Washingtons an den diplomatischen Beziehungen festhalten, die Amerika selbst aus Gründen der Staatsraison einst aufgekündigt hatte.[10]

Solidarität mit Taiwan: Das wurde zur Maxime der Regierung Biden. Zuverlässig enthalten die Abschlusserklärungen von Staatsbesuchen und internationalen Konferenzen einen Satz über die Bedeutung von «Frieden und Stabilität in der Straße von Taiwan». Sehr zum Verdruss

Pekings. Was gehen Amerika und seine Freunde die innerchinesischen Verhältnisse an! Für die chinesische Führung ist jedes dieser Kommuniqués eine Einmischung in ihre inneren Angelegenheiten. Besonders die Regierung in Tokio bekam den Zorn Pekings zu spüren. Denn auch als der japanische Ministerpräsident Yoshihide Suga im April 2021 Washington besuchte, enthielt das Abschlusskommuniqué die Formel von «Frieden und Stabilität in der Straße von Taiwan». Es war das erste Mal seit 1969, dass in einem amerikanisch-japanischen Regierungsdokument das Wort «Taiwan» auftauchte. Damals hatten sich Richard Nixon und Eisaku Sato getroffen, bevor beide Länder ihre Beziehungen zur Volksrepublik normalisierten. Japan gerät seit einigen Jahren mehr und mehr ins Fadenkreuz der chinesischen Kritik: In seiner Vasallentreue zu Amerika verliere das Land seine wahren Interessen wie die engen Wirtschaftsbeziehungen zu China aus den Augen, lautet der Vorwurf. In der Sicherheitspolitik Tokios zeige sich ein neuer Militarismus. Nein, vollständig könne China der einstigen Besatzungsmacht wohl nie trauen.

Um wie viel weniger den Vereinigten Staaten. Im Oktober 2021 wurde durch Recherchen des *Wall Street Journal* bekannt, dass sich US-Militärs seit über einem Jahr als Ausbilder der taiwanischen Streitkräfte auf der Insel aufhielten. Von etwa zwei Dutzend Marines und Angehörigen von Spezialeinheiten war die Rede. Präsidentin Tsai Ing-wen selbst bestätigte in einem Interview mit *CNN* den Bericht; die Soldaten befänden sich zu «Trainingszwecken» auf der Insel. Es war das erste Mal, dass Taiwans Regierung die Anwesenheit amerikanischer Truppen einräumte. Entsprechend heftig fiel die Reaktion in chinesischen Medien aus. Eines Tages würden die «Sezessionisten» um Tsai für «ihre Verbrechen und Sünden» bezahlen.[11]

Militärausbilder, Waffenlieferungen, demonstrative Passagen von Kriegsschiffen durch die Straße von Taiwan, eine rege Besuchsdiplomatie – beginnt Washington tatsächlich, mit dem Feuer zu spielen? Das behauptet nicht nur die chinesische Propaganda, das befürchten auch seriöse Chinaexperten in der amerikanischen Hauptstadt. Amerika dürfe «China nicht dabei helfen, die Kriegsgefahr um Taiwan aufzubauschen», schrieben Bonnie Glaser, Ryan Hass und Richard Bush

2021 in einem gemeinsamen Artikel. Chinas höchste Priorität sei es nicht, die Vereinigung zu erzwingen, sondern Taiwan von der Erklärung seiner Unabhängigkeit abzuhalten.[12] Peter Beinart, Professor für Journalismus und Politikwissenschaft in New York, nannte Bidens Taiwanpolitik in einem Meinungsbeitrag für die *New York Times* sogar «zutiefst rücksichtslos». Schritt für Schritt etabliere der Präsident staatliche Beziehungen zu Taiwan; es sei aber viel klüger, an der «Fiktion» der Ein-China-Politik festzuhalten. Sie erlaube es Peking, eine friedliche Wiedervereinigung nach wie vor für möglich zu halten. Geriere sich Amerika allzu offensiv als Schutzmacht Taiwans, müsse es auch fähig und gewillt sein, China von einem Angriff auf die Insel abzuschrecken. Das sei es aber nicht. Mit der Ein-China-Politik seien alle Beteiligten gut gefahren, mehr als vier Jahrzehnte lange habe sie «geholfen, an einem der gefährlichsten Orte der Welt den Frieden zu bewahren».[13]

Die Stimmung in Washington dagegen ist eine ganz andere. Wenn es in der polarisierten amerikanischen Politik eine Gemeinsamkeit gibt, dann ist es Härte im Umgang mit China. Viermal sicherte Joe Biden bei öffentlichen Auftritten den Bürgern Taiwans im Falle eines chinesischen Angriffs militärische Unterstützung zu. «Das ist die Verpflichtung, die wir eingegangen sind.» Man konnte Biden eigentlich nur so verstehen, dass er, anders als in der Ukraine, nicht allein Waffen schicken würde, sondern auch Soldaten. Selbst wenn seine Mitarbeiter im Weißen Haus ein ums andere Mal versichern, an der Politik der Vereinigten Staaten habe sich nichts geändert, so bewegt sich der Präsident doch Schritt für Schritt fort von der «strategischen Ambiguität», die bisher Taiwan gegenüber gegolten hat. Diese Politik der Uneindeutigkeit besagt, dass es Amerika bewusst im Unklaren lasse, ob es Taiwan bei einem Angriff Chinas beistehen werde. Sosehr man sich dem Schutz der Insel verpflichtet sieht, so wenig will man Taipei ermutigen, formell die Unabhängigkeit zu erklären, die China unweigerlich mit einem Krieg beantworten würde.

Doch die Politik der «strategischen Ambiguität» hat sich nach Ansicht vieler Politiker und strategischer Denker in den USA überlebt. Im September 2020 schrieb Richard Haass, ehemals Chef des Planungsstabs im State Department und nun Präsident des Council on Foreign Relations, mit seinem Ko-Autor David Sacks in der außenpolitischen Fachzeitschrift *Foreign Affairs*, die Zeit für «strategische Klarheit» sei gekommen. Die USA sollten keinen Zweifel daran lassen, dass sie auf einen Angriff Chinas militärisch antworten würden.[14] Dem schloss sich Robert M. Gates an, Verteidigungsminister und CIA-Chef unter den Präsidenten George W. Bush und Barack Obama. Und auch Harry Harris, ehemals Chef des Indopazifik-Kommandos, stimmte zu: «Wir sollten unsere langjährige Politik der strategischen Ambiguität überdenken.»[15]

Widerspruch kam vor allem aus der Regierung Biden selbst. Sowohl Avril Haines, die Koordinatorin der Nachrichtendienste, als auch Kurt Campbell, im Nationalen Sicherheitsrat für den Indopazifik zuständig, sahen in einer Aufgabe der bisherigen Strategie «beträchtliche Nachteile». Das Risiko eines Konflikts, befürchteten sie, würde eher steigen.[16] Ähnlich argumentierte Ryan Hass, China-Experte an der Brookings Institution in Washington. Eine Politik der «strategischen Klarheit» könne genau das Ergebnis herbeiführen, das Amerikas Strategie abwenden solle.[17] Die Gefahr eines Krieges würde wachsen.

Es blieb also bei der Strategie der Uneindeutigkeit, obwohl das Handeln der Regierung Biden immer eindeutiger wurde und als ernste Warnung an Peking zu verstehen war: Finger weg von Taiwan! Putins Krieg gegen die Ukraine schien es angeraten sein zu lassen, mit Blick auf Taiwan Klartext zu reden. Keine Woche nach Beginn der russischen Invasion am 24. Februar 2022 schickte Joe Biden eine hochkarätige Delegation ehemaliger Militärs und Sicherheitspolitiker nach Taipei. Geleitet wurde sie von General Mike Mullen, dem früheren Chef der Vereinigten Stabschefs. Die Abordnung aus Washington sollte Präsidentin Tsai Ing-wen und ihrer Regierung die Botschaft überbringen, sie könnten der Unterstützung Amerikas gewiss sein. Ein Zerstörer der US Navy zeigte zur selben Zeit Flagge in der Straße von Taiwan.[18]

Der Angriff Russlands auf die Ukraine war für die Amerikaner aber auch Anlass, der Führung Taiwans ins Gewissen zu reden, mehr für die eigene Verteidigung zu tun. Die Anstrengungen, sich selbst zu schützen, hatten in den vergangenen Jahren nachgelassen, obwohl die Bedrohung größer geworden war. So wurde die Wehrpflicht zwar beibehalten, die Wehrdienstzeit, die einst drei Jahre betragen hatte, aber auf vier Monate gekürzt – sehr wenig für eine hochtechnisierte Truppe. 2024 soll die Wehrpflicht nun wieder auf ein Jahr verlängert werden; der Sold für die Wehrpflichtigen soll sich vervierfachen und damit auf der Höhe des allgemeinen Mindesteinkommens liegen. Die Grundausbildung, die bisher eher als Gammeldienst und Zeitverschwendung wahrgenommen wurde, soll realistisch auf Kampfbedingungen vorbereiten. In Taiwans Armee dienen heute 210 000 Berufssoldaten, Chinas Streitkräfte sind mit zwei Millionen Soldaten fast zehnmal so groß. Zwei Millionen, das ist andererseits auch die Zahl von Taiwans Reservisten. Auch deren Training soll härter werden, eine weitere Lehre aus dem Ukraine-Krieg. «Niemand will Krieg – weder das Volk und die Regierung Taiwans noch die internationale Gemeinschaft», sagte Präsidentin Tsai Ing-wen. «Aber Frieden fällt nicht vom Himmel.»[19]

Eine zweite Konsequenz: Die Bewaffnung der Truppe soll sich ändern. Die Amerikaner hatten schon lange kritisiert, dass sich Taiwans Militärs stets für die größten und teuersten Waffen interessierten – Kampfflieger, Hubschrauber, Zerstörer und Panzer. Dagegen zeigten nach Ansicht der US-Militärs die Kämpfe in der Ukraine den Wert kleinerer und beweglicher Waffen. So hätten sich schultergestützte Stinger-Luftabwehrraketen oder Javelin-Panzerabwehrwaffen bewährt. Diese mobilen Systeme seien besonders geeignet, um die Insel in der Anfangsphase einer Invasion zu verteidigen. Taiwan, der Volksbefreiungsarmee in fast allen Belangen unterlegen, solle sich so effektiv wie möglich rüsten. «Stachelschwein-Strategie» heißt diese Planung, die sich William Murray, Professor am US Naval War College, im Jahr 2008 ausgedacht hat. Ausgestattet mit einer großen Zahl beweglicher und kostengünstiger Abwehrwaffen, geübt in der Verteidigung des eigenen Territoriums einschließlich der Guerillakriegführung, konzentriert auf den Schutz der kritischen Infrastruktur, könne Taiwans Armee ihre Stachel ausfahren und sich so lange gegen die chinesische Übermacht behaupten, bis die USA ihr zur Hilfe kämen.[20]

Die Amerikaner fühlten sich durch den Verlauf des Ukraine-Kriegs bestätigt. Statt von der «Stachelschwein-Strategie» sprachen sie inzwischen allerdings lieber von einer «asymmetrischen Kriegsführung». Gemeint war aber etwas Ähnliches: Abwehrbereitschaft durch mobile Waffen. Zur Luftverteidigung und zu den panzerbrechenden Waffen sollten landgestützte Antischiffsraketen kommen, wie sie die Ukraine im Schwarzen Meer erfolgreich eingesetzt hatte.

Der Verteidigungswille und die Kampfmoral der Ukrainer hinterließen auf Taiwan einen tiefen Eindruck. Der Krieg im fernen Europa wurde zum Weckruf. Menschen, die bis dahin mit dem Militär nichts zu tun haben wollten, meldeten sich plötzlich zu Wehrübungen. «Heute die Ukraine, morgen Taiwan» – das schien keine schnell dahingesagte Floskel mehr zu sein, sondern reale Möglichkeit. Die Regierung kündigte 2022 eine Steigerung der Verteidigungsausgaben um 13,9 Prozent an. Damit erreichte der Wehretat 2,4 Prozent der Wirtschaftsleistung. Präsidentin Tsai Ing-wen setzte eine Taskforce ein, die den Krieg in der Ukraine studieren und aus dessen Verlauf Schlussfolgerungen für Taiwan ziehen sollte.

Wie in der Politik, so wurde auch in der Bevölkerung die Furcht, die Putins Angriff ausgelöst hatte, mit zunehmender Kriegsdauer überlagert von dem Staunen über die Erfolge der ukrainischen Armee, der es gelang, den russischen Vormarsch zu stoppen und zurückzudrängen. Gab es also doch Wege, einen übermächtigen Gegner aufzuhalten?

Während Taiwan versuchte, die Lehren aus dem Krieg in der Ukraine zu ziehen, fragten sich Politiker in Europa, ob es einen Zusammenhang gebe zwischen Putins Aggression und der Bedrohung Taiwans. Nicola Beer, FDP-Abgeordnete und Vizepräsidentin des Europäischen Parlaments, besuchte Taiwan im Juli 2022. «Es darf keinen 24. Februar in Asien geben», mahnte die Liberale bei ihrem Aufenthalt in Taipei. «Es reicht nicht, dass Europa hinterher bedauert, es muss frühzeitig auf der Bildfläche stehen.»[21] Im Januar 2023 reiste eine Delegation der FDP-Bundestagsfraktion nach Taiwan. Johannes Vogel, der stellvertretende Parteichef der Liberalen, schrieb anschließend: «Nach Putin kommt Xi Jinping. (...) In der Taiwanstraße trifft der neue Systemwettbewerb zwischen Xis China und den marktwirtschaftlichen Demokratien räumlich ebenso aufeinander wie an der Elbe in Deutschland im

Kalten Krieg. Nichts ist identisch, auch nicht die beiden Systemwettbewerbe, aber sie sind ähnlich tiefgreifend und komplex.»[22]

Schon im Oktober 2021 hatte das Europäische Parlament mit überwältigender Mehrheit eine Resolution verabschiedet, in der es sich für engere Beziehungen zu Taiwan aussprach, das es einen «Partner und demokratischen Verbündeten im Indopazifik» nannte. Einen Monat später entsandte das Parlament seine erste offizielle Delegation nach Taiwan. «Wir sind mit einer sehr einfachen, klaren Botschaft gekommen», sagte deren Leiter, der französische Abgeordnete Raphael Glucksmann, bei einer Begegnung mit Präsidentin Tsai Ing-wen: «Sie sind nicht allein.» Und er versprach: «Europa steht an Ihrer Seite.»[23]

Die Frage ist, ob Europa Wort halten kann und will. Die Interessen der Mitgliedsländer gehen weit auseinander, und manche Regierung wird wegen Taiwan die Beziehungen und die Geschäfte mit Peking nicht gefährden wollen. Andere zeigen mutig Flagge. Wie Litauen. Es erlaubte in seiner Hauptstadt die Eröffnung eines Vertretungsbüros, das nicht mehr das Wort «Taipei» in seinem Namen trägt, sondern das offiziellere «Taiwan». Von China wurde Litauen dafür heftig abgestraft, der Handel kam fast zum Erliegen, Peking zog seinen Botschafter aus Vilnius ab und verlangte die Rückberufung des litauischen Botschafters aus China. Immerhin, die Europäische Union zeigte sich solidarisch. Im Januar 2022 leitete die EU-Kommission bei der Welthandelsorganisation (WTO) ein Verfahren wegen Diskriminierung ein. Unterstützt wurde sie dabei von den USA, Australien, Großbritannien und Japan. In seinem Streit mit China konnte und kann sich Litauen auf jene osteuropäischen Länder am meisten verlassen, die auch auf den Krieg Russlands gegen die Ukraine am entschlossensten reagiert und sofort Waffenhilfe geleistet haben. Aus Sicht dieser Länder sind die Parallelen zwischen den beiden Konfliktherden in Osteuropa und in Ostasien offenkundig.

China aber wehrt sich gegen alle Vergleiche. Der Konflikt in der Ukraine sei eine Auseinandersetzung zwischen zwei souveränen, von den Vereinten Nationen anerkannten Staaten. Bei Taiwan gehe es um eine rein innerchinesische Angelegenheit, in die sich niemand einzumischen habe. Im Übrigen habe der überstürzte Abzug der Amerikaner aus Afghanistan gezeigt, dass auf sie kein Verlass sei. Das Scheitern der US-Intervention am Hindukusch solle den «Sezessionisten» auf Taiwan eine Warnung sei: Die Schutzversprechen der Vereinigten Staaten seien nicht glaubwürdig. Afghanistan sei dafür nur ein Beispiel unter vielen. Doch die Pekinger Propaganda verfängt auf der Insel nicht. Taiwan sei kein gescheitertes Land wie Afghanistan, argumentiert die Regierung, sondern eine Demokratie mit einer boomenden Wirtschaft. Gegen die «falsche Analogie: heute Afghanistan, morgen Taiwan» wehrte sich ein diplomatischer Vertreter Taiwans in Deutschland in einem Brief an die Presse. «Wir erwarten keinen militärischen Einsatz aus dem Westen für unsere Unabhängigkeit, sondern bitten um moralische Unterstützung für unsere hart errungene Demokratie und Freiheit.» Selbstbewusst fügte er hinzu: «Taiwan beliefert die Welt weder mit Opium noch Marihuana, sondern mit Halbleitern, den Hirnen der künftigen digitalen Welt.»

In jedem Fall hat die Schmach in Afghanistan die Vereinigten Staaten in dem Willen bestärkt, sich in Taiwan als vertrauenswürdige Schutzmacht zu beweisen. Kaum hatte Nancy Pelosi Taiwan bei ihrem Blitzbesuch der «felsenfesten» Solidarität Amerikas versichert, reisten schon die nächsten Kongressdelegationen an. Die Sicherheit Taiwans bleibt auf der politischen Agenda in Washington ganz oben. Bei aller Brutalität der russischen Kriegsführung in der Ukraine, bei aller Furcht, die Kämpfe könnten auf die angrenzenden Staaten übergreifen: Es wird immer deutlicher, dass die Ukraine aus Sicht Washingtons eher ein Nebenkriegsschauplatz ist. Die Hauptgefahr für Amerika gehe nicht von Russland aus, sondern von China. Und wenn sich die Spannungen zwischen Washington und Peking zu einer akuten Krise verdichten, ja sogar in einen Krieg münden sollten, dann sei die Wahrscheinlichkeit groß, dass Taiwan der Auslöser dafür sein werde: Dies ist parteiübergreifend die Meinung von Amerikas politischer Klasse. Der Kolumnist Gideon Rachman schrieb im Sommer 2022 in der *Financial Times* von einer weitverbreiteten Überzeugung in Washington, dass «aus strategischen und ideologischen Gründen Taiwans Schicksal über die Machtbalance im 21. Jahrhundert entscheiden wird».[24]

Eine nächtliche Luftaufnahme zeigt die Produktionsanlagen von TSMC im ostchinesischen Nanjing, 10. August 2022.

Das hat auch mit dem außergewöhnlichen Rang zu tun, den die kleine Inselrepublik in der Schlüsseltechnologie unserer Zeit, der Halbleiterindustrie, einnimmt. Taiwan ist weltweit führend in der Chipherstellung. Ein einziges Unternehmen, die Taiwan Semiconductor Manufacturing Company (TSMC), produziert rund 60 Prozent der modernsten, kleinsten Chips auf dem Weltmarkt. Gemeinsam mit Samsung in Südkorea besitzt TSMC eine Art Duopol, aber die Taiwaner liegen technologisch vor den Koreanern. Die kleinsten Transistoren auf den von TSMC hergestellten superschnellen und ultradünnen Halbleitern sind gerade fünf Nanometer groß, und sie sollen weiter verkleinert werden auf nur noch drei Nanometer. Fünf Nanometer, das ist zwanzigtausendmal dünner als ein menschliches Haar. Keine Firma in den USA, in China oder in Europa ist in der Lage, solch winzige Bauteile zu produzieren.

TSMC ist ein Auftragshersteller, unverzichtbar für Digitalunternehmen rund um den Globus. Unter westlichen Regierungen ist die Sorge groß, eine Eskalation der Spannungen in der Straße von Taiwan könnte die Versorgung mit Chips unterbrechen. Deshalb werben sie bei TSMC um Produktionsstätten in ihren Ländern. Im US-Bundesstaat Arizona entstehen für 40 Milliarden Dollar gleich zwei neue Produktionsstandorte, auch in Japan ist in Kooperation mit Sony eine Fabrik geplant, möglicherweise kommt eine weitere nach Deutschland. In Dresden sollen Mikrochips speziell für die Autoindustrie hergestellt werden. TSMC produziert ebenfalls in China, auch dort ist man sich der Abhängigkeit bewusst.[25] Zwar sind auf der Insel weitere Weltkonzerne zu Hause, beispielsweise Foxconn, Auftragsfertiger von elektronischen Geräten, etwa dem iPhone. Aber das Juwel der taiwanischen Industrie ist TSMC; das Unternehmen trägt sieben Prozent zur Wirtschaftsleistung des Landes bei. Für die Regierung hat das Wohl der Ausnahmefirma höchste Priorität. Das zeigte sich während einer längeren Dürreperiode, als sie knappes Wasser von den Feldern der Reisbauern in die Fertigungshallen von TSMC umleiten ließ, um dort die Produktion aufrechtzuerhalten.[26]

Ist die Spitzenstellung bei der Halbleiterherstellung ein strategisches Plus, das Taiwans Sicherheit erhöht? Oder ist, im Gegenteil, Taiwans supermoderne Technik ein lockendes Beutegut für einen Angreifer und damit eine Bedrohung für die Sicherheit der Insel? Es ist wohl eine naive Vorstellung, man könne mit Taiwan auch gleich die technologische Führung bei der Chipherstellung erobern. Mit Beginn eines Krieges wäre sein Unternehmen «nicht mehr funktionsfähig», erklärte TSMC-Vorstandschef Mark Liu in einem *CNN*-Interview. «Niemand kann TSMC mit Gewalt kontrollieren. (...) Weil es ein solch komplizierter Produktionsprozess ist, der von Echtzeitverbindungen mit der Außenwelt abhängt, mit Europa, mit Japan, mit den USA, beim Material, bei den Chemikalien und den Ersatzteilen, bis hin zur Software.»[27] Ob das aber Peking von einer Invasion abhält? Im Konflikt zwischen wirtschaftlichen und machtpolitischen Erwägungen hat sich die Führung am Ende immer für die Macht entschieden – gerade dann, wenn es um ein «Kerninteresse» des Landes und der Partei geht.

Patrick Gelsinger, der Vorstandschef von Intel, hat gesagt, das Erdöl habe die Geopolitik der vergangenen fünfzig Jahre bestimmt; in den nächsten fünf Jahrzehnten werde alles an der Chipproduktion hängen: «Das ist die neue Geopolitik.» Auch darum also, um die Schlüsseltechnologie des 21. Jahrhunderts, geht es im Konflikt um Taiwan. Hinzu kommt die strategische Lage der Insel in der von Japan bis nach Indonesien reichenden «Ersten Inselkette», die China den ungehinderten Zugang zum westlichen Pazifik erschwert. Und dann ist da die wichtigste Konfliktursache, die Rivalität zwischen der etablierten und der aufstrebenden Supermacht, politisch überhöht von den Amerikanern als Wettbewerb zwischen Demokratie und Autokratie.

Das alles steht in Taiwan auf dem Spiel. Eine Konfrontation zwischen den USA und China könnte auf andere Mächte übergreifen. Auf Japan zum Beispiel, das seine Sicherheit im Fall eines Angriffs Chinas auf Taiwan unmittelbar bedroht sähe. «Ostasien könnte die Ukraine von morgen sein», sagte der japanische Ministerpräsident Fumio Kishida bei der Eröffnung des Shangri-La-Dialogs 2022 in Singapur. Mehrere Raketen, die China nach dem Besuch von Nancy Pelosi über Taiwan hinwegschoss, landeten in Gewässern, die zur japanischen Wirtschaftszone gehören. Als Reaktion auf den Beschuss beschloss Japans Regierung, über 1000 Raketen auf den südlichsten Inseln des Landes zu stationieren. China wiederum sieht in Tokio Militaristen am Werk, die gemeinsam mit den Amerikanern Taiwans «Sezessionisten» den Rücken stärken und sie zur Erklärung der Unabhängigkeit verleiten könnten. Das aber, daran hat Peking nie einen Zweifel gelassen, bedeutet Krieg.

Um den zu verhindern, bedarf es kluger Staatskunst und der Einsicht, dass der Konflikt um Taiwan nicht leichter zu lösen sein wird als der Palästina-Konflikt. Wenn er sich denn überhaupt lösen lässt. Viel wäre schon gewonnen, könnten die beteiligten Regierungen ihn einhegen. Im Sinne der «strategischen Geduld», die Mao Zedong und Zhou Enlai einst in ihren Gesprächen mit Richard Nixon und Henry Kissinger über das Streitthema bewiesen und sie das Problem vertagen ließen, notfalls um hundert Jahre. Von denen sind inzwischen etwa die Hälfte verstrichen. Aber es sieht nicht so aus, als wolle Xi Jinping mit der «Vereinigung des Vaterlands» noch einmal fünfzig Jahre warten.

2. Südchinesisches Meer – Nuklearbomber über Atollen

«Sie bewegen sich auf einem gefährlichen Kurs!» Über den Schiffsfunk war die bellende Stimme eines chinesischen Marineoffiziers zu hören. Sie kam von dem Zerstörer «Lanzhou», der sich am 30. September 2018 im Südchinesischen Meer mit hoher Geschwindigkeit dem amerikanischen Zerstörer «USS Decatur» näherte. «Wenn Sie Ihren Kurs nicht ändern, haben Sie die Konsequenzen zu tragen.» Das chinesische Kriegsschiff nahm noch einmal Fahrt auf und überholte jetzt die «Decatur». Die warf in letzter Sekunde das Steuer herum, in 41 Metern Entfernung rauschte die «Lanzhou» an ihrem Bug vorbei. Nur knapp entgingen die beiden Schiffe einer Kollision.[1]

Das Pentagon warf der chinesischen Marine ein «gefährliches und unprofessionelles Manöver» vor. Die «Decatur» befand sich auf einer, wie die Amerikaner sagen, «Operation zur Verteidigung der freien Schifffahrt» (*Freedom of Navigation Operation, FONOP*). Sie bewegte sich innerhalb der Zwölf-Meilen-Zone um das Gaven Reef, einer kaum aus dem Wasser ragenden Felserhebung. Das Riff zählt zu den von China beanspruchten Spratly-Inseln und ist von der Volksbefreiungsarmee in den Jahren seit 2014 befestigt und militärisch ausgebaut worden. Das Südchinesische Meer gehört nicht euch, lautet die Botschaft der USA an Peking, es ist ein internationales Gewässer. Die Schifffahrt darin muss frei bleiben, sie darf von niemandem behindert und eingeschränkt werden.

Nicht nur die Vereinigten Staaten bestreiten Chinas Anspruch auf das Südchinesische Meer. Auch die Anrainerstaaten Vietnam, Philippinen, Malaysia, Brunei, Indonesien und Taiwan erkennen den Zugriff Pekings auf das 3,6 Millionen Quadratkilometer große Seegebiet nicht an, das sich von den Küsten der Volksrepublik weit über tausend Seemeilen nach Süden erstreckt. Auf chinesischen Karten markiert eine «Neun-Striche-Linie» fast 90 Prozent der Meeresfläche als Territorium der Volksrepublik. Wie dubios auch immer die historischen Belege für ihre Besitzansprüche sein mögen, die Chinesen beharren auf ihren «historischen Rechten». Es geht um viel. «Aus Chinas Perspektive steht im Südchinesischen Meer alles auf dem Spiel, seine Souveränität, Sicherheit und Entwicklung», sagt Wu Shicun, Präsident des Nationalen Instituts für das Studium des Südchinesischen Meers.[2]

Nur wenige Seegebiete sind von ähnlicher strategischer Bedeutung. Das Südchinesische Meer ist die Hauptarterie der internationalen Schifffahrt zwischen dem Indischen und dem Pazifischen Ozean. Sie ist das «maritime Herz» des Indopazifiks (Robert D. Kaplan). Durch die Gewässer zwischen der Straße von Malakka und der Taiwan-Straße werden rund 35 Prozent des weltweiten Güterhandels transportiert im Wert von jährlich rund 5 Billionen US-Dollar. Die meisten der etwa 200 Inseln, Atolle, Korallenriffe, Felsen und Sandbänke ragen nur bei Ebbe aus dem Wasser; doch auf dem Meeresboden um sie herum liegen gewaltige Vorkommen an Öl und Gas. Die Fischer im Südchinesischen Meer finden hier zwölf Prozent der Fischbestände weltweit, ihr Fang ernährt Millionen Menschen in Ost- und Südostasien. Und dann ist da die überragende Bedeutung der Lage des Meeres für das geopolitische Ringen zwischen China und den USA. «Das Südchinesische Meer (...) ist zum Knotenpunkt der globalen Machtpolitik geworden, entscheidend für die Bewahrung des weltweiten Gleichgewichts der Kräfte.»[3]

Wenn China von seinen «historischen Rechten» am Südchinesischen Meer spricht, dann richtet sich der Blick zurück bis in die Han-Dynastie (206 v. Chr. bis 220 n. Chr.). Schon damals seien die Spratly-Inseln (chin. Nansha) in chinesischen Quellen erwähnt worden. Um Pekings Ansprüche zu untermauern, präsentiert das Außenministerium nicht nur gern alte Seekarten aus der Qing-Dynastie (1644–1911), sondern auch einen «Führer für das Südchinesische Meer» aus dem Jahr 1868 mit Berichten über das Leben chinesischer Fischer. Darin heißt es: «Die Spuren der Fischer konnten auf jeder der Nansha-Inseln gefunden werden, und einige Fischer lebten dort für eine lange Zeit.»[4]

Aber in denselben Gewässern holten auch Fischer aus Vietnam, den Philippinen oder Malaysia seit Menschengedenken ihre Netze ein. Nationalstaatliche Grenzen kannten sie so wenig wie klar abgegrenzte Territorialgewässer. Das änderte sich erst nach dem Ende des Zweiten Weltkriegs. Damals reklamierte das noch von den Nationalisten um

Chiang Kai-shek regierte China die Souveränität über den größten Teil des Südchinesischen Meeres für sich. Im Jahr 1947 legte Chiangs Kuomintang-Regierung eine Karte des Seegebiets mit damals noch elf Strichen vor, die Chinas Hoheitsgewässer markieren sollten. Die Kommunisten, die nach ihrem Sieg über die Nationalisten 1949 in Peking die Macht übernahmen, hielten an diesen Forderungen fest. Bei einer Konferenz im Jahr 1951 beanspruchte Ministerpräsident Zhou Enlai Chinas Souveränität über die Spratly-Inseln sowie über die nordwestlich gelegenen Paracel-Inseln. Pekings nach 1953 veröffentlichte Karten hatten nur noch neun Striche. Aber sie umfassten im Wesentlichen denselben Raum wie Chiang Kai-sheks Karten. Ein Rechtsanspruch, den Chinas südostasiatische Nachbarn nie akzeptierten. Der Streit dauert bis heute an, mit schwerwiegenden Folgen.

Im Dezember 2018 fischte das vietnamesische Boot QNG 90675 in den Gewässern der Paracel-Inseln, die seit jeher zwischen Vietnam und China umstritten sind. Ein Schiff der chinesischen Küstenwache schob sich neben das Boot, Soldaten kamen an Bord. Die sieben vietnamesischen Fischer mussten sich an Deck aufstellen, die Hände hinter dem Kopf. Die chinesische Küstenwache beschlagnahmte ihren Fang und ihre Ausrüstung, dann kappte sie die Netze und warf sie ins Meer.[5]

Für die Regierung in Hanoi gehören die Gewässer, in denen die Fischer unterwegs waren, zur exklusiven Wirtschaftszone des Landes. Chinas Küstenwache hat nach vietnamesischem Verständnis darin nichts zu suchen. Aber die Paracel-Inseln liegen eben auch innerhalb der chinesischen «Neun-Striche-Linie». Und deshalb kommt es regelmäßig zu Zwischenfällen auf hoher See. So wie am 3. April 2020, als die chinesische Küstenwache ein vietnamesisches Fischerboot mit acht Menschen an Bord versenkte. Oder am 10. Juni desselben Jahres, als ein vietnamesisches Boot gerammt wurde. Gegen die stählernen Schiffsrümpfe der chinesischen Küstenwache haben die vietnamesischen Holzboote keine Chance. Zwischenfälle dieser Art gibt es vielleicht ein halbes Dutzend Mal im Jahr. Die Weltöffentlichkeit nimmt kaum Notiz davon. Die Vietnamesen sprechen von einem «stillen Fischereikrieg». Chinas Medien räumen «sporadische Fischereidispute» ein.

Es gibt aber nicht nur Streit um die Fischgründe. Auch bei der Ausbeutung der Bodenschätze geraten China und Vietnam aneinander. So ließ die vietnamesische Regierung 2018 ein Ölbohrprojekt fallen, mit dem sie die spanische Firma Repsol beauftragt hatte. Der Druck aus China war zu groß geworden. Vier Jahre zuvor war es zu heftigen Protesten in Vietnam gekommen, als China eine Ölbohrplattform vor der vietnamesischen Küste in Betrieb nehmen wollte. Im ganzen Land gab es antichinesische Demonstrationen, Fabriken wurden verwüstet, Polizisten angegriffen. Mehrere Menschen kamen bei den Unruhen ums Leben. «Wenn es etwas gibt, das die Vietnamesen zusammenschweißt und sie in Scharen auf die Straße treibt, dann ist es die Antipathie gegen China.»[6]

Wie Vietnam, so tragen auch die Philippinen bittere Auseinandersetzungen mit dem großen Nachbarn im Norden aus. Im Jahr 2013 zog die Regierung in Manila unter Präsident Benigno Aquino zum Schutz ihrer Rechte sogar vor Gericht. Die Philippinen verklagten die Volksrepublik China vor dem Internationalen Schiedshof in Den Haag. Und die fünf Richter gaben den Philippinen in vollem Umfang Recht. Es gebe keine rechtliche Grundlage für die von Peking behaupteten historischen Ansprüche auf die Inseln im Südchinesischen Meer. China, urteilte das Gericht, habe nicht nur die Rechte Manilas verletzt, sondern beim Aufschütten künstlicher Inseln auch irreparablen ökologischen Schaden angerichtet.

China hatte die Zuständigkeit des Haager Schiedsgerichts nicht anerkannt und sich an dem Verfahren nicht beteiligt. Als das Urteil erging, reagierte die Regierung in Peking mit zorniger Herabsetzung: Der Spruch der «Rechtsverdreher» in Den Haag sei «null und nichtig». Sie stellte sich damit offen gegen die Seerechtskonvention der Vereinten Nationen (United Nations Convention on the Law of the Sea, UNCLOS) aus dem Jahr 1982, die sie selbst unterschrieben hatte. Mit anderen Worten: China pfiff auf das Völkerrecht.[7]

Anlass für das Schiedsverfahren war die Vertreibung philippinischer Fischer aus den Gewässern rund um das Scarborough Shoal 2012 gewesen. Das Riff liegt 120 Seemeilen von der Hauptinsel der Philippinen Luzon entfernt und ist ein uraltes Fischereigebiet des Landes. Die Vereinigten Staaten sahen dem Zwischenfall tatenlos zu, trotz eines gegenseitigen Verteidigungsabkommens mit den Philippinen aus dem Jahr 1951. Die Untätigkeit der Regierung Obama wurde den Vereinigten Staaten in Asien als ein Zeichen der Schwäche ausgelegt und könnte dazu beigetragen haben, dass sich Chinas Marine und Küstenwache zu weiteren Übergriffen ermutigt fühlten.

Nach dem Haager Richterspruch wurde es im Südchinesischen Meer zwischen China und den Philippinen zunächst etwas ruhiger, obwohl das Urteil von Den Haag nach Pekinger Bekunden reine «Papierverschwendung» war. Doch drei Jahre später, am 9. Juni 2019, ausgerechnet am Tag der philippinisch-chinesischen Freundschaft, kam es wieder zu einem schweren Zwischenfall. Vor der philippinischen Insel Palawan rammte ein chinesisches Fischerboot ein heimisches Schiff. Das philippinische Boot sank mit 22 Fischern an Bord, vietnamesische Fischer zogen sie aus dem Meer. Eine fast gespenstische Aktion dann im März 2021, als 220 chinesische Boote um das zu den Spratly-Inseln gehörende, meist unter Wasser liegende Whitsun Reef ausschwärmten, dessen Besitz die Philippinen für sich reklamieren. Die Boote bildeten vor dem Zugang zum Atoll lange Ketten, gingen nebeneinander vor Anker und vertäuten ihre Schiffe zu einer undurchdringlichen Barriere.

Aber sammelten sich am Whitsun Reef, wie es zunächst schien, wirklich chinesische Fischer? Gehörten die Blockierer nicht vielmehr zur maritimen Miliz, zu Chinas «kleinen blauen Männern», die gemeinsam mit der regulären Marine und der Küstenwache im Südchinesischen Meer über die Jahre immer aktiver geworden waren? Die maritime Miliz soll als informeller Teil der Streitkräfte helfen, Chinas territoriale Forderungen dort durchzusetzen, wo die Volksbefreiungsarmee selbst nicht in Erscheinung tritt. China aber hielt daran fest: Bei den 220 Schiffen habe es sich um Fischerboote gehandelt, die am Whitsun Reef Zuflucht vor einem aufziehenden Sturm gesucht hätten. Einem Sturm, der nie kam und wohl auch nie gedroht hatte.[8]

Anders als Vietnam und die Philippinen geht Malaysia Konfrontationen mit China am liebsten aus dem Weg. Vor den Küsten Ostmalaysias werden reiche Ölvorkommen vermutet, und China entsendet immer wieder Schiffe zur Erkundung der Lagerstätten dort. Schiffe der malaysischen Ölgesellschaft Petronas wurden in den eigenen Gewässern wiederholt von der chinesischen Küstenwache bedrängt. Peking wünscht sich eine gemeinsame Ausbeutung von Öl und Gas in den umstrittenen Gebieten und bietet den anderen Anrainerstaaten des Südchinesischen Meers dafür Joint Ventures an. Doch die Nachbarn wollen ihre Bodenschätze lieber allein ausbeuten. Nach internationalem Seerecht steht ihnen das in ihren eigenen Wirtschaftszonen auch zu.

Seit Jahren verhandeln die Regierungen des Südostasiatischen Staatenbundes Asean mit Peking über einen *code of conduct*, einen Verhaltenskodex für das Südchinesische Meer. Er soll Zwischenfälle möglichst verhindern und helfen, Streit friedlich beizulegen. Ein Entwurf wurde 2018 vorgelegt, aber bis heute führten die Verhandlungen nicht zu einem Ergebnis, auf das sich alle hätten verständigen können. Strittig sind nicht nur die rechtliche Verbindlichkeit des Kodexes, seine geografische Reichweite und die Frage, welche maritimen Aktivitäten er umfassen soll. China möchte mit dem *code of conduct* Länder wie die Vereinigten Staaten, Japan oder Australien möglichst aus der Region heraushalten, während die meisten Asean-Staaten in ihnen Verbündete bei der Auseinandersetzung mit dem übermächtigen Nachbarn China sehen. Andere Asean-Mitglieder wie Kambodscha oder Laos dagegen stehen eher auf Seiten Pekings. Die Differenzen zwischen den einzelnen südostasiatischen Staaten sind bisweilen größer als die des Staatenbundes mit China.

Während die Asean-Gemeinschaft behutsam agiert und Konflikte meidet, treten die USA im Südchinesischen Meer mit dem robusten Selbstbewusstsein einer lange Zeit unangefochtenen militärischen Vormacht auf, die sich zugleich als Schutzmacht der südostasiatischen Staaten gegenüber China versteht. Diese mögen darum nicht gebeten haben, aber insgeheim erhoffen sie sich von der Anwesenheit der Amerikaner tatsächlich mehr Sicherheit, so wie sie sich von guten Beziehungen zu China mehr Wohlstand versprechen.

Neben Taiwan ist das Südchinesische Meer der Ort, an dem sich ein militärischer Konflikt zwischen China und den USA am schnellsten entzünden könnte. Wie groß die Gefahr ist, zeigte sich im April 2001, als nahe der Insel Hainan ein Aufklärungsflugzeug der US Air Force mit zwei chinesischen Jagdfliegern kollidierte. Ein chinesischer Pilot kam dabei ums Leben, die amerikanische Maschine musste auf Hainan notlanden. Erst nach zwei Wochen ließ Chinas Regierung die US-Besatzung gehen; auf Hainan blieb ihr Flugzeug zurück, dessen Technik das chinesische Militär auf das Genaueste studierte. Das Interesse an dem hochmodernen Flieger war umso größer, als die Hightechüberlegenheit der Amerikaner im Krieg gegen den Irak ein Jahrzehnt zuvor der chinesischen Führung schmerzlich vor Augen geführt hatte, wie veraltet die eigenen Waffensysteme waren.[9]

Die Kollision über dem Südchinesischen Meer war der erste größere außenpolitische Test für die Regierung von Präsident George W. Bush. Sie bestand ihn auch deshalb, weil im State Department mit Colin Powell ein Außenminister saß, der die Beziehungen zu Peking pragmatisch und klug definierte. «China ist kein strategischer Partner», hatte Powell vor seiner Ernennung bei einer Anhörung im Senat gesagt. «Doch es ist auch kein unausweichlicher und unversöhnlicher Gegner. China ist ein Konkurrent und ein möglicher regionaler Rivale. Aber auch ein Handelspartner, der bereit ist, mit uns dort zusammenzuarbeiten, wo sich unsere strategischen Interessen decken, wie in Korea. China ist von allem etwas. Aber China ist kein Feind, und die Herausforderung für uns besteht darin, dass es so bleibt.»

Peking agierte zu dieser Zeit gleichfalls vorsichtig, sich seiner militärischen Unterlegenheit gegenüber den Vereinigten Staaten vollauf bewusst. Natürlich schützte das Militär den chinesischen Luftraum und wollte sich von den Amerikanern nicht ausspionieren lassen. Aber es mied den Konflikt.

Ein Dutzend Jahre später fühlte sich China stark genug, um seine Besitzansprüche im Südchinesischen Meer militärisch abzusichern, sie gewissermaßen in Beton zu gießen. Im Jahr 2013 begannen Bautrupps der Volksbefreiungsarmee in großem Stil künstliche Inseln aufzuschütten. Drei von ihnen – Fiery Cross Reef, Mischief Reef und Subi Reef auf den Spratly-Inseln – wurden zu regelrechten Luftwaffenstützpunkten ausgebaut mit Radaranlagen, Luftabwehrstellungen,

Subi Reef, eine der von China gebauten künstlichen Inseln im Südchinesischen Meer, ausgestattet mit Start- und Landepiste. Foto der philippinischen Luftwaffe, 21. April 2017.

Hangars, Munitionsdepots und Kasernen. Satellitenbilder zeigten, wie riesige Bagger den Sand aus dem Meer schaufelten und auf kleinen Atollen kilometerlange Start- und Landebahnen angelegt wurden. Die Korallenriffe erlitten gewaltige Schäden.

Die Beweise waren eindeutig, aber China leugnete sie. Im September 2015 stand Staats- und Parteichef Xi Jinping bei einer Pressekonferenz neben Präsident Barack Obama im Rosengarten des Weißen Hauses und verkündete, China habe nicht die Absicht, das Südchinesische Meer zu «militarisieren». Doch genau dies geschah, und die Amerikaner waren mit ihren Satellitenkameras live dabei. Sie sahen, wie zum Beispiel auf Woody Island, nördlich der Spratly-Inseln, eine fast drei Kilometer lange Betonpiste errichtet wurde, so dass auch nuklearwaffenfähige Bomber nun mitten im Südchinesischen Meer landen und starten konnten.[10] Als das Pentagon 2018 auf den Spratlys auch noch Antischiffs-Raketen und Boden-Luft-Raketen entdeckte, schloss es die Marine der Volksbefreiungsarmee von dem Großmanöver Rimpac aus, das alle zwei Jahre in den Gewässern rund um Hawaii stattfindet.[11] Amerika fühlte sich von den Chinesen zum Narren gehalten.

In Washington gaben viele eine Mitschuld am Auftrumpfen Chinas der Regierung von Barack Obama, die den Versicherungen aus Peking geglaubt und in ihrer Naivität China zum Ausbau der Inseln regelrecht eingeladen habe. Donald Trumps Verteidigungsminister Jim Mattis warf der Pekinger Regierung «Einschüchterung und Zwang» gegenüber den kleinen Nachbarstaaten vor. Raketenstellungen, Landepisten für Bomber und Kampfflugzeuge, Hafenanlagen für die Marine – die Chinesen bauten ihre aufgeschütteten Inseln zu militärischen Festungen in der Weite des Meeres aus. Sie errichteten, wie es US-Admiral Harry B. Harris Jr. formulierte, eine «Große Mauer aus Sand».[12]

Sein Nachfolger als Kommandeur des US Indo-Pacific Command in Honolulu, Admiral Philip S. Davidson, zeigte sich alarmiert. In einer Senatsanhörung im Mai 2018 fasste er den chinesischen Machtzuwachs in der Warnung zusammen: «Kurzum, China ist in der Lage, das Südchinesische Meer zu kontrollieren – unter allen Szenarien mit Ausnahme eines Kriegs gegen die Vereinigten Staaten.»[13] Für das US-Militär stand fest: Im Südchinesischen Meer hatte China nun die «Eskalationsdominanz».[14]

Aber wollte Peking überhaupt weiter eskalieren? Hatte es seine Ziele nicht zunächst erreicht? Waren nicht alle anderen Länder, sowohl die Nachbarstaaten als auch die fernen Mächte, gezwungen, auf Chinas Interessen und auf seine Souveränitätsansprüche Rücksicht zu nehmen, selbst wenn Peking dem Rivalen Amerika die eigenen Regeln noch nicht aufzwingen konnte? Nach dem Haager Urteil 2016 habe sich die chinesische Führung nicht mehr ganz so aggressiv verhalten wie im Jahrzehnt davor, meint der ehemalige australische Ministerpräsident Kevin Rudd. Peking habe seine Strategie geändert, an die Stelle offener Konfrontation sei die Suche nach möglicher Zusammenarbeit mit den südostasiatischen Nachbarstaaten getreten.[15] Es gibt Politikwissenschaftler, die zu einem ähnlichen Ergebnis kommen. Nach der «demütigenden Niederlage» in Den Haag habe sich China stillschweigend an die Vorgaben des Urteils gehalten. Die Pekinger Führung sei «zurückgerudert» und habe sich von ihrem «aggressiven Unilateralismus» der vorhergehenden Jahre verabschiedet. Ihr sei klar geworden, dass sie in der eigenen Bevölkerung hinsichtlich der Verteidigung angeblicher chinesischer Rechte im Südchinesischen Meer Erwartungen geweckt habe, die sie nicht habe erfüllen können.[16]

Doch stimmt das? Lenkte China wirklich ein? Zwar ging die Zahl der Zwischenfälle zurück, aber von ihren Rechtsansprüchen wich die chinesische Führung keinen Zentimeter ab. Im Gegenteil. Peking schuf im April 2020 für das Gebiet des Südchinesischen Meeres zwei neue Verwaltungsbezirke und demonstrierte damit ganz offiziell die von China beanspruchte Regierungshoheit. Der Bezirk umfasst die Paracel-Inseln (Xisha) und die Spratly-Inseln (Nansha). Regierungssitz wurde Sansha City auf Woody Island (chinesisch: Yongxing Dao). Mit zwei Millionen Quadratkilometern Wasserfläche ist es der größte Verwaltungsbezirk Chinas, wobei die Landfläche von Woody Island gerade einmal 13 Quadratkilometer umfasst. Die «Stadt» Sansha wurde erst 2012 gegründet, auch wenn chinesische Fischer dort schon länger lebten. Heute hat der Sitz von Chinas südlichster Bezirksregierung knapp 1500 Einwohner. Es gibt eine Schule und eine Bibliothek. Vor allem aber eine 2700 Meter lange Flugpiste.

Als die Volksrepublik 2012 neue biometrische Reisepässe einführte, enthielten diese eine Landkarte, auf der nicht nur Taiwan und zwischen China und Indien umstrittene Gebiete im Himalaja eingezeichnet waren, sondern auch die «Neun-Striche-Linie». Die Botschaft des neuen Dokuments: Für die chinesische Führung ist die territoriale Souveränität über das Südchinesische Meer ein «Kerninteresse». Ihr kommt eine ähnliche Bedeutung zu wie die Wiedervereinigung mit Taiwan oder die Kontrolle über Tibet und Xinjiang.

Aber auch wenn China seine militärische Position im Südchinesischen Meer gefestigt hat, aus amerikanischer Sicht bleibt der Besitzanspruch unannehmbar. Ex-Admiral James Stavridis, ehemals oberster Befehlshaber der Nato-Streitkräfte in Europa (Saceur), danach Dean der Fletcher School of Law and Diplomacy und Bestsellerautor («2034: A Novel of the Next World War»), sprach von einer chinesischen «Anmaßung» und schrieb: «Sie zu dulden, hieße die Tür zu öffnen für viele andere frivole Territorialforderungen rund um die Welt.»[17]

Allerdings waren nach Chinas raschem Ausbau der militärischen

Anlagen in den Jahren 2013 und 2014 und mit Blick auf die weite Entfernung von den Vereinigten Staaten manche Sicherheitsexperten in Washington zu dem Urteil gelangt, Amerika werde an der chinesischen Hegemonie im Südchinesischen Meer nicht mehr viel ändern können. «Game over», lautete die pessimistische Einschätzung. Das Spiel sei aus, und Amerika habe es verloren. So argumentierten vor allem die Konservativen, die Barack Obamas Regierung für zu schwach und viel zu nachgiebig China gegenüber hielten. Als sie mit dem Einzug Donald Trump ins Weiße Haus wieder an die Macht kamen, gingen sie sofort auf Konfrontationskurs – beim Handel mit China, im Technologiestreit, bei der Unterstützung Taiwans und eben auch im Südchinesischen Meer. Die Zahl der «Freedom of Navigation Operations» stieg an, auf bis zu neun Durchfahrten der US Navy im Jahr. Im Frühsommer 2020 übten gleich drei amerikanische Flugzeugträger – die «USS Ronald Reagan», die «USS Theodore Roosevelt» und die «USS Nimitz» – mit ihren Verbänden in der Region. Es war eine Demonstration geballter amerikanischer Seemacht und ein Signal an die Verbündeten: Wir lassen uns von China nicht vertreiben. Selbstbewusst hatte das Pentagon schon drei Jahre zuvor verkündet: «Die Vereinigten Staaten werden fliegen, segeln und operieren, wo immer das Völkerrecht es erlaubt.»[18]

Die Regierung Trump, in der die Hardliner dominierten, verschärfte die Gangart. Demonstrativ missachteten die amerikanischen Kriegsschiffe und Kampfflieger die von China um ihre Inseln gezogene Zwölf-Meilen-Zone: Sie forderten eine militärische Antwort geradezu heraus. Aber ein Zwischenfall wie 2001 vor der Insel Hainan blieb aus. Im Sommer 2020 kündigte Außenminister Mike Pompeo eine weitreichende Änderung der amerikanischen Haltung an. Bis dahin hatte Washington im Territorialstreit zwischen China und den Asean-Staaten immer eine neutrale Position eingenommen. Jetzt stellte Pompeo klar, dass dies nur für die Inseln gelte, nicht aber für Chinas «maritime Ansprüche». Wo immer China nach Öl oder Gas bohre oder seinen Fischern das Ausschwärmen erlaube in Gebieten, auf die legitimer Weise von seinen Nachbarn Anspruch erhoben werde, sei dies «vollkommen rechtswidrig». Die Vereinigten Staaten würden es «Peking nicht erlauben, das Südchinesische Meer als sein maritimes Imperium zu behandeln».[19]

Aus dem Streit um die Inselterritorien selbst aber wollte man sich weiterhin heraushalten und Neutralität wahren. Mit guten Gründen, wie Gregory B. Poling vom Center for Strategic and International Studies erklärte, einer der besten Kenner der Verhältnisse im Südchinesischen Meer: «Washington hat nach wie vor kein Interesse daran, in den historischen Morast zu waten, welches Land die Souveränität über jede einzelne der Spratly- und Paracel-Inseln hat.»[20]

Für Washington hatte Vorrang, dass die internationalen Schifffahrtsrouten frei blieben. Um dies noch einmal zu bekräftigen, schickte die amerikanische Regierung, kaum hatte Mike Pompeo gesprochen, den Zerstörer «USS Ralph Johnson» auf eine Fahrt durch die Spratly-Inseln. Nachgeben wollte keiner der beiden Rivalen im strategischen Ringen. Der bisherige Hegemon wollte der auftrumpfenden neuen Macht das Feld nicht überlassen und hatte das Völkerrecht und das Seerecht dabei auf seiner Seite. Ein Kräftemessen voller Gefahren, vor dem Michael R. Auslin, Historiker an der Stanford University und Autor des Buches «Asia's New Geopolitics», warnt. «Es gibt diese umstrittenen Inseln, es gab Kollisionen, es gab Einschüchterung, es gab eine Verschlechterung der Beziehungen. Weder Peking noch Washington will Krieg, aber ich mache mir große Sorge, dass sie hineinstolpern könnten.»[21]

3. Pazifische Inseln – Kräftemessen in der Südsee

Die australischen Soldaten und Polizisten waren innerhalb weniger Stunden in der Luft. Gerufen hatte sie Manasseh Sogavare, der Premierminister der Salomonen-Inseln. Am 24. November 2021 war für ihn der Notfall eingetreten, der den mit der Regierung in Canberra geschlossenen Beistandspakt aktivierte.

An diesem Tag zog ein plündernder Mob durch die Straßen von Honiara, der Hauptstadt der Salomonen. Ziel der aufgeputschten Menge war Chinatown, dort zündete sie Gebäude an, Geschäfte und

Lagerhäuser chinesischer Kaufleute. 56 Häuser gingen in Flammen auf, drei Menschen starben.

Seit die Salomonen 1978 von der Kolonialmacht Großbritannien unabhängig geworden waren, hatte es immer wieder Unruhen gegeben. Der Inselstaat, knapp 2000 Kilometer nordöstlich von Australien gelegen, gehört zu den ärmsten Ländern der Welt. Zwischen den Inseln mit ihren insgesamt rund 700 000 Einwohnern gibt es seit jeher ethnische Konflikte. Dazu kommen soziale Spannungen, ausgelöst durch Armut, Arbeitslosigkeit und fehlende Berufsperspektiven. Die Gewalt war nichts Neues für die Salomonen.

Was neu war: Sie hatte diesmal auch geopolitische Hintergründe. Manasseh Sogavare, 2019 zum vierten Mal ins Amt des Regierungschefs gewählt, hatte im selben Jahr die diplomatischen Beziehungen zu Taiwan abgebrochen und stattdessen die Volksrepublik China anerkannt. Sein Schwenk Richtung Peking wurde nicht nur von der Opposition im Parlament abgelehnt, sondern auch von weiten Teilen der Bevölkerung. Antichinesische Ressentiments verbanden sich mit innenpolitisch motivierter Wut auf den Premier. Drei Tage lang brannten in Chinatown die Häuser. Dann hatten die Australier, verstärkt durch Sicherheitskräfte aus Neuseeland, Papua-Neuguinea und von den Fidschi-Inseln, die Lage unter Kontrolle.

Premierminister Sogavare ließ sich in seinem pro-chinesischen Kurs nicht beirren. Das Geld, das bisher aus Taiwan geflossen war, kam nun aus Peking. Die Volksrepublik leistete großzügig Hilfe, private chinesische Firmen begannen zu investieren. Ein Unternehmen wollte gleich eine ganze Insel pachten. Ohne Wissen der Öffentlichkeit begannen beide Seiten über ein Sicherheitsabkommen zu verhandeln. Gegner Sogavares machten im Februar 2022 einen Entwurf der Vereinbarung bekannt. Danach sollte China auf Bitten der Regierung in Honiara «Polizei, bewaffnete Polizei, militärisches Personal und andere Sicherheitskräfte» auf die Salomonen entsenden können, um dort «die soziale Ordnung zu wahren» sowie «Leben und Eigentum von Menschen zu schützen». Auch sollten chinesische Kriegsschiffe den Hafen von Honiara anlaufen dürfen, um zu tanken und Proviant aufzunehmen.

Chinesische Polizisten und Soldaten, die im Südpazifik für Ordnung sorgen? In Canberra und Washington schrillten die Alarmglocken. Die bewaffnete Volkspolizei wird in der Volksrepublik eingesetzt, um innere Unruhen niederzuschlagen, auch in Xinjiang und Tibet sorgt sie für die vom Staat gewünschte Ordnung. Ihr Einsatz außerhalb Chinas wäre höchst beunruhigend. Was Australier und Amerikaner aber noch nervöser machte, waren Gerüchte, China wolle auf den Salomonen einen Militärstützpunkt errichten. Sogavare stritt dies vehement ab. Aber der Verdacht blieb, denn die Regierungen in Peking und Honiara weigerten sich, das im April 2022 unterzeichnete Abkommen zu veröffentlichen.[1]

In Australien, wo gerade der Wahlkampf begonnen hatte, empörte sich der stellvertretende Premierminister Barnaby Joyce, sein Land wünsche «kein kleines Kuba vor der eigenen Haustür». Penny Wong von der Labor-Party, die bei einem Wahlsieg ihrer Partei neue australische Außenministerin werden sollte, warf der noch amtierenden konservativen Regierung von Scott Morrison vor, in der Vergangenheit nicht genug gegen das Vordringen Chinas getan zu haben. Dies sei der «größte außenpolitische Fehler im Pazifik seit Ende des Zweiten Weltkriegs gewesen».[2]

In Washington hatte sich derweil eine Regierungsdelegation auf den Weg gemacht, um die Vertragsunterzeichnung im letzten Moment noch zu verhindern. Doch Kurt Campbell, der Indopazifik-Koordinator im Weißen Haus, und Daniel Kritenbrink, zuständiger Abteilungsleiter im State Department, kamen zu spät. Die Unterschriften waren bereits geleistet, als sie in Honiara eintrafen. Premier Sogavare versicherte ihnen erneut, China werde auf den Salomonen-Inseln «keinen Militärstützpunkt, keine langfristige Präsenz» bekommen. Doch die Amerikaner trauten seinen Worten nicht. Sollte Peking doch eine Basis errichten, warnte Kritenbrink, werde Washington «entsprechend reagieren».[3]

Die überrumpelten Amerikaner wollten aus früheren Fehlern und Versäumnissen lernen. Sie gaben bekannt, ihre Botschaft in Honiara wieder eröffnen zu wollen, die sie 1993 geschlossen hatten, weil ihnen die Salomonen nach dem Ende des Kalten Krieges strategisch nicht mehr wichtig genug waren. Aber die Regierung von Manasseh Sogavare machte ihnen das Leben nicht leichter. Einem Schiff der US-Küstenwache, das Honiara routinemäßig zur Aufnahme von Treibstoff und Lebensmitteln anlaufen wollte, wurde das Anlegen verweigert. Die «USCG Oliver Henry» musste nach Papua-Neuguinea weiterfahren. Dafür trafen nun die ersten Beamten aus China zur Polizeiausbildung im Hauptquartier der Royal Solomon Islands Police Force ein. Und im August 2022 gab die Regierung bekannt, aus Peking ein Darlehen in Höhe von 66 Millionen Dollar erhalten zu haben. Damit sollte der Aufbau des einheimischen Mobiltelefonnetzes durch den chinesischen Telekommunikationsriesen Huawei finanziert werden. Demonstrativer hätte die Kränkung Washingtons kaum ausfallen können.[4]

Nach dem Südchinesischen und dem Ostchinesischen Meer ist der Südpazifik mit seinen verstreuten kleinen Inselstaaten die nächste Arena des strategischen Ringens zwischen China und den westlichen Mächten geworden. In den unendlichen Meeresweiten mit ihren Unterregionen Mikronesien, Melanesien und Polynesien verlieren sich fünfzehn kleine Staaten, die sich mit den Schwergewichten Australien, Neuseeland und Papua-Neuguinea im Pacific Islands Forum (PIF) zusammengeschlossen haben, um ihre Interessen – vor allem beim Schutz vor den Folgen der Erderwärmung und vor Überfischung – wirkungsvoller vertreten zu können.

China hat die Bedeutung der Region seit langem erkannt. Die Vereinigten Staaten hingegen haben ihr zu wenig Aufmerksamkeit geschenkt und sich nicht um das Wohlwollen der Inselstaaten bemüht. «In Peking werden die Staats- und Regierungschefs des pazifischen Raums mit militärischen Ehren begrüßt und treffen Xi Jinping zum Gespräch. In Washington ist es wahrscheinlicher, dass sie einen Kaffee mit einem niedrigen Beamten des Außenministeriums trinken», kommentierte der Chinakenner Richard McGregor vom Lowy Institute in Sydney das Desinteresse der Amerikaner.[5]

Ausgerechnet unter Donald Trump erwachte Washington aus seinem pazifischen «Nickerchen» (*Economist*). Im Mai 2019 traf der Präsident die Regierungschefs der mit den USA assoziierten Föderierten Staaten von Mikronesien (FSM), der Marshallinseln und Palaus. In umgekehrter Richtung reisten Außenminister Mike Pompeo nach Mikronesien und Verteidigungsminister Mark Esper nach Palau.[6] Trump nahm die chinesische Herausforderung an. Wo er amerikanische Macht demonstrieren konnte, tat er es, selbst an den entlegensten Orten. Sein Nachfolger Joe Biden tat es ihm nach. Im September 2022 empfing er ein Dutzend Regierungschefs aus den Inselstaaten zum Dinner im Weißen Haus.

Die USA zeigten also wieder vermehrt Flagge im Pazifik. Und auch ihr engster Verbündeter Australien, traditionell die Schutzmacht der Region, bekundete wieder mehr Interesse an seinen Nachbarn. Die hatten der konservativen Regierung von Scott Morrison vorgeworfen, der Klimakrise gleichgültig gegenüberzustehen und weiterhin in großem Stil Kohle zu fördern und zu exportieren. Immerhin, bis heute kommt mit Abstand die meiste Wirtschaftshilfe für die Inselstaaten aus Canberra. Unter dem neuen Labor-Premierminister Anthony Albanese räumt Australien auch dem Klimaschutz endlich Priorität ein.

Lange unschlüssig über den richtigen Weg, findet der Westen inzwischen zu größerer Gemeinsamkeit im Umgang mit Chinas wachsender Macht. Die USA, Australien, Japan, Neuseeland und Großbritannien starteten im Juni 2022 die Initiative «Partner im Blauen Pazifik», der sich inzwischen auch Deutschland und Kanada angeschlossen haben. Im September 2022 trafen sich die Außenminister der beteiligten Staaten erstmals am Rande der UN-Vollversammlung in New York. Es geht in dieser Partnerschaft vor allem um wirtschaftliche und humanitäre Hilfe für die Inselstaaten, aber sie hat auch, wie Kurt Campbell sagt, eine «unbestreitbare strategische Komponente». So webt der «globale Westen» an einem Netzwerk von Bündnissen, Kooperationen, Partnerschaften und Übereinkünften, das sich mehr und mehr über die ganze Erde ausdehnt und von der Sorge vor einem übermächtigen China zusammengehalten wird.

Natürlich gefällt es den pazifischen Inselstaaten nicht, dass es dem Westen erst in zweiter Linie um ihre Nöte und Sorgen geht. Sie wollen nicht behandelt werden wie «kleine Flecken, die von den Staatsführern entdeckt werden, wenn sie aus dem Fenster ihres Flugzeugs gucken auf dem Weg zu Konferenzen, auf denen sie über uns statt mit uns sprechen». So sagte es der Justizminister der Fidschi-Inseln.[7] Aber ihre Politiker wissen die Rivalität der Großmächte zu nutzen und versuchen die Hilfe in ihre Länder zu holen, die sie für ein besseres Leben ihrer Menschen brauchen. Ihnen sind Konflikte nicht fremd, die fremde Mächte auf ihrem Gebiet ohne Rücksicht auf das Leid der einheimischen Bevölkerung austragen. Einst zwangen europäische Kolonialmächte – Briten, Franzosen, für eine kurze Zeit auch die Deutschen – sie unter ihr Kolonialjoch. Im Zweiten Weltkrieg kämpften Japaner und Amerikaner erbarmungslos um ihre Inseln. Rund um die Archipele erinnern noch heute die Wracks ihrer Kriegsschiffe an die verlustreichen Seeschlachten von damals. Namen wie Guadalcanal, Midway oder Tarawa haben sich in das kollektive Gedächtnis Japans und der Vereinigten Staaten eingegraben.

Können Krieg und Zerstörung auf die pazifischen Inseln zurückkehren? «Damals war es Japans Vordringen nach Süden, das Befürchtungen und Verunsicherung bei Regierungen rund um die Welt auslöste», schrieb der Kommentator der angesehen japanischen Wirtschaftszeitung *Nikkei*, Hiro Akita. «Sowohl in den USA als auch in Australien beschwört Chinas Expansion im Südpazifik Bilder von den blutigen Konflikten in jenem Krieg herauf.»

Nach Ansicht Pekings ist es absurd, solche Parallelen zu ziehen. Es seien vielmehr die Vereinigten Staaten, die ständig weiter aufrüsteten. Deren Verbündete in der Region seien nichts als willige Helfer bei Amerikas Politik der Eindämmung Chinas. Tatsächlich ist der Pazifik militärisch bis heute weithin in der Hand der Amerikaner. Auf Hawaii hat das Indopazifische Kommando der US-Streitkräfte sein Hauptquartier. Auf Guam verfügen die Amerikaner über zwei riesige Luftwaffen- und Marinebasen. Dazu kommt ein noch im Bau befindlicher Stützpunkt des US Marine Corps. 5000 Soldaten sollen hier künftig stationiert sein. Camp Blaz ist die erste neu errichtete Basis des Marine Corps seit siebzig Jahren. Der gut acht Milliarden Dollar teure Stützpunkt ist Teil eines 2012 zwischen Washington und Tokio geschlossenen Abkommens, das die japanische Insel Okinawa mit ihrer sehr großen amerikanischen Truppenpräsenz entlasten soll. So wird Guam mehr und mehr zur militärischen Festung der USA im westlichen

Pazifik. Und damit natürlich im Kriegsfall auch bevorzugtes Ziel chinesischer (oder nordkoreanischer) Raketenangriffe. Die ersten Kasernen haben die Amerikaner auf Guam schon 1899 errichtet. Aber so waffenstarrend wie heute war die Marianen-Insel noch nie. Strategisch ebenso wichtig für die Vereinigten Staaten sind ihre Stützpunkte in Japan, Südkorea und Australien sowie die von der US-Armee genutzten Basen auf den Philippinen. Und dann gibt es noch militärische Testanlagen und Überwachungsstationen in mehreren pazifischen Inselstaaten.

Dem hat China nicht viel entgegenzusetzen. Allerdings baut die Volksbefreiungsarmee ihre Marine seit Jahren systematisch aus. Nach Anzahl der Schiffe hat sie die US Navy bereits übertroffen. Pekings Ziel ist es, den USA eines Tages den Zugang zu den Meeresgebieten nahe der chinesischen Küste verwehren zu können; «anti-access/area denial» heißt diese Strategie in der Fachsprache der Militärs. Davon ist China aber weit entfernt. Noch kann sich die amerikanische Flotte vollkommen ungehindert westlich der «Ersten Inselkette» (die sich von Japan, über Taiwan und die Philippinen bis nach Indonesien hinzieht) und der «Zweiten Inselkette» (die von Japan über Guam und Palau bis nach Papua-Neuguinea reicht) bewegen.

Aus diesem Grund ist die angestrebte Vereinigung mit Taiwan für die Kommunistische Partei nicht nur patriotische Pflicht, ihr kommt auch große militärstrategische Bedeutung zu. Als zentrales Glied der «Ersten Inselkette» liegt Taiwan aus Pekinger Sicht wie ein riesiger unsinkbarer Flugzeugträger der Amerikaner vor der Küste der Volksrepublik. Zudem erschwert sie der chinesischen Marine den ungehinderten Zugang zum offenen Ozean. Nach einer Wiedervereinigung würden die Inselstaaten des westlichen und südlichen Pazifiks für die amerikanischen Militärplaner noch wichtiger werden, glauben chinesische Strategen. Auch deshalb stehen sie im Zentrum der chinesisch-amerikanischen Rivalität.

Seit Jahren entfaltet China eine Charmeoffensive im pazifischen Raum. Zweimal ist Xi Jinping dorthin gereist, 2014 auf die Fidschi-Inseln, 2018 nach Papua-Neuguina. Bei seinem Fidschi-Besuch ermunterte er die Inselstaaten, einzusteigen in «Chinas Expresszug der

Entwicklung».[8] Neun pazifische Länder haben sich bisher der «Neuen Seidenstraße» angeschlossen. Mit chinesischen Krediten und Zuschüssen haben sie Straßen, Brücken, Krankenhäuser und Sportstadien gebaut, haben Häfen und Flugplätze modernisiert sowie Unterseekabel verlegt. Manche Staaten haben sich dabei bis über beide Ohren verschuldet, Tonga zum Beispiel. Das Königreich lieh sich allein zwischen 2008 und 2010 von China 114 Millionen US-Dollar. Die Verschuldung gegenüber der Volksrepublik erreichte 43 Prozent des Bruttoinlandprodukts.[9]

Aber China möchte seinen Einfluss weiter ausbauen. Das zeigte die ambitionierte Rundreise, die Außenminister Wang Yi im Frühjahr 2022 unternahm. Es war eine Gewalttour – acht Länder in zehn Tagen. Sie führte ihn auf die Salomonen, nach Kiribati, Samoa, Fidschi, Tonga, Vanuatu, Papua-Neuguinea und Osttimor. Und endete mit einem diplomatischen Debakel. Höhepunkt der Reise sollte die Unterzeichnung eines Wirtschafts- und Sicherheitsabkommens mit den Staaten der Region bei einer Außenministerkonferenz auf Fidschi sein. Doch Wang Yi musste unverrichteter Dinge nach Peking zurückkehren. Seine Amtskollegen verweigerten die Unterschrift. Das geplante Abkommen war nämlich nicht, wie man hätte erwarten können, in langen Verhandlungen zwischen allen Beteiligten erarbeitet worden. Die Chinesen hatten vielmehr ein eigenes Papier («Common Development Vision») aufgesetzt und an die Konferenzteilnehmer verschickt. Es ging darin um wirtschaftliche Zusammenarbeit, um Gesundheit, Tourismus, auch um Kulturaustausch, wozu die Gründung von Konfuzius-Instituten und Stipendien für Wissenschaftler gehören sollten; aber es ging auch um Polizeitraining, Cybersicherheit, Kooperation bei Datennetzwerken, beim Zoll und in der Verbrechensbekämpfung.

Die Regierungen der Inselstaaten fühlten sich überrumpelt. Sie hätten gern im Vorfeld über die Pekinger Ideen und ihre eigenen Vorstellungen gesprochen. So war der Eindruck entstanden, «China habe den Ländern etwas vorgesetzt, was sie nur noch abnicken konnten – oder eben ablehnen».[10] Einige Empfänger des Papiers aus Peking hatten deren Inhalt sofort öffentlich gemacht und von einer Unterschrift abgeraten. Am lautesten warnte David Panuelo, der Präsident der Föderierten Staaten von Mikronesien, vor dem Abkommen: «Im besten Fall könnte es einen Kalten Krieg auslösen, im schlimmsten Fall einen Weltkrieg.» In einem Brief an seine Amtskollegen führte er diesen die Folgen vor Augen, die eine stärkere Präsenz Chinas in der Region nach sich ziehen würde. China wolle mehr Zugang und mehr Kontrolle. Unweigerlich würden die Inselstaaten dadurch stärker in den drohenden Konflikt um Taiwan zwischen China und den USA sowie deren Verbündeten Australien und Japan hineingezogen. Es gehe nicht nur um die eigene Souveränität, sondern auch um die durch eine größere Präsenz Chinas wachsende Kriegsgefahr.[11]

Auch Amerikaner und Australier intervenierten bei der Regierung der Fidschi-Inseln. Die frisch ins Amt gekommene Labor-Regierung in Canberra entsandte umgehend ihre Außenministerin nach Suva, um die Vertragsunterzeichnung zu stoppen. Einen Tag vor Wang Yi traf sie auf den Fidschi-Inseln ein. Von Washington und Canberra aus betrachtet, zeigte das Abkommen im Kleinen, wie China auch im Großen die internationale Ordnung verändern möchte. Von der Polizeiausbildung und der Bekämpfung der Kriminalität, von Cybersicherheit und Datenschutz hat die Volksrepublik grundsätzlich andere Vorstellungen als der Westen. Sie nach chinesischem Modell zu organisieren, würde die liberale internationale Ordnung nachhaltig verändern – im Pazifik wie im Rest der Welt.

Außenminister Wang Yi blieb nach seiner diplomatischen Niederlage nur der Versuch, den Schaden zu begrenzen und Optimismus zu verbreiten. «Seien Sie nicht so ängstlich und nervös», rief er seinen widerspenstigen Gesprächspartnern zu. Es gehe doch um eine gemeinsame gute Entwicklung und um den Wohlstand Chinas und aller anderen Entwicklungsländer. Das Ergebnis werde «große Harmonie, mehr Gerechtigkeit und größerer Fortschritt auf der Welt» sein.[12]

Tatsächlich dürfte China eher pessimistisch gestimmt sein. Von Peking aus betrachtet, ist es der Westen, der im Pazifik Fakten schafft: mit dem Viererbündnis Quad, dem Sicherheitspakt Aukus, dem stärkeren sicherheitspolitischen Engagement der Europäer, der forcierten Aufrüstung Japans und der wachsenden Unterstützung für Taiwan.[13]

Die Inselstaaten aber fürchten, Opfer der sich verschärfenden Supermachtrivalität zu werden: «Wir wollen nicht das Gras sein, auf dem die Elefanten herumtrampeln», sagte Matthew Wale, der Oppositionsführer auf den Salomonen.[14] Doch genau dies könnte geschehen. Es wäre nicht das erste Mal.

Bisher haben sich die Amerikaner in diesem Konkurrenzkampf geschickter angestellt als die Chinesen. Vielleicht vertreten sie und ihre Verbündeten auch nur das attraktivere Modell. Nachdem im Dezember 2022 auf Fidschi die Opposition die Wahlen gewonnen hatte, schickte der neue Premierminister Sitiveni Rabuka die chinesischen Polizisten nach Hause, die seit 2011 von der Volksrepublik entsandt worden waren, um die Polizeibeamten der Inselrepublik auszubilden. Damit sollte es nun ein Ende haben. «Unsere Demokratie- und Rechtssysteme sind so unterschiedlich», sagte der neue Premier, «wir wollen zu den Ländern zurückkehren, die ähnliche Systeme haben wie wir.» Gemeint waren Australien und Neuseeland, die den Fidschi-Inseln nun wieder bei der Ausbildung ihrer Ordnungshüter helfen sollten.[15]

Die Vereinigten Staaten ihrerseits betrieben eifrig Sympathiewerbung im Pazifik. Im September 2022 lud Joe Biden zum ersten Gipfeltreffen mit den Inselstaaten. Zur gleichen Zeit legte Bidens Regierung die erste Pazifik-Strategie der USA vor. «Die Vereinigten Staaten sind eine pazifische Nation», heißt es in dem 16 Seiten langen Papier. Der Wohlstand und die Sicherheit des Landes seien auch davon abhängig, dass «die pazifische Region offen und frei bleibt».[16]

Was die Regierung in Washington besser macht als die Führung in Peking? Sie zeigt sich offen und verständnisvoll für die Wünsche und die Interessen der Inselstaaten. Ursprünglich sollten zum Gipfeltreffen nur die Länder eingeladen werden, zu denen die Amerikaner diplomatische Beziehungen unterhalten. Als es daran Kritik gab, ging die Einladung an alle Mitglieder des Forums der Pazifischen Inseln (PIF).

Vor allem aber setzen die USA andere Prioritäten als China. Obenan auf ihrer Themenliste stehen der Kampf gegen die Folgen des Klimawandels, der schonende Umgang mit den Ressourcen der Inseln und des Ozeans sowie die Verbesserung des Gesundheits- und des Bildungswesens. All dies entspricht den Prioritäten des PIF. Und die

Die «Theodore Roosevelt», ein US-Flugzeugträger der Nimitz-Klasse, beim Verlassen des Flottenstützpunkts Guam, 4. Juni 2020.

Amerikaner kündigten neue diplomatische Vertretungen an, auf den Salomonen, auf Kiribati und Tonga. Die Botschaft aus Washington: Wir sind wieder da. Und wir zollen euch Respekt.

Allerdings waren die Amerikaner nie weg. Nicht nur war ihnen nach dem Ende des Zweiten Weltkriegs die Insel Guam als US-Territorium geblieben, die sie zum waffenstarrenden Vorposten im Westpazifik ausbauten. Sie blieben auch auf den Marshallinseln, auf Palau und auf den Föderierten Staaten von Mikronesien präsent, die ihnen nach dem Krieg von den Vereinten Nationen als Treuhandgebiete überlassen worden waren. In den achtziger und neunziger Jahren endete die Treuhandverwaltung dieser drei Gebiete. Die nunmehr souveränen Staaten schlossen mit den Vereinigten Staaten Assoziierungsverträge ab («Compacts of Free Association», COFA). Ihre Verteidigung übertrugen sie den Amerikanern. Von diesen werden sie wirtschaftlich und finanziell unterstützt. Im Gegenzug dürfen die USA die Inseln für ihr Militär, ihre Geheimdienste und für ihre Weltraumfahrt nutzen.

Nicht weit von Chinas Küsten entfernt steht den USA also die Infrastruktur einer ausgedehnten Inselwelt zur Verfügung. Hinzu kommen die Außengebiete der USA, die den Status von US-Territorien haben und damit Teil des amerikanischen Staatsgebiets sind. Neben Guam sind dies die Nördlichen Marianen, ebenfalls ein ehemaliges Treuhandgebiet, die Midway-Inseln, das Wake-Atoll, das Johnston-Atoll, Amerikanisch-Samoa und ein paar weitere versprengte Eilande. Wenn die Amerikaner sagen, sie seien eine «pazifische Nation», dann nicht, weil sie im Osten ein Anrainerstaat des Stillen Ozeans sind. Mit ihrem unverändert robusten Selbstbewusstsein wollen sie damit eher zum Ausdruck bringen: Dies ist unser Ozean. Und er soll es auch bleiben.

So haben die Vereinigten Staaten auf dem Kwajalein-Atoll, das zu den Marshallinseln gehört, ein hochmodernes Raketentestgelände (Ronald Reagan Ballistic Missile Defense Test Site) errichtet. Hier werden die Flugdaten von Raketen gemessen, die über dem Pazifik getestet werden – etwa von Minuteman-III-Interkontinentalraketen, die von der Vandenberg Space Force Base in Kalifornien starten und nach 4200 Meilen in einem Zielgebiet nahe Kwajalein niedergehen. Auf Palau soll bis 2026 eine neue Radaranlage entstehen. Bessere geografische Bedingungen als hier kann sich das Pentagon kaum wünschen. 120 Millionen Dollar lässt sich das US-Verteidigungsministerium die Anlage kosten.[17]

Palau und die Marshallinseln – wie auch die Inselstaaten Nauru und Tuvalu – erkennen bis heute Taiwan offiziell an, von Washington darin unterstützt. Zu den Szenarien, die vom US-Militär durchgespielt werden, wenn es um die Nutzung der Infrastruktur nach den Assoziierungsabkommen geht, gehört auch die Verteidigung Taiwans gegen einen chinesischen Angriff. Die Verbündeten in Mikronesien befinden sich also in einem möglichen Konflikt mit China an vorderster Front.

Damit sich an dieser für die Amerikaner so vorteilhaften Konstellation nichts ändert, erhalten die Inselbewohner nicht nur Wirtschaftshilfe. Sie genießen auch Privilegien wie den freien Zuzug in die Vereinigten Staaten. Tausende sind über die Jahre nach Hawaii und Guam, aber auch nach Arkansas, Oregon und Oklahoma ausgewandert.[18] Als von 2022 an über eine Verlängerung der Assoziierungsverträge verhandelt wurde, legten die drei mikronesischen Staaten neue Forderungen auf den Tisch. Dazu gehörte der Wunsch nach einem neuen

Krankenhaus und nach einem Museum, das die Bedeutung der Inseln im Zweiten Weltkrieg zeigt. Wichtiger aber waren den Inselstaaten Entschädigungszahlungen für die amerikanischen Atomwaffentests, die zahlreiche Atolle zerstört und das Meer um sie herum verseucht haben.

Ein tieftrauriges Erbe. Die Marshallinseln waren nach Kriegsende das wichtigste Nukleartestgelände der USA. Mit fasziniertem Gruseln betrachteten die Amerikaner die gigantischen Atompilze, die da Tausende Meilen entfernt in den Weiten des Stillen Ozeans aufstiegen. Den nuklearen *fallout* mussten sie nicht fürchten. Die Inselbewohner hingegen, auch wenn sie aus der unmittelbaren Nachbarschaft der Testgelände evakuiert worden waren, konnten den Folgen der Tests, den bis heute andauernden Strahlungsschäden, nicht entkommen. Zwischen 1946 und 1962 haben die USA in der Region 105 Atomversuche durchgeführt. Bikini, Enewetak, Rongelap und Utrik lauten die Namen der Atolle, die dabei in Stücke flogen. Am 1. März 1954 um 6:45 Uhr Ortszeit zündeten die Amerikaner auf dem Bikini-Atoll ihren größten Sprengsatz überhaupt. Die Wasserstoffbombe, der die Wissenschaftler den Namen «Castle Bravo» gaben, hatte eine Sprengkraft von 15 Megatonnen, dem Tausendfachen der Hiroshima-Bombe, und riss einen Krater von 76 Metern Tiefe und zwei Kilometern Durchmesser in die Lagune.

Seit dieser Zeit lagert nuklear verseuchtes Material – Sand, Geröll, Beton, Stahl – auf den Atollen. Einer Recherche der *Los Angeles Times* im Jahr 2019 zufolge verschifften die USA sogar atomaren Abfall vom ehemaligen Testgelände im Bundesstaat Nevada auf das Enewetak-Atoll.[19] Rund 76 000 Kubikmeter Nuklearmüll ruhen nach Angaben der US-Regierung versiegelt in einem riesigen, kreisrunden Betonbunker auf Runit Island. Dieser «Cactus Dome» kommt langsam in die Jahre. Umweltschützern zufolge sickert aus ihm verseuchtes Wasser in den Ozean. Er muss dringend renoviert oder ersetzt werden.

Es ist eine schändliche Hinterlassenschaft des Kalten Krieges. Die Rücksichtslosigkeit der Amerikaner gleicht dem Kolonialmachtgebaren Frankreichs, das dreißig Jahre lang seine Atomwaffen im Südpazifik auf den Atollen von Mururoa und Fangataufa testete (siehe Kapitel V.2.). In Mikronesien verlangen die Inselbewohner von Washington eine Entschuldigung und eine Entschädigung. Und sie fordern, dass die Vereinigten Staaten mehr tun im Kampf gegen die Klimakrise, die niemanden auf der Erde so bedroht wie sie.

Die Folgen der Erderwärmung werden auf den pazifischen Inselstaaten von Jahr zu Jahr sichtbarer. Die Marshallinseln, Kiribati, Tokelau oder Tuvalu bestehen überwiegend aus Atollen und Riffen, sie gehören zu den am tiefsten gelegenen Gebieten der Welt. Die Klimakrise trifft sie ohne jeden Schutz. Der Meeresspiegel steigt, Springfluten häufen sich, die Wirbelstürme werden zahlreicher und heftiger, das Grundwasser versalzt, die Korallen sterben ab. Einige Gebiete könnten schon Mitte des Jahrhunderts unbewohnbar sein.

Bleibt den Menschen nur noch die Flucht? In ihren Verhandlungen mit der Regierung in Washington über eine Verlängerung des Assoziierungsvertrags forderten die Vertreter der Marshallinseln für alle Einwohner das Recht, sich in den Vereinigten Staaten niederzulassen. Der Präsident von Kiribati hatte schon im Jahr 2014 auf den Fidschi-Inseln zwanzig Quadratkilometer Land erworben, um im Notfall die 120 000 Einwohner Kiribatis dorthin umsiedeln zu können. Vanuatu ging vor die Vereinten Nationen und drängte auf ein Gutachten des Internationalen Gerichtshofs, um klären zu lassen, ob die Erderwärmung als ein Verstoß gegen die Menschenrechte zu werten ist. Sein Präsident Nikenike Vurobaravu sagte vor der UN-Vollversammlung: «Wir messen Klimawandel nicht in Grad Celsius oder Tonnen von Kohlendioxid, sondern in Menschenleben.»[20] Für die pazifischen Inselstaaten geht die größte Gefahr nicht von der Geopolitik aus, sondern von der Zerstörung ihrer natürlichen Lebensgrundlagen. Das Überleben vieler Gesellschaften und ihrer reichen Traditionen ist bedroht, ohne dass in der Kollision der Supermächte auch nur ein Schuss gefallen wäre.

III. Großmachtpolitik und «Mittlere Mächte»

1. Russland – Schulterschluss der Autokraten

Am 4. Februar 2022 bewahrte Wladimir Putin die chinesische Staatsführung vor einer schlimmen Blamage. An diesem Tag begannen in Peking die Olympischen Winterspiele. Und fast der gesamte Westen boykottierte die Eröffnungsfeier aus Protest gegen die Menschenrechtsverletzungen in China, insbesondere gegen die Unterdrückung der Uiguren in der Region Xinjiang. Zwar waren die Staatsoberhäupter Polens, Serbiens, Kasachstans, Turkmenistans und Ägyptens gekommen. Aber wäre auf der Ehrentribüne nicht auch der russische Präsident erschienen, Xi Jinping hätte vor dem eigenen Volk und der Welt als düpierter Gastgeber dagestanden.

Putin war der erste offizielle Besucher, den Xi nach zwei Jahren selbstauferlegter Corona-Isolation empfing. Doch nicht deshalb und auch nicht wegen der Eröffnung der Spiele kommt diesem 4. Februar Bedeutung zu. Als sich Xi und Putin im Staatsgästehaus Diaoyutai vor den Kameras strahlend die Hände reichten, hatten ihre Unterhändler eine «Gemeinsame Erklärung» von historischer Tragweite fertiggestellt, der die beiden Chefs nun ihren Segen geben konnten.

Das 5000 Worte lange Dokument las sich wie die Geburtsurkunde eines neuen Ostblocks. Gleich im ersten Absatz hieß es hoffnungsfroh: «Ein Trend zeichnet sich ab zur Neuverteilung der Macht in der Welt.» Darum ging es den beiden weltweit mächtigsten Autokraten: Gemeinsam proklamierten sie den Willen, die Vorherrschaft der Vereinigten Staaten und ihrer Verbündeten zu brechen. Es sollte Schluss sein mit der Unterwerfung unter die vom Westen gesetzten «demokratischen Standards». Jedes Land sollte selbst entscheiden über seine Form der Regierung, der Rest der Welt habe sich da nicht

Russlands Präsident Wladimir Putin und Chinas Staatschef Xi Jinping bei ihrem Treffen in Peking während der Olympischen Winterspiele, 4. Februar 2022.

einzumischen, schon gar nicht mit dem Verweis auf universelle Werte.

Die «Gemeinsame Erklärung» richtete sich ganz grundsätzlich gegen die vom Westen nach dem Zweiten Weltkrieg geschaffene liberale und regelbasierte internationale Ordnung. Ganz konkret verteidigte China darin Russlands Forderung nach «Sicherheitsgarantien» und Moskaus Ablehnung einer weiteren Ausdehnung der Nato, ohne dass jedoch das Wort «Ukraine» auftauchte. Im Gegenzug unterstützte Russland den chinesischen Anspruch auf Taiwan und kritisierte die Sicherheitspartnerschaft der USA mit Australien und Großbritannien im Indopazifik. «Die neuen zwischenstaatlichen Beziehungen zwischen Russland und China sind den politischen und militärischen Bündnissen der Ära des Kalten Krieges überlegen», heißt es in der Erklärung. Und dann voller Emphase: «Die Freundschaft zwischen den beiden Staaten kennt keine Grenzen.»[1]

Zwanzig Tage nach dem demonstrativen Schulterschluss zwischen Putin und Xi rollten russische Panzer in die Ukraine. Die amerikanischen Nachrichtendienste hatten den Aufmarsch an der Grenze seit Monaten beobachtet und Russlands Invasion präzise vorhergesagt. Nun hieß es aus Washington, China sei in Putins Pläne eingeweiht gewesen und habe keinen Einspruch erhoben. Peking habe lediglich darum gebeten, mit dem Angriff bis zum Ende der Winterspiele zu warten. Die Bitte sei vermutlich nicht von Xi persönlich im Gespräch mit Putin geäußert worden, sondern von höheren chinesischen Regierungsvertretern gegenüber ihren russischen Partnern.[2]

China ein Komplize Putins beim Überfall auf die Ukraine? Beweise dafür gab und gibt es nicht. Doch Pekings Schweigen zum Einmarsch und den rasch bekanntgewordenen Gräueltaten des russischen Militärs sprach Bände. Nicht nur in Russland, auch in China durfte der Krieg nicht Krieg heißen, sondern «militärische Spezialoperation», allenfalls «Krise» oder einfach «gegenwärtige Situation». Am besten, man sprach gar nicht darüber. Es sah aus wie Komplizenschaft, es hörte sich an wie Komplizenschaft, alles sprach dafür, dass es Komplizenschaft war.[3] Offizielle Kritik aus Peking am Überfall Russlands auf sein Nachbarland gab es jedenfalls nicht, auch nicht in den folgenden Wochen, als sich der ganze Dilettantismus der russischen Kriegsführung offenbarte und in Peking Ernüchterung über Xi Jinpings «besten Freund» Wladimir Putin einsetzte.

Bis dahin aber, bis zum Rückschlag für die russischen Truppen in der Ukraine, waren die Beziehungen zwischen Peking und Moskau so gut wie seit siebzig Jahren nicht mehr. Im Wunschdenken geeint, dass sich der Westen im Niedergang befinde, hatten sich Xi Jinping und Wladimir Putin darangemacht, an einer neuen Weltordnung zu basteln. Was sie verband, war das Gefühl einer historischen Kränkung. Der Westen, voran die Vereinigten Staaten, wollten ihre Länder klein halten, davon waren beide überzeugt. Ziel der Amerikaner und in ihrem Schlepptau der Europäer sei ein Regimewechsel in Moskau und Peking. Habe der Westen nicht überall auf der Welt die Flammen der «Farbenrevolution» angefacht – in der Ukraine und in Georgien, im «Arabischen Frühling» und auf den Straßen Hongkongs?

Weder die mutmaßlich gewaltige Macht des russischen Militärs noch der tatsächlich überwältigende Erfolg der chinesischen wirtschaftlichen Modernisierung konnten Putin und Xi die Sorge um das Überleben ihrer Regime nehmen. Nicht ohne Grund hatte Putin den Zerfall der Sowjetunion schon im Jahr 2005 die «größte geopolitische Katastrophe des 20. Jahrhunderts» genannt. Auch für Xi blieb es unfassbar, dass die Macht der ruhmreichen KPdSU einfach erlöschen und der Vielvölkerstaat Sowjetunion in seine Einzelteile zerbrechen konnten. Eine traumatische Erfahrung, die sich auf chinesischem Boden, so der Schwur der chinesischen Kommunisten, nie wiederholen dürfe. Beide, Xi wie Putin, halten Michail Gorbatschow für den Totengräber der sozialistischen Weltbewegung. Als der große Reformer am 30. August 2022 in Moskau starb, weinten sie ihm keine Träne nach.

Der russische und der chinesische Staatschef seien sich einig in dem «zugleich nostalgischen wie ressentimentgeladenen Wunsch, ihre Länder zu früherer Größe zurückzuführen», schreibt Alexander Gabuev von der Carnegie-Stiftung, einer der besten Kenner der russisch-chinesischen Beziehungen.[4] Die persönlichen Beziehungen der beiden könnten enger kaum sein. Seit Xi Jinping 2012 die Führung der Partei übernahm, haben sie sich 39-mal getroffen, meistens persönlich, manchmal zum Videogespräch. Beide haben die Verfassungen ihrer Staaten zurechtbiegen lassen, um noch Jahre, wenn nicht Jahrzehnte an der Macht bleiben zu können. Russland und China sind unter ihnen zu lupenreinen Ein-Mann-Diktaturen geworden. Die beiden Herrscher dulden nur einen kleinen Kreis von engen Gefolgsleuten um sich. Sie sind Brüder im Geiste, aber stets auf den eigenen Nutzen und das eigene Interesse bedacht. Ihr Verhältnis bleibt, bei aller Freundschaft, ein Zweckbündnis.

Als Wladimir Putin am 15. Juni 2022 mit Xi Jinping telefonierte und ihm zum 69. Geburtstag gratulierte, fassten beide Seiten das Gespräch hinterher sehr unterschiedlich zusammen. Nach Moskauer Lesart habe Xi seine Unterstützung für den Einmarsch in die Ukraine bekundet. Er habe «die Legitimität der Maßnahmen Russlands zum Schutz grundlegender nationaler Interessen angesichts von Herausforderungen für seine Sicherheit durch äußere Kräfte» betont. In der chinesischen Zusammenfassung des Telefonats war davon keine Rede.[5]

Ein Zweckbündnis also, offiziell eine «umfassende strategische Partnerschaft», aber keine Allianz. Vor allem die chinesische Führung hat dies immer wieder klargestellt. «China hat kein Interesse an einer formellen Allianz mit Russland, es will auch keinen anti-amerikanischen oder anti-westlichen Block irgendeiner Art bilden», schrieb Fu Ying, die Vorsitzende des außenpolitischen Ausschusses von Chinas Nationalem Volkskongress, dem Scheinparlament der Volksrepublik. Die ehemalige Vizeaußenministerin stellte 2016 in einem Aufsatz für *Foreign Affairs* die Errungenschaften der Beziehungen zu Russland heraus: wachsender Handel, Zusammenarbeit in neuen multilateralen Finanzinstitutionen, Bau einer zweiten Gaspipeline aus Sibirien nach China. Sie erwähnte auch die gegenseitige Ausbildung von Offizieren an den Militärakademien der beiden Länder. Aber dann zitierte sie einen Sprecher ihres früheren Ministeriums, der nach der Annexion der Krim 2014 «unmissverständlich» erklärt habe, «dass die Unabhängigkeit, die Souveränität und die territoriale Integrität der Ukraine respektiert werden sollten». Lieber ein bisschen Distanz halten zum unberechenbaren Wladimir Putin, sagte die politische Vernunft den Chinesen. Sie ahnten wohl, dass Putins Hunger nach revisionistischen Grenzverschiebungen noch nicht gestillt war, und wollten für weiteren Landraub nicht in Mitverantwortung genommen werden. Fu Ying hob die Zweifel an der Person Putin vorsichtshalber auf die grundsätzliche Ebene: China halte ganz einfach nichts von Blockpolitik und Allianzbildungen, beides passe nicht zur «chinesischen politischen Kultur».[6]

Sechs Jahre später trat ein, was Peking vorhergesehen hatte. Putin setzte seinen Eroberungsfeldzug in der Ukraine fort. Und Peking schwieg. Die Beziehungen zum Westen hatten sich in diesen Jahren dramatisch verschlechtert, Russland war der wichtigste Partner geworden. Also redete die chinesische Führung zwar viel vom Wunsch nach Frieden, unternahm aber nichts, um den Abenteurer im Kreml zu stoppen. Mit seinem Nichtstun ergriff Peking faktisch Partei für den Aggressor. «Die Partnerschaft mit Russland als strategische Absicherung bleibt zentral für China, und die Unterstützung für Putin bislang eindeutig», erklärte Mikko Huotari, der Direktor des Mercator Institute for China Studies in Berlin die Pekinger Politik. «Im Wesentlichen hat sich die Führung auf Konflikt und einen existentiellen strategischen Wettstreit mit den USA eingestellt und leitet daraus alles andere ab. (...) Es klären sich nun die Fronten. Und ich sehe China auf der anderen Seite.»[7]

Zwei Staaten, die einander historisch immer misstraut haben, festigen eine Partnerschaft, die ihnen zwar nicht ganz geheuer ist, aber strategisch opportun erscheint. Beide teilen mit Blick auf das Schicksal der Sowjetunion die Furcht vor dem Systemkollaps, fühlen sich durch «Farbenrevolutionen» herausgefordert. In ihrer Partnerschaft sehen sie eine Chance, sich gegenseitig den Rücken freizuhalten gegen das angebliche Vordringen der Nato im Osten Europas und gegen Allianzbildungen der USA im Westpazifik. Von einem verlässlichen Bündnis mit klaren Strukturen und Verantwortlichkeiten aber ist diese Partnerschaft weit entfernt. «Es zeichnet sich ein Bild russisch-chinesischer Koordination ab, die oft mangelhaft ist und keineswegs umfassend, eher opportunistisch als wohl durchdacht.»[8]

Der Schulterschluss der Autokraten mochte der Not geschuldet sein, er bindet zwei sehr unterschiedliche Partner aneinander, aufsteigend der eine, im Niedergang begriffen der andere. Von gleicher Stärke kann keine Rede sein, auch nicht von gleichen Zielen. Aber die Gemeinsamkeiten – Einkreisungsängste, Überlebensfurcht, Hass auf die Werte des Westens und auf die globale Hegemonie Amerikas – sind groß genug, um die eigenen Zweifel und Differenzen zu überdecken. «Es gibt eindeutig eine autoritäre Partnerschaft», sagt Janka Oertel vom European Council on Foreign Relations. «Wir bewegen uns damit noch schneller in die Systemkonfrontation, von der viele zuvor eher theoretisch gesprochen haben.»[9]

Putins «militärische Spezialoperation» allerdings wurde zur Belastungsprobe für den Zusammenhalt des ungleichen Paars. Auch wenn Chinas Führung die Aggression gegen die Ukraine nicht verurteilte, wenn sie sich erst im Sicherheitsrat und dann in der Vollversammlung der Vereinten Nationen der Stimme enthielt, wenn sie im UN-Menschenrechtsrat gegen die Suspendierung der Mitgliedschaft Russlands votierte – gemein machen wollte sie sich mit dem Krieg nicht. Peking habe von Putins Plänen im Vorhinein nichts gewusst, habe keine Verschiebung des Angriffs auf die Zeit nach den Olympischen Spielen gefordert und sei auch nicht von Russland um Waffenhilfe gebeten worden, behauptete Chinas Botschafter in Washington. Hätte man den Waffengang kommen sehen, man hätte alles getan, ihn noch abzuwenden.

Die Vereinigten Staaten hatten Peking frühzeitig gewarnt. Von November 2021 an hatten sie Chinas Vertreter – vom Botschafter bis zum Außenminister – mit den Erkenntnissen ihrer Nachrichtendienste über den Truppenaufmarsch an der Grenze zur Ukraine versorgt, in der Hoffnung, China werde Russland von der Invasion abbringen. Doch die Chinesen schenkten den Amerikanern kein Gehör. Stattdessen leiteten sie deren Geheimdienstinformationen nach Moskau weiter. In Washington warf man der chinesischen Führung daher ein doppeltes Spiel vor: Öffentlich plädiere sie für eine diplomatische Lösung, hinter den Kulissen helfe sie Putin.

Dabei hatte Peking lange Zeit gute Beziehungen zur Ukraine gepflegt. Die Volksrepublik war eines der ersten Länder, das die unabhängig gewordene Ukraine 1992 diplomatisch anerkannte. Der Warenaustausch nahm zu, China kaufte Mais, Sonnenblumen- und Rapsöl, aber auch Rüstungsgüter. Chinas erster Flugzeugträger stammte aus der Ukraine. Der Bau der späteren «Liaoning» war noch zu sowjetischen Zeiten begonnen, jedoch nicht mehr fertiggestellt worden. China wurde zum größten Handelspartner der Ukraine, die Regierung in Kiew schloss sich der «Belt and Road Initiative» an, Xi Jinpings ehrgeizigem Seidenstraßen-Projekt.

Es klang daher glaubwürdig, als Xi im März 2022 in einem Telefonat mit Joe Biden erklärte, die «Ukrainekrise ist nichts, was wir gern sehen». Der amerikanische Präsident hatte ihn vor «Konsequenzen» gewarnt, sollte Peking den Krieg Moskaus unterstützen. Tatsächlich verzichtete China zunächst auf Waffenlieferungen. Chinesische Firmen hielten sich aus Sorge vor Sekundärsanktionen an die vom Westen über Russland verhängten wirtschaftlichen und finanziellen Strafmaßnahmen. Im Laufe der Monate scheint das Drängen aus Moskau aber größer geworden und die Bereitschaft zu Waffenlieferungen in Peking gewachsen zu sein. Auf der Münchner Sicherheitskonferenz 2023 warnte US-Außenminister Antony Blinken die Chinesen mit scharfen Worten davor, Russland «tödliche Unterstützung» zu leisten. «Wir haben ihnen sehr deutlich gemacht», sagte Blinken nach einem Treffen mit Pekings Chefdiplomaten Wang Yi, «dass dies ein ernstes Problem für uns und unsere Beziehungen darstellen würde.»

Peking seinerseits verwahrte sich gegen amerikanische Vorwürfe. Die Staatspropaganda gab vielmehr den Amerikanern die Schuld an der Zuspitzung im Konflikt zwischen Russland und der Ukraine. Sie hätten Putin mit der Osterweiterung der Nato in die Enge getrieben. Dem russischen Präsidenten sei nichts anderes übrig geblieben, als die «legitimen Sicherheitsinteressen» seines Landes mit Gewalt zu verteidigen. Den Funktionären daheim wurde ein Dokumentarfilm zum Lobe Putins vorgeführt: «Historischer Nihilismus und der Zusammenbruch der Sowjetunion», 101 Minuten lang. Russland sei nach dem Ende des Sowjetreiches durch eine Zeit der Leiden gegangen, es sei Putin gewesen, der das Land zu neuer Stärke geführt habe, lautete die Botschaft des Films: Putin, ein russischer Held.[10]

Wenn sich der Konflikt in der Ukraine nun hinziehe, dann sei dies ganz im Sinne der amerikanischen Kriegsgewinnler, war in Peking zu hören. Bei einem Vortrag an der prestigereichen Tsinghua-Universität klagte der stellvertretende Außenminister Le Yucheng amerikanische «Waffenhändler, Banker und Ölbarone» an, «höchst unmoralische» Profite aus dem Krieg zu schlagen, während die Ukraine leide.[11] Es gab aber auch kritische Stimmen. Hu Wei, Politikwissenschaftler aus Schanghai und stellvertretender Vorsitzender eines Forschungsinstituts der Regierung, schrieb in einem ungewöhnlich freimütigen Essay, China solle sich von Putins «irreversiblem Fehler» distanzieren und das «kleinere der beiden Übel» wählen, nämlich sich der Belastung durch Russland «so schnell wie möglich entledigen». Der Ukraine-Krieg habe in China eine «große Kontroverse» ausgelöst, Befürworter und Gegner seien in zwei «unversöhnliche Lager» geteilt; eine weitere Unterstützung Putins könne das Land einem großen Teil der Welt entfremden.[12]

In einem offenen Brief verurteilten fünf renommierte Historiker Russlands Angriff auf den Nachbarn Ukraine. Die Sache sei vollkommen klar, schrieben sie. «Dies ist eine Invasion. Wie das Sprichwort sagt: Du kannst einen Hirsch nicht ein Pferd nennen. Als chinesische Historiker wollen wir nicht, dass China sich in etwas verstrickt, das die gegenwärtige Weltordnung fundamental beschädigen wird.» Die Zensoren löschten den Aufruf der fünf Gelehrten aus Nanjing, Peking, Hongkong und Schanghai nach knapp drei Stunden. So lange, immerhin, konnten viele tausend Chinesen im Internet die Botschaft der Historiker lesen: «In der Geschichte haben große Katastrophen oft mit lokalen Konflikten begonnen. Wir verurteilen entschieden Russlands Krieg gegen die Ukraine. Russlands gewaltsame Invasion eines souveränen Staates (...) verletzt die Normen der internationalen Beziehungen, die auf der Charta der Vereinten Nationen beruhen, sie ist ein Bruch des bestehenden internationalen Sicherheitssystems.»[13]

Ungewöhnlich genug, dass die chinesische Debatte über den Ukrainekrieg überhaupt öffentlich wurde. Ging es doch um eine Frage von grundsätzlicher Bedeutung, wie sich nämlich Chinas Parteinahme für Russland mit den fundamentalen außenpolitischen Prinzipien von Souveränität und territorialer Integrität des angegriffenen Nachbarlandes vertrügen. Wenn der Streit nach außen dringen konnte, dann war dies vielleicht auch ein Zeichen für die tiefe Enttäuschung über Russlands Versagen in der Ukraine, die Chinas Führung inzwischen erfasst hatte.

Wie fast die gesamte Welt hatte die Regierung in Peking mit einem schnellen Sieg gerechnet. Wie sollte sich die Ukraine gegen die übermächtige russische Streitmacht behaupten können? Aber Putins Armee erwies sich als Scheinriese. Mit dem Versagen seiner schlecht vorbereiteten, unzureichend ausgerüsteten und miserabel geführten Truppen blamierte der russische Präsident nicht nur sich selbst, sondern auch den Partner China, der ihm politische Rückendeckung gegeben hatte. Denn da war ja noch die «Gemeinsame Erklärung» vom 4. Februar. In ihr hatte Xi Jinping auf einen starken Verbündeten in Moskau gesetzt. Nun zeigte sich Wladimir Putin als irrlichternder Kriegsherr, der auf dem Schlachtfeld von einer zahlenmäßig unterlegenen, aber hochmotivierten ukrainischen Armee gedemütigt wurde. «Xis Entscheidung, Putin zu umarmen, erweist sich als Fehlkalkulation», kommentierte Gideon Rachman in der *Financial Times*. Xi habe sich an einen «rücksichtslosen Spieler» gebunden.[14] Mit der Folge, dass überall im Westen die Regierungen darüber nachzudenken begannen, wie man sich aus der wirtschaftlichen Abhängigkeit von China lösen könne, die viel bedrohlicher sei als Russlands Erpressungspotential.

Das also hatte Putin geschafft: In der Solidarität mit der Ukraine schlossen sich die Reihen zwischen den Vereinigten Staaten, der Europäischen Union, Großbritannien, Japan, Kanada und Australien. Weder in Moskau noch in Peking hatte man sich vorstellen können, dass der Westen gegen die eigenen wirtschaftlichen Interessen handeln und Sanktionen verhängen würde, die ihn teurer zu stehen kamen als Russland. Aber jetzt sah es ganz so aus, als wollten Europäer, Amerikaner und einige asiatische Staaten tatsächlich Opfer bringen für die Verteidigung des Selbstbestimmungsrechts der Ukrainer und die Unverletzlichkeit ihrer Grenzen. Erstaunlich. Hatte der Westen die von ihm hochgehaltenen Prinzipien nicht oft genug verletzt? Woher der Sinneswandel? Hatte er womöglich aus früheren Fehlern gelernt?

Jedenfalls geschah Verblüffendes. Putins Angriffskrieg revitalisierte den Westen. Die Ukraine erhielt umgehend den Status eines EU-Beitrittskandidaten. Das jahrhundertelang neutrale Schweden und Russlands Nachbar Finnland beschlossen, Mitglied der Nato zu werden. Die stets auf ihre Eigenständigkeit bedachten Dänen stimmten in einem Referendum dafür, sich der Gemeinsamen Sicherheits- und Verteidigungspolitik der Europäischen Union anzuschließen. Sogar die Republik Moldau und deren abtrünnige Region Transnistrien näherten sich einander an. Transnistrien fühlte sich eigentlich Moskau verbunden, auf seinem Gebiet waren russische Soldaten stationiert. Aber eine «Befreiung» wie in den «Volksrepubliken» im Osten und Süden der Ukraine wünschten sich die Bürger dann doch nicht. Hundert Tage Krieg – «und der Westen ist so geeint und entschlossen wie selten zuvor», resümierte Michael Roth, der Vorsitzende des Auswärtigen Ausschusses im Deutschen Bundestag. «Wir erleben gerade die endgültige Wiedervereinigung Europas.» Die Torheit des Wladimir Putin trug unerwartete Früchte.[15]

In dieser Stimmungslage unternahm Xi Jinping seine erste Auslandsreise seit Beginn der Covid-Pandemie. Er wollte am Gipfeltreffen der Schanghaier Organisation für Zusammenarbeit im usbekischen Samarkand teilnehmen. Zwischenstation machte er in Kasachstan. Und dort gab er eine interessante Erklärung ab: China unterstütze «entschieden den Schutz der nationalen Unabhängigkeit, Souveränität und Sicherheit» der zentralasiatischen Länder. Man konnte darin eine Spitze gegen Moskau und Putins revisionistische Politik sehen. Denn wie die Ukraine um ihre Unabhängigkeit kämpft, so wollen auch die Staaten Zentralasiens nicht wieder Teil eines von Russland beherrschten Imperiums werden.

In Samarkand traf Xi auf einen verunsicherten Putin. Seit ihrem letzten Treffen in Peking sei «viel passiert», sagte der russische Präsident. «Wir schätzen die ausgewogene Haltung unserer chinesischen Freunde in der Ukrainekrise.» Aber Russland verstehe auch Chinas «Fragen und Sorgen». Da sprach vor den Kameras und Mikrofonen ein Politiker, der wusste, wie sehr er den mächtigen Partner in Verlegenheit gebracht hatte. Xi erwiderte darauf nicht, im chinesischen Kommuniqué über das Gespräch tauchte die Ukraine nicht auf. Eigentlich sei eine Entschuldigung Wladimir Putins bei Xi Jinping fällig gewesen, schrieb der britische *Economist* über das Treffen in Usbekistan. Denn Putin habe mit sich den «Geruch des Versagens» nach Samarkand gebracht. Xi habe die Weltbühne mit einem Mann teilen müssen, den er seinen «besten Freund» nenne und der sich als «brutal, rücksichtslos und inkompetent» erwiesen habe.[16]

Dass Peking trotz aller Enttäuschung keineswegs den Stab über Putin gebrochen hatte, war wenige Tage zuvor bei einem Besuch von Parlamentspräsident Li Zhanshu in Moskau offenbar geworden. Als Vorsitzender des Nationalen Volkskongresses war Li die Nummer drei in der chinesischen Polithierarchie. Er galt als einer der engsten Vertrauten Xi Jinpings. Nie würde er sich öffentlich anders äußern als der Staats- und Parteichef. Und Li attestierte seinem Moskauer Gegenpart, dem Vorsitzenden der Staatsduma Wjatscheslaw Wolodin, Russland habe in der Ukraine reagiert, «wie es nötig war». Es habe «zum Schutz seiner nationalen Kerninteressen zurückgeschlagen». Denn die Vereinigten Staaten und die Nato hätten Russland vor seiner Haustür bedroht und in die Enge getrieben. Moskau habe in der

«Ukrainefrage» daher das volle Verständnis und die Unterstützung Chinas.[17]

Chinas Staatsmedien zitierten die Äußerungen Li Zhanshus nicht. Aber die Russen stellten eine Videoaufzeichnung des Treffens ins Netz. Diese Solidaritätserklärung war ihnen wichtig. Die chinesische Führung, entsetzt über den Kriegsverlauf, begann zu lavieren. Sie stellte sich nicht gegen Putin, aber sie begann sich vorsichtig von ihm abzusetzen. Sie wollte sich nicht an einen Verlierer ketten, der mit seinen Eskalationsdrohungen auf bestem Wege war, zum Paria der Staatengemeinschaft zu werden. Und so traf sich Außenminister Wang Yi am Rande der UN-Vollversammlung mit seinem ukrainischen Amtskollegen Dmytro Kuleba, zum ersten Mal seit Kriegsbeginn. Keine führende Nation verteidigte in New York das Vorgehen Moskaus, auch China nicht.

Aber selbst wenn Putin in der Ukraine schmählich versagte – es kostete den Chefdiplomaten Wang Yi keine Überwindung, sich in New York mit dem russischen Außenminister Sergej Lawrow darauf zu verständigen, die «strategische Koordination zu vertiefen» und auf eine «gerechtere internationale Ordnung» hinarbeiten zu wollen. In der Rivalität mit den Vereinigten Staaten wünschte China weiterhin den Partner Russland an seiner Seite. Einen anderen von gleichem Gewicht hatte es nicht. «Unterm Strich geht es allein darum», sagte Bilahari Kausikan, Singapurs ehemaliger Botschafter in Moskau und bei den Vereinten Nationen. «Die Chinesen werden nichts tun, was ihr Verhältnis zu Russland grundsätzlich gefährdet oder Putins Festhalten an der Macht untergräbt.»[18]

Ein Wunschpartner ist Russland allerdings nicht, heute weniger denn je. Wirtschaftlich rückständig und technologisch unbedeutend geht von Putins Reich in China wenig Anziehungskraft aus. Die ökonomische und wissenschaftliche Elite orientiert sich nach Amerika und Europa. Russland zählt nur als Rohstofflieferant. Sein Bruttoinlandsprodukt erreicht gerade ein Zehntel der chinesischen Wirtschaftsleistung. Zwar stieg der Handel mit Russland nach der Annexion der Krim 2014 beträchtlich. Als Reaktion auf die Sanktionen des Westens propagierte der Kreml damals eine «Wende nach Osten».

Und doch erreichte Chinas Handel mit Russland 2021 nur 147 Milliarden US-Dollar, mit den Vereinigten Staaten waren es 657 Milliarden US-Dollar, mit der Europäischen Union sogar 828 Milliarden US-Dollar. Für Russland ist China inzwischen der wichtigste Handelspartner, umgekehrt aber rangiert Russland in der chinesischen Handelsstatistik nur auf Platz 15.

«Wende nach Osten», das bedeutete vor allem eine Ausweitung der russischen Öl- und Gaslieferungen. Aber selbst wenn die Gaspipeline «Kraft Sibiriens» eines Tages ihre volle Durchleitungskapazität von 38 Milliarden Kubikmetern Gas im Jahr erreicht, ist dies nur ein Bruchteil der früher in die Europäische Union gelieferten Menge. Geplant ist der Bau einer weiteren Pipeline, «Kraft Sibiriens 2», über die zusätzliche 50 Milliarden Kubikmeter Gas nach China fließen könnten. 2600 Kilometer lang, soll die Pipeline durch das Staatsgebiet der Mongolei führen, was die Verhandlungen zwischen Moskau und Peking nicht leichter machte. Klar war nur: Das Gas, das früher die Europäer kauften, würde in Zukunft nach China strömen.

Die Energielieferungen geben der Partnerschaft ein wirtschaftliches Fundament, die ansonsten von einem gemeinsamen Feindbild zusammengehalten wird: die USA, die ihre globale Hegemonie mit Hilfe ihrer europäischen und asiatischen Verbündeten verteidigen. Wichtigstes Instrument dabei ist nach chinesischer Lesart die Nato, die über ihren ursprünglichen geografischen Raum längst hinausgreife. Es sei klar, dass die Nato sich nicht mehr auf die Regionen rund um den Nordatlantik beschränke, sondern globalen Einfluss anstrebe, schrieb die nationalistische *Global Times*. Für die Nato seien Russland und China nicht nur Rivalen, sondern Feinde. Die beiden Länder hätten «keine andere Wahl, als der Unterdrückung durch die Nato mit einer engen strategischen Koordination zu widerstehen».[19]

Regelmäßig treffen sich führende Regierungsvertreter Russlands und Chinas zu Konsultationen. So auch nach dem Treffen von Putin und Xi in Samarkand. Zwischen Chinas damals ranghöchstem Außenpolitiker Yang Jiechi und Nikolaj Patruschew, dem Sekretär von Russlands Nationalem Sicherheitsrat, ging es darum, die gegenseitige Unterstützung bei den jeweiligen «Kerninteressen» – lies: Ukraine und

Taiwan – zu konkretisieren. Zur Partnerschaft gehören aber auch gemeinsame Militärübungen. Deren Zahl und Umfang haben seit Jahren zugenommen. Während Russland im Herbst 2021, wenige Monate vor der Invasion, großangelegte Manöver an der Grenze zur Ukraine durchführte, übten fast zeitgleich russische Truppen mit Einheiten der Volksbefreiungsarmee in der westchinesischen Autonomen Region Ningxia – Rückenstärkung aus China für den heraufziehenden Konflikt in Europa.[20]

Schon seit dem Jahr 2012 führen Chinas und Russlands Seestreitkräfte gemeinsame Marineübungen im Gelben Meer, im Ost- und im Südchinesischen Meer sowie im Ochotskischen Meer durch. Chinas Marine übte 2015 auf russische Einladung im Mittelmeer und schickte ihre Kriegsschiffe sogar in die Ostsee. Häufiger aber sind die Übungen im Pazifik, und dann richten sie sich zumeist gegen Japan. So formierte sich eine kleine russisch-chinesische Flotte im Japanischen Meer zu einem Manöver – genau am 77. Jahrestag der Kapitulation des Kaiserreichs im Zweiten Weltkrieg. Die Übungen waren Teil des Großmanövers «Wostok 2022» (Osten 2022), zu dessen Abschluss Wladimir Putin in den fernen Osten seines Landes aufbrach.

Die Regierung in Tokio hatte darum gebeten, die zwischen beiden Ländern umstrittenen Inseln der Südlichen Kurilen, die in Japan «Nördliche Territorien» heißen, nicht zum Übungsgebiet zu machen. Die «Nördlichen Territorien» mit ihren vier Hauptinseln Etorofu, Kunashiri, Habomai und Shikotan wurden 1945 noch in den letzten Tagen des Weltkrieges von der Sowjetunion besetzt; bis heute verweigert Russland ihre Rückgabe. Der im Juli 2022 ermordete ehemalige Premierminister Shinzo Abe hatte sich in vielen Begegnungen mit Wladimir Putin um eine Lösung der Inselfrage bemüht, ohne Erfolg. Auch die japanischen Bitten um ein Heraushalten aus dem Übungsgebiet von «Wostok 2022» lehnte Moskau ab: Die Inseln seien ein «untrennbarer Teil» des russischen Staatsgebiets.[21]

Putin ist empört darüber, dass sich Japan den Ukraine-Sanktionen des Westens angeschlossen hat, wenngleich Tokio weiterhin günstig Erdgas aus Russland bezieht. China wiederum sieht beim Nachbarn und einstigen Besatzer einen neu aufkeimenden Militarismus. Für die

Staatsmedien ist Japan nichts weiter als ein Vasall der Amerikaner, der gemeinsam mit diesen am Bau anti-chinesischer Allianzen arbeite. Als US-Präsident Joe Biden im Mai 2022 zum Quad-Gipfel nach Tokio kam, donnerten demonstrativ russische und chinesische strategische Bomber über das Japanische Meer. Im Oktober 2021 hatte bereits eine Flottille aus fünf chinesischen und fünf russischen Kriegsschiffen – Zerstörer, Fregatten und Korvetten – Japans Hauptinsel Honshu umkreist, auf der auch die Siebte US-Flotte ihren Stützpunkt hat.[22]

Als sich Moskau durch das brutale Vorgehen in der Ukraine international zunehmend isolierte, versuchten Länder wie Indien und Indonesien, deren Außenpolitik noch durch die alte Blockfreiheit geprägt war und die immer ein wenig Distanz zum Westen wahrten, Brücken zu bauen. Auch kauften sie gern Russlands von den Europäern und Amerikanern boykottiertes Gas und Erdöl zu günstigen Preisen ein. Schnäppchenpreise, die der eigenen Bevölkerung zugutekommen, erleichtern manchmal das Gewissen. Immerhin, beim Gipfel der Schanghaier Organisation für Zusammenarbeit in Samarkand kritisierte Indiens Ministerpräsident Modi den damals schon sieben Monate währenden Krieg. «Die heutige Ära ist keine Ära des Krieges.» Putin gab sich zerknirscht und versprach, alles zu tun, um den Konflikt zu beenden.[23] Sechs Tage später ordnete er die Teilmobilmachung an.

Es wurde einsam um den Herrscher im Kreml. Umso monströser die Gruppe der Freunde, die ihm blieb. Schon als die UN-Vollversammlung kurz nach Kriegsbeginn über eine Resolution abstimmte, die Putins Angriff verurteilte, votierten neben Russland nur vier Staaten mit Nein: Belarus, Eritrea, Nordkorea und Syrien. Was für ein Quartett! Nordkorea war es dann auch, das als erster Staat die von Moskau annektierten «Volksrepubliken» Luhansk und Donezk anerkannte. Und an Nordkorea wandte sich Putin, als China ihm keine Waffen liefern wollte. Kim Jong-un half prompt mit Artilleriegranaten und Katjuscha-Raketen in riesiger Zahl. Vom Mullah-Regime in Teheran gab es Drohnen, um die Russland gebeten hatte. Iran und Nordkorea haben nicht mehr viel zu verlieren. Seit Jahren stehen sie unter harten Wirtschaftssanktionen des Westens.[24]

In diese dubiose Gesellschaft passt die Junta in Myanmar, die im

Februar 2021 gegen die demokratisch gewählte Regierung von Aung San Suu Kyi geputscht hat und das südostasiatische Land seither mit roher Gewalt im Griff hält. Russland und China hatten im UN-Sicherheitsrat ihr Veto gegen eine von Großbritannien eingebrachte Resolution eingelegt, die den Putsch in Myanmar verurteilte und eine Rückkehr zur Zivilregierung forderte. Schon wenige Wochen nach dem Staatsstreich besuchte Russlands stellvertretender Verteidigungsminister Alexander Fomin das Land und machte dem neuen Militärmachthaber Min Aung Hlaing seine Aufwartung. Der Putschgeneral war in Moskau kein Unbekannter. Sechs Mal hatte er Russland bereits besucht. Und er blieb ein gern gesehener Gast. Im September 2022 empfing Putin ihn als einzigen asiatischen Regierungschef beim «Östlichen Wirtschaftsforum» in Wladiwostok. Alle anderen hohen Staatsvertreter aus der Region waren dem 2015 ins Leben gerufenen Forum im Jahr des Ukrainekrieges ferngeblieben. Min Aung Hlaing aber kam und bescheinigte seinem Gastgeber, Russland sei unter ihm zu «globaler Führerschaft» aufgestiegen. Putin wiederum lobte Myanmar als «verlässlichen Partner in Südostasien».[25]

Putschisten, Despoten, Mullahs: Sie sind zu Putins letzten Getreuen geworden. Auch in Peking werden sie gern empfangen. Die Distanz zum Westen wächst dadurch weiter. Zwar hat der Ukrainekrieg die Beziehungen zwischen Peking und Moskau schwieriger gemacht, die «umfassende strategische Partnerschaft» aber hat er nicht erschüttert. Worum es beiden Regierungen geht, formulierte Russlands Botschafter in Peking, Andrej Iwanowitsch Denisow. Beim «Weltfriedensforum» der Tsinghua-Universität umriss er in einer Paneldiskussion mit seinen amerikanischen, französischen und britischen Amtskollegen seine Sicht der Dinge so: «Die Welt geht durch eine entscheidende Transformation. Das bestehende System der internationalen Beziehungen wird neu geformt.» Eine kleine Gruppe von Ländern versuche das Völkerrecht durch eine sogenannte wertebasierte Ordnung zu ersetzen. Der Westen, resümierte ein chinesischer Medienbericht die Diskussion auf dem «Friedensforum», stehe für Ideologie und Werte; der großen Mehrheit der Länder aber seien Territorium, Souveränität und wirtschaftliche Sicherheit wichtiger.[26]

Amerikas Botschafter Nicholas Burns hatte den Krieg Putins in der Ukraine zuvor die größte Bedrohung für die Weltordnung genannt. Dieser öffentliche Schlagabtausch an einer Pekinger Spitzenuniversität immerhin war möglich. Die wissenschaftliche Elite der Volksrepublik, zu einem großen Teil in den Vereinigten Staaten akademisch ausgebildet, wünscht sich nichts sehnlicher als eine freie politische Debatte. Ganz besonders, wenn es um grundsätzliche Fragen geht wie die Freundschaft «ohne Grenzen» zu Russland oder die künftige globale Ordnung. Im gegenwärtigen Klima verschärfter Repression ist ein offenes Gespräch, auch an den Hochschulen, kaum möglich. Und doch sollte der Versuch immer wieder unternommen werden. Denn Chinas Elite ist sich über den künftigen Weg keineswegs einig. Hinter verschlossenen Türen streitet sie über die Frage, ob sich das Land wirklich bedingungslos auf Putins Seite schlagen und mit dem Westen brechen soll.

Eines sollten Amerika und der Westen jedenfalls nicht tun, warnt die Chinakennerin Jessica Chen Weiss, Professorin an der Cornell Universität: Peking mit kompromissloser Härte noch weiter in die Arme Moskaus treiben. Die chinesische Führung sei sich durchaus nicht einig, welche Kosten eine zu enge Bindung an Russland mit sich bringe. «Aber wenn Washington nicht glaubhaft vermitteln kann, dass eine Distanzierung von Moskau für Peking strategische Vorteile mit sich brächte und nicht nur strategische Risiken, werden die Befürworter eines engeren chinesisch-russischen Zusammengehens weiterhin die Debatte gewinnen.«[27]

Am ersten Jahrestag des Ukrainekrieges legte Peking ein Positionspapier zur «politischen Lösung der Ukrainekrise» vor. Der von hohen Erwartungen begleitete «Friedensplan» erwies sich weithin als eine pro-russische Parteinahme. Wieder forderte China, die «legitimen Sicherheitsinteressen» aller Länder müssten berücksichtigt werden. Damit hielt es am russischen Narrativ fest, schuld am Konflikt seien die Vereinigten Staaten und die von Washington betriebene Osterweiterung der Nato. Ganz im Sinne Moskaus verlangte China auch nach einem Ende der «einseitigen Sanktionen». Zu begrüßen war hingegen Pekings nochmalige Absage an die atomaren Drohungen Putins:

«Nuklearwaffen dürfen nicht eingesetzt und Nuklearkriege dürfen nicht geführt werden.» Damit immerhin kam China seiner Verantwortung als Atommacht und Ständiges Mitglied im UN-Sicherheitsrat nach.[28] Aber ein Jahr lang hatte die Regierung in Peking dem Kriegsherrn im Kreml politisch den Rücken gestärkt. Ein glaubwürdiger Friedensstifter konnte sie damit nicht mehr sein. Anders als von der eigenen Propaganda behauptet, hat China den «Test der Geschichte» im Ukrainekrieg nicht bestanden.

2. Japan – Suche nach einer neuen Normalität

Am 15. August 1945, einem drückend heißen Tag, versammelte sich die Nation um zwölf Uhr mittags vor den Radiogeräten. Viele Menschen hatten ihre Festtagskleidung angelegt. «Dies ist eine äußerst wichtige Sendung», verkündete der Sprecher der staatlichen Rundfunkgesellschaft. «Seine Majestät der Tenno wird jetzt sein kaiserliches Reskript an das japanische Volk verlesen. Alle Hörer werden gebeten, sich zu erheben. Wir senden nun respektvollst seine Stimme.»

Nie zuvor hatte ein japanischer Kaiser zu seinem Volk gesprochen. Er war, so wollte es die Mythologie, ein Nachfahre der Sonnengöttin Amaterasu Omikami, selbst ein Gott. Zum ersten Mal also hörten die Japaner die Stimme ihres Tennos Hirohito, die «Stimme des Kranichs»: krächzend, das höfische Japanisch den meisten kaum verständlich. Es war der Tag der bedingungslosen Kapitulation. Amerika hatte den Pazifischen Krieg gewonnen. Am 6. August hatte die erste Atombombe Hiroshima vernichtet, am 9. August fiel die zweite Atombombe auf Nagasaki. Japan war am Ende. Der Tenno hatte schon seit längerem keinen Zweifel mehr gehabt, dass die Kapitulation unumgänglich geworden war. Jetzt forderte er sein Volk auf, «das Unerträgliche zu ertragen und das nicht Duldbare zu erdulden».

Die «Stimme des Kranichs» war verklungen. Die Japaner waren wie betäubt. Die mächtigste Nation Ostasiens lag am Boden, ihre Städte von den amerikanischen Bomberflotten verwüstet, besiegt die größte Armee dieses Weltteils, deren Truppen von der Mandschurei bis nach

Hiroshima, 6. August 1945. Die japanische Stadt nach dem Abwurf der ersten Atombombe.

Niederländisch-Indien, von Burma bis zur Inselwelt des Südpazifiks ihre Kriegsflagge über den unterworfenen Staaten gehisst hatten. Zerstoben der Traum von der «Großasiatischen Wohlstandssphäre», die das imperialistische Japan in der Region errichten wollte.

Doch die Japaner nahmen die Niederlage mit der gleichen kollektiven Disziplin hin, mit der sie zuvor ihrem obersten Feldherrn in den Krieg gefolgt waren. Niemand setzte den amerikanischen Besatzungstruppen Widerstand entgegen. Hatte nicht Hirohito, dem seine Soldaten den Treueeid geschworen hatten, von seinen Untertanen verlangt, sich in das Unabwendbare zu fügen? Mit seiner Rundfunkansprache bewirkte der Kaiser, spottete später die Schriftstellerin Hisako Matsubara, «dass sich das japanische Volk aus einem zähnefletschenden Tiger in einen friedlich sich lausenden Affen verwandelte».

Am Neujahrstag 1946 entsagte Hirohito formell seiner Göttlichkeit. Zwanzig Jahre nach seiner Thronbesteigung nannte er die Vorstellung vom Gottkaisertum eine Irrlehre. Gemäß der von der Besatzungsmacht entworfenen neuen Verfassung, die 1947 in Kraft trat, war der Kaiser nur noch das «Symbol des Staates und der Einheit des Volkes». Die Amerikaner verfügten die Trennung von Staat und Religion. Hirohito war nicht mehr der oberste Priester des Shinto, die alljährlichen Shinto-Zeremonien vollzog er von nun an als Privatmann.

Im Tokioter Kriegsverbrecherprozess der Alliierten, in dem sieben Beschuldigte zum Tode verurteilt wurden, blieb Hirohito von einer Anklage verschont. Obwohl der amerikanische Chefankläger Joseph D. Keenan später sagte: «Rein juristisch hätte Kaiser Hirohito unter Anklage gestellt werden können, denn nach der japanischen Verfassung hatte er die Macht, Kriege zu erklären und zu beenden. Wir hätten ihn verurteilen können.»

Genau dies wollte die Regierung in Washington nicht. Der Tenno galt ihr als Garant politischer Stabilität. Der Sieger war klug genug, dem Besiegten die schlimmste Demütigung zu ersparen. Das Kalkül der Amerikaner ging auf. Die Japaner nahmen die von der Besatzungsmacht verordneten Reformen hin. Doch hinter der demokratischen Fassade vollzog sich rasch die Restauration.

Schon 1957 wählte das Parlament Nobusuke Kishi zum Premierminister, den die Amerikaner 1945 wegen seiner Rolle als Industrie- und Rüstungsminister im Kriegskabinett von General Tojo für drei Jahre ins Gefängnis gesteckt hatten. Heimlich wurden 1978 die Namen der sieben hingerichteten Hauptkriegsverbrecher in die Seelentafeln des Yasukuni-Schreins im Herzen Tokios eingetragen. Trotz aller Proteste aus den Nachbarstaaten begannen Japans Ministerpräsidenten zum Yasukuni-Schrein zu pilgern, um den Toten des Krieges die Ehre zu erweisen.[1]

Erster in der Riege der Yasukuni-Pilger war 1985 der Erznationalist Yasuhiro Nakasone. Er hatte 1982 für die seit 1955 regierende Liberaldemokratische Partei (LDP) die Wahlen gewonnen. Mit 28 Jahren war der ehemalige Marineleutnant erstmals ins Unterhaus gewählt worden, dem er bis ins hohe Alter angehörte. Stets trug er in den ersten Jahren eine schwarze Krawatte, Zeichen seines ungebrochenen Patriotismus: «Jeden Japaner sollte die Niederlage der Nation mit Trauer erfüllen.» Der junge Abgeordnete sandte 1951 eine Petition an General

Douglas MacArthur, den Chef der amerikanischen Militärverwaltung, in der er den Abzug der Besatzungstruppen aus Japan forderte. MacArthur soll zwei Seiten gelesen und das Schreiben dann verärgert zerrissen haben.

Nakasone gehörte zum rechten Flügel der LDP, der einen Schlussstrich unter die Vergangenheit ziehen und Japan wieder zu einem «normalen» Land machen wollte. Dort, am rechten Rand, war auch Shinzo Abe beheimatet. Als Premierminister führte er gut zwei Jahrzehnte nach Nakasone dessen Politik weiter. Abes wichtigstes politisches Ziel war die Änderung der pazifistischen Nachkriegsverfassung mit dem berühmten Artikel 9, nach dem Japan «auf immer dem Krieg als einem souveränen Recht der Nation» entsagt. Es gelang Abe aber lediglich, die Verfassung neu zu «interpretieren». Das Volk blieb in seiner großen Mehrheit pazifistisch gesinnt. Es hatte, darin den Deutschen nicht unähnlich, radikal mit seiner militaristischen Vergangenheit gebrochen.

Verbissen stürzten sich die Japaner nach dem Krieg in den Wiederaufbau. Auch sie schufen ein Wirtschaftswunder, überfluteten die globalen Märkte mit Fotoapparaten, Transistorradios und Autos. Ihr Erfolg lehrte die Welt das Staunen und das Fürchten. «Bald werden sie die Ersten sein» hieß der dramatische Titel eines 1970 erschienenen Buches des amerikanischen Zukunftsforschers Herman Kahn. Japan wuchs zur zweitgrößten Volkswirtschaft nach den Vereinigten Staaten heran. Und fühlte sich dem Westen plötzlich sehr überlegen. Fehlte es Europa nicht an Ehrgeiz und Kraft? Befand sich Amerika nicht im Niedergang? 1990 waren die zehn größten Banken der Welt in Japan zu Hause. Das führende amerikanische Finanzhaus, die New Yorker Citicorp, schaffte es auf Platz 12, die Deutsche Bank auf Rang 22.

Viele Amerikaner sorgten sich, von der Exportoffensive und der Finanzkraft Japans erdrückt zu werden. Umfragen zeigten, dass sich mehr US-Bürger vor der wirtschaftlichen Macht Japans fürchteten als vor der militärischen Kraft der Sowjetunion. Japan war zur weltweit größten Gläubigernation geworden. Im Handel mit den Vereinigten Staaten erzielten die Japaner jährlich einen Überschuss von mehr als 50 Milliarden Dollar. Woche für Woche floss aus Amerika rund 1 Milliarde Dollar auf japanische Konten. Da die Japaner dieses Geld mit Vorliebe in amerikanische Firmen und Immobilien investierten, wuchs jenseits des Pazifiks die Sorge vor dem Ausverkauf. Der Erwerb der Filmgesellschaft Columbia Pictures durch den Elektronikkonzern Sony und des Rockefeller Centers in New York durch Mitsubishi löste 1989 einen Schock aus. Das Wort vom «zweiten Pearl Harbor» machte die Runde. In Tokio schossen die Aktienkurse und die Immobilienpreise in wahnwitzige Höhen. Der Grundstückswert des Kaiserpalastes im Herzen der Hauptstadt, hieß es, liege über dem von ganz Kalifornien.[2]

Dann platzte mit dem Ende des Kalten Krieges die Spekulationsblase. Die Aktienkurse stürzten ab, Bürohäuser fanden keine Käufer, Angestellte verloren ihre Jobs. Japans bleierne Zeit begann. Sie sollte zwanzig Jahre dauern. Und was eben noch als Grund für den rasanten Aufstieg der Japan AG genannt wurde – das «Eiserne Dreieck» von Politik, Wirtschaft und Bürokratie –, sollte nun deren Versagen erklären. Die enge Verflechtung hatte zu ausufernder Korruption geführt. Die LDP war alt und zahnlos geworden. Das Postengeschacher der Politiker in den Geisha-Restaurants an der Ginza, die Spendenaffären, die Deals mit der Bauindustrie um sinnlose Großprojekte – all dies stieß die Bürger mehr und mehr ab. Die Dauerregierenden hatten abgewirtschaftet.

Die Unterhauswahlen 1993 brachten den ersten Regierungswechsel nach 38 Jahren. Eine Koalition aus acht bisherigen Oppositionsparteien unter Ministerpräsident Morihiro Hosokawa übernahm die Macht. Der Spross eines alten Adelsgeschlechts und Hoffnungsträger der jüngeren Wähler konnte sich nur neun Monate im Amt halten, dann zwang ihn ein Spendenskandal zum Rücktritt. Immerhin, es war Hosokawa, der sich als erster Premier aufrichtig bei den Nachbarvölkern für die Verbrechen der kaiserlichen Armee im Zweiten Weltkrieg entschuldigte, dafür, «dass vergangenes japanisches Handeln schließlich Aggression und Kolonialherrschaft, unerträgliches Leid über so viele Menschen gebracht hat».

Von April 1994 an regierte wieder die LDP. Es sollte weitere 15 Jahre dauern, bis die neu gegründete Demokratische Partei Japans (DPJ) sie ablöste. Aber auch die DPJ, die mit weitreichenden Reformplänen angetreten war, konnte die in sie gesetzten Erwartungen nicht erfüllen. Im Gegenteil, sie scheiterte auf ganzer Linie. Die Hoffnung vieler Japaner, es möge sich ein Zweiparteiensystem etablieren mit dem für eine funktionierende Demokratie wünschenswerten regelmäßigen Regierungswechsel, erfüllte sich nicht. In die Regierungszeit der DPJ (2009–2012) fiel die «Dreifach-Katastrophe» des Erdbebens, des Tsunamis und der Reaktorkatastrophe von Fukushima am 11. März 2011.

Groß war das Vertrauen der Japaner in ihre Politiker nie gewesen. Aber angesichts des Regierungsversagens vor der Herausforderung von Fukushima schlug bei vielen die Skepsis in offene Verachtung um. Eine tiefe Verunsicherung ergriff das Land, das lange schon an sich zweifelte. Das sich wirtschaftlich zwar allmählich erholte, politisch aber wie gelähmt war. Das die Kraft, die es Anfang der neunziger Jahre verloren hatte, nicht zurückzugewinnen vermochte. Ohnmächtig hatten die Japaner dabei zugesehen, wie der Nachbar China wirtschaftlich stärker und stärker wurde, bis er sie als zweitgrößte Volkswirtschaft überholte. Die Stimme Japans in der Welt dagegen wurde zunehmend schwächer und war schließlich fast nicht mehr zu vernehmen. Auf das «Japan bashing» der achtziger Jahre war ein «Japan passing» gefolgt – der Absturz in die zweite Reihe. Die Weltpolitik begann an Japan vorüberzugehen. Dem Land drohe ein «Galapagos-Schicksal», spottete ein Hedgefonds-Manager in Tokio: «Inseln, die die Zeit vergessen hat.»

Je länger die Phase der Stagnation andauerte, umso deutlicher zeigten sich die gesellschaftlichen Folgen. Das alte Ideal von der lebenslangen Anstellung in derselben Firma, die wie eine Familie für ihre Mitarbeiter sorgt, galt nicht mehr. Jüngere Japaner mussten sich mit Zeitverträgen zufriedengeben. Der Mythos von der allumfassenden Mittelklasse begann zu verblassen. Und mit dem Abschied vom Bild einer Gesellschaft der Gleichen verlor auch die Opferbereitschaft der Nachkriegsgeneration ihre Selbstverständlichkeit. Die Jungen endeckten, dass es im Leben noch anderes gab als die Arbeit; und die Alten blickten befremdet auf den Hedonismus der nachwachsenden Generationen.

Außenpolitik interessierte diese jungen Japaner nicht besonders.

Dabei wuchsen mit dem Aufstieg Chinas in den Vereinigten Staaten die Erwartungen an den immer noch engsten Verbündeten in Asien. Und auch in Japan selbst nahm die Diskussion über die Rolle des Landes in der Welt zu. Konservative Politiker wie Premierminister Yasuhiro Nakasone hatten schon früh für höhere Verteidigungsausgaben und eine aktivere Sicherheitspolitik plädiert. Nakasone nannte Japan «eine Art unsinkbaren Flugzeugträger» und sprach von einer «Schicksalsgemeinschaft» mit den USA.

Einer der wichtigsten außenpolitischen Vordenker war Ichiro Ozawa, der als «Schatten-Shogun» in der LDP die Strippen zog, bis er sich mit seiner Partei überwarf und eine Schlüsselrolle beim Regierungswechsel 1993 spielte. In seinem Buch «Blueprint for a New Japan» forderte er von der japanischen Politik mehr Führungskraft und die Bereitschaft, international größere Verantwortung zu übernehmen.

Behutsam, Schritt für Schritt, wagte sich Japan hinaus in die Welt. 1991 beteiligte sich das Land an der Suche nach Seeminen im Persischen Golf. Es folgten Blauhelmeinsätze in Kambodscha und Osttimor. Dann kam der 11. September 2001, und Premierminister Junichiro Koizumi beschloss, Amerikas Krieg gegen den internationalen Terrorismus vorbehaltlos zu unterstützen. Japan schickte Versorgungsschiffe in den Indischen Ozean, um den Amerikanern in Afghanistan zu helfen, und entsandte ein Kontingent von Bausoldaten in den Irak.

War Japan auf dem Weg, endlich ein «normales» Land zu werden, wie es konservative Politiker schon lange gefordert hatten? Aus den «Selbstverteidigungskräften» war jedenfalls längst eine hochmoderne Armee geworden. Nur an der pazifistischen Verfassung hatte sich nichts geändert. Die Nationalkonservativen in der LDP wollten dies nicht länger hinnehmen. Shinzo Abe, der künftige Premier, machte die Revision der Verfassung zu seiner persönlichen Mission. Er wollte ein Japan, das die Nachkriegszeit hinter sich ließ. Nicht zuletzt, weil er sich seinem Großvater Nobusuke Kishi, Premierminister von 1957 bis 1960, verpflichtet fühlte. Die Revision der Verfassung, die Kishi nicht gelungen war, wollte der Enkel ein halbes Jahrhundert später durchsetzen.

Shinzo Abes erste Amtszeit als Regierungschef (2006 bis 2007) endete wegen einer schweren Erkrankung schon nach einem Jahr. Doch Abe gelang ein politisches Comeback. Im Jahr 2012 kehrte er an die Macht zurück und blieb bis 2020, wurde damit zum am längsten amtierenden Premierminister Japans. Mit ihm verbunden blieb die Wiederbelebung der Wirtschaft durch eine lockere Geld- und Fiskalpolitik («Abenomics»). Was ihn aber wirklich umtrieb, war der Schwur, den er 2012 am Grab des Großvaters Kishi abgelegt hatte, nämlich Japans «wahre Unabhängigkeit» wiederherzustellen.

Abe modernisierte die Streitkräfte und erhöhte den Verteidigungsetat. Mit seinen Militärausgaben steht Japan weltweit inzwischen an achter Stelle, gleich hinter Frankreich und Deutschland. 2013 schuf Abe einen Nationalen Sicherheitsrat nach amerikanischem Vorbild und legte erstmals eine Nationale Sicherheitsstrategie vor. Japans Soldaten sollten sich nicht länger verstecken müssen. Also nahm der Premier Militärparaden ab, stieg auf Panzer und besuchte abgelegene Marine- und Luftwaffenstützpunkte. Für die angestrebte Verfassungsänderung aber hätte er in beiden Häusern des Parlaments eine Mehrheit gebraucht – und hätte danach noch ein Referendum gewinnen müssen. Diese politische Mehrheit gab es im Lande nicht.

Was Abe im Parlament durchsetzen konnte, war eine «Neuinterpretation» der Verfassung. Damit billigte sich Japan 2015 das Recht auf kollektive Selbstverteidigung zu. Die Armee sollte bedrängten Partnern zu Hilfe kommen dürfen. Auslandsmissionen, auch regelrechte Kampfeinsätze, waren nun erlaubt. Artikel 9 blieb dem Wortlaut nach zwar erhalten, aber die pazifistische Lauterkeit der Nachkriegsjahre war einer robusteren Sicherheitspolitik gewichen.[3]

Dem großen Verbündeten Amerika konnte das nur recht sein. Washington hatte sich immer schon einen Alliierten mit größerer Wehrbereitschaft gewünscht. «Japan ist Amerikas wichtigster Verbündeter in der für Amerikas Zukunft wichtigsten Region der Welt», schreibt Ryan Hass, ehemals China-Berater von Präsident Barack Obama. «Amerikas Asienstrategie ruht auf dem Fundament einer starken amerikanisch-japanischen Allianz. Für Washington führt der Weg nach Ostasien durch Tokio. Es gibt keine Alternative.»[4] Ein US-Präsident allerdings nahm nicht viel Rücksicht auf die Bedeutung dieser Bezie-

Japans Premierminister Shinzo Abe nimmt eine Militärparade der Japanese Self Defense Forces (JSDF) in Asaka ab, 14. Oktober 2018.

hung. Donald Trump verlangte nachdrücklich einen höheren japanischen Verteidigungsbeitrag. Sein Nachfolger Joe Biden sah das ähnlich, aber er drohte den Japanern nicht, er warb um sie. Sein erster Besucher im Weißen Haus kam nicht aus London, Paris oder Berlin, sondern aus Tokio. Es war Yoshihide Suga, der im Herbst 2020 auf den wieder erkrankten Shinzo Abe gefolgt war. Und auch die erste gemeinsame Auslandsreise des Außen- und des Verteidigungsministers von Joe Biden ging im März 2021 nach Tokio. Japan, schrieb die in Neu-Delhi erscheinende Zeitung *The Statesman*, entwickele sich zum «Dreh- und Angelpunkt in der Asienstrategie der Regierung Biden».[5]

Das Land war zur Freude der Amerikaner zu einem unerwartet aktiven Partner geworden, von dem eigene Impulse ausgingen. «Zum ersten Mal in seiner Geschichte spielt Japan eine gleichrangige, wenn nicht sogar führende Rolle in der Allianz», urteilten die beiden amerikanischen Strategieexperten Richard Armitage und Joseph Nye in einem Bericht für das Center for Strategic and International Studies (CSIS) in Washington.[6]

Einer dieser Impulse war die Rede Shinzo Abes vor dem indischen Parlament 2007 gewesen, in der er erstmals die Idee einer gemeinsamen Indopazifik-Politik entwickelt hatte. Es war jene Rede, in der er vor den Abgeordneten von einem «Zusammenfließen der beiden Meere», des Indischen und des Pazifischen Ozeans, gesprochen hatte. Damit gab er den Anstoß für den Sicherheitsdialog zwischen Japan, Indien, Australien und den Vereinigten Staaten («Quadrilateral Security Dialogue» – Quad). Peking sah darin sofort und nicht ganz zu Unrecht eine «Anti-China-Allianz», auch wenn es sich um einen eher lockeren Verbund von vier Staaten mit durchaus unterschiedlichen Interessen handelte.[7]

Viel der «gedanklichen Vorarbeit» für die gemeinsame Sicherheitspolitik komme inzwischen aus Tokio, lobten die CSIS-Strategen. Nirgendwo zeigte sich dies klarer als im Konflikt um Taiwan. Das belegt ein Satz aus dem Kommuniqué, das beim Gipfeltreffen zwischen US-Präsident Biden und Premier Suga im April 2021 veröffentlicht wurde. Der Satz liest sich auf den ersten Blick harmlos: «Wir unterstreichen die Bedeutung, die Frieden und Stabilität in der Straße von Taiwan haben.» Und doch hat er es in sich. Denn zuletzt war das Wort Taiwan in einer japanisch-amerikanischen Gipfelerklärung vor mehr als fünfzig Jahren aufgetaucht, im November 1969, als sich Premier Eisaku Sato mit US-Präsident Richard Nixon traf. Nixon reiste 1972 zu seinem historischen Besuch nach China. Japan wurde damals von der Kehrtwende der amerikanischen Politik überrumpelt, der «Nixon-Schock» saß tief in Tokio. Doch die Regierung passte sich den neuen Realitäten rasch an. Noch im selben Jahr brach Japan seine diplomatischen Beziehungen zu Taiwan ab und erkannte die Machthaber in Peking als rechtmäßige Regierung ganz Chinas an.

Wenn Taiwan ein halbes Jahrhundert später wieder in offiziellen Dokumenten auftaucht, zeigt dies, wie groß in Washington und Tokio die Sorge ist, China könnte mit militärischer Gewalt nach der Insel greifen. «In einem solchen Fall müssen Japan und die Vereinigten Staaten zusammen Taiwan verteidigen», sagte Tokios stellvertretender Regierungschef und Finanzminister Taro Aso im Juli 2021. Aso gilt als erzkonservativer Hardliner, der manchmal die Folgen seiner Worte nicht bedenkt. Diesmal aber bewegte er sich im Einklang mit der Regierungspolitik. Das im selben Monat veröffentlichte Verteidigungs-Weißbuch der japanischen Regierung enthielt zum ersten Mal einen Abschnitt zu Taiwan und warnte vor wachsenden militärischen Spannungen. Und Shinzo Abe, inzwischen Ex-Regierungschef, forderte einen trilateralen Sicherheitsdialog zwischen Japan, Taiwan und den USA: «Ein Notfall für Taiwan ist ein Notfall für Japan. Dann ist es auch ein Notfall für das amerikanisch-japanische Bündnis.»

Es blieb nicht bei besorgten Worten. Japaner und Amerikaner begannen, sich auf einen Konflikt zwischen China und Taiwan vorzubereiten. Am 1. Juli 2021 berichtete die *Financial Times* auf ihrer Seite 1 von gemeinsamen Kriegsspielen und Militärübungen. So hätten die Seestreitkräfte der beiden Länder Manöver im Südchinesischen und im Ostchinesischen Meer abgehalten.[8] Verteidigungsminister Nobuo Kishi, der jüngere Bruder von Ex-Premier Abe, rief die internationale Gemeinschaft auf, dem «Überleben Taiwans» mehr Aufmerksamkeit zu schenken.

Das alles waren neue Töne aus Tokio. Aber würde es die Verfassung – trotz «Neuinterpretation» – Japan überhaupt erlauben, in einen militärischen Konflikt um Taiwan einzugreifen? Wenn die Regierung mit einer Bedrohung der Sicherheit Japans argumentieren könnte, hätte sie das Recht wohl auf ihrer Seite. Ohnehin wäre es für Japan fast unmöglich, sich aus einem Krieg um Taiwan herauszuhalten, sollten sich die USA entschließen, die Insel zu verteidigen. Die amerikanischen Truppen würden auch von ihren Stützpunkten in Japan aus operieren, auf denen 54 000 US-Soldaten stationiert sind, mehr als irgendwo sonst in Asien. In Yokosuka südlich von Tokio hat die 7. US-Flotte ihr Hauptquartier. Als «unsinkbarer Flugzeugträger» der Amerikaner könnte Japan rasch in einen Krieg hineingezogen werden, auch gegen den eigenen Willen. Aber in Tokio scheint die Bereitschaft zu wachsen, bei einem chinesischen Angriff auf Taiwan aktiv in die Kampfhandlungen einzugreifen. Vor nicht allzu langer Zeit wäre eine solche Haltung undenkbar gewesen.

Die Allianz mit Amerika war bis dahin immer eine recht einseitige Angelegenheit. So ließ sich Japans Regierung ein ums andere Mal amerikanischen Schutz für die Senkaku-Inseln zusichern, einen winzigen Archipel im Ostchinesischen Meer, 1900 Kilometer von Tokio entfernt, unbewohnt, aber nicht zuletzt wegen seiner Nähe zu Taiwan von größter strategischer Bedeutung. Seit 1895 sind die Senkakus in japanischer Hand. Aber auch China, das die Inseln Diaoyu nennt, erhebt Anspruch auf sie. Die Chinesen legten Dokumente vor, wonach die Inseln schon in der Ming-Dynastie (1368 bis 1644) chinesisches Territorium waren. Die japanische Seite dagegen behauptet, sie seien Ende des 19. Jahrhunderts «Niemandsland» gewesen. Seit über einem Jahrhundert köchelt der Streit auf kleiner Flamme, von der Welt nicht zur Kenntnis genommen, von Japanern und Chinesen aber mit schnell entflammbarer Leidenschaft verfolgt.

So auch im Jahr 2012. Es ist der 9. September. Im russischen Wladiwostok treffen sich beim Wirtschaftsgipfel der Pazifik-Anrainerstaaten Chinas Staatschef Hu Jintao und Japans Premier Yoshihiko Noda. Die Begegnung wird keine zehn Minuten dauern. Die beiden nehmen nicht einmal Platz. Der Ton ist kalt, die Atmosphäre angespannt. Tun Sie es nicht!, warnt der Chinese den Japaner. Dann wendet Hu sich ab. Zwei Tage später tut Noda es doch. Er nationalisiert drei der Senkaku-Inseln; er kauft sie einem japanischen Geschäftsmann ab, dessen Familie die Inseln gehören.

Die Antwort kommt prompt. Überall in China ziehen Demonstranten durch die Städte. Auf Transparenten fordern sie die Rückgabe der Inseln: «Boykottiert japanische Waren, eröffnet das Feuer!» – «Erklärt Japan den Krieg!» Japaner werden auf offener Straße verprügelt. Sushi-Restaurants und japanische Geschäfte schließen. Chinesische Kriegsschiffe, die von Übungen im Pazifik zurückkommen, ändern ihre Route und fahren demonstrativ dicht an den Senkaku-Inseln vorbei.

Warum die Nationalisierung? Tokios damaliger Gouverneur, der stockkonservative Shintaro Ishihara, hatte beschlossen, die Inseln zu kaufen. Das notwendige Geld sammelte er in nationalistisch gesinnten Kreisen. Die eigene Regierung sah darin eine unnötige Provokation Chinas. Sie wünschte Ruhe im Ostchinesischen Meer. Was tun? Den Verkauf an Ishihara verbieten? Das, meinten Juristen der Regierung, erlaubten Japans Gesetze nicht. Stattdessen beschloss die Regierung, die Inseln selbst zu erwerben, um sie dann weiter vor sich hinschlummern zu lassen. «Die Verstaatlichung, ob gut gemeint oder nicht, verändert den Status der Inseln», erklärte in Tokio ein Diplomat im Gespräch. «Es ist eine Konfrontation, wie wir sie noch nicht erlebt haben. Es geht um Chinas und Japans Machtstellung. Ein Hegemonialstreit hat begonnen.» Der Kauf der Inseln habe die stillschweigende Übereinkunft aufgehoben, den Status der Inseln in der Schwebe zu lassen. So hatten es Peking und Tokio jahrzehntelang gehalten: Lasst uns nicht an ein Problem rühren, für das wir keine Lösung finden. Bis in beiden Ländern ein neu geschürter Nationalismus hochkochte.

Im Notfall haben wir die Amerikaner, sagte sich die japanische Regierung. Die USA wollten im Streit um die Inseln eigentlich neutral bleiben; sie versuchten, zwischen Tokio und Peking zu vermitteln. Zugleich jedoch sicherten sie Vertragstreue zu. Präsident Barack Obama persönlich stellte klar: Im Konfliktfall gilt Artikel 5 des japanisch-amerikanischen Sicherheitsvertrags, und der schützt auch die Senkakus.[9] So halten es die US-Regierungen bis heute.

Aus amerikanischer Sicht wäre das Verhältnis zu Tokio noch ungetrübter, könnte aus dem Zweierbund eine Dreierbeziehung zwischen den USA, Japan und Südkorea werden. Aber das scheitert an den nicht überwundenen historischen Belastungen zwischen den beiden Nachbarländern. Japan hat als Kolonialmacht zwischen 1910 und 1945 in Korea brutal geherrscht. Vor allem die Untaten der kaiserlichen Armee sind bis heute nicht vergessen. Immer wieder entzündet sich bitterer Streit am Schicksal der sogenannten «Trostfrauen», jungen Koreanerinnen, die während des Zweiten Weltkrieges zu Sexdiensten an japanischen Soldaten gezwungen wurden. Die allermeisten dieser Frauen sind längst gestorben. Erst im Dezember 2015 verständigten sich die Regierungen in Seoul und Tokio auf die Gründung einer privaten Stiftung, um die noch lebenden Opfer finanziell zu entschädigen. Japan zahlte eine Milliarde Yen (rund acht Millionen Euro) in die Stiftung ein. Die Nachfolgeregierung in Seoul unter dem liberalen Präsidenten Moon Jae-in kündigte die Stiftung jedoch 2018 auf. Ein südkoreanisches Gericht forderte daraufhin zusätzliche Zahlungen an die einstigen Zwangsprostituierten in Höhe von jeweils umgerechnet 75 000 Euro. Dazu war Japan nicht bereit.

Streit gab es auch über Entschädigungszahlungen für ehemalige koreanische Zwangsarbeiter. Der Oberste Gerichtshof in Seoul verurteilte 2018 japanische Unternehmen zu Zahlungen an die Zwangsarbeiter. Die Regierung von Moon Jae-in begrüßte die Urteile ausdrücklich, sehr zum Zorn der japanischen Regierung. Aus deren Sicht waren alle Ansprüche der Zwangsarbeiter durch den Grundlagenvertrag abgegolten, den beide Länder 1965 geschlossen hatten. Damals zahlte Japan an Südkorea Wiederaufbauhilfe in Höhe von 300 Millionen Dollar und bewilligte vergünstigte Kredite in Höhe von weiteren 200 Millionen Dollar.[10]

Mit mäßigem Erfolg bemühte sich die amerikanische Regierung um eine Entspannung im Verhältnis ihrer beiden wichtigsten ostasiatischen Alliierten. Obwohl sich beide Staaten durch den Aufstieg Chinas und durch die Atomwaffen Nordkoreas bedroht sehen, finden sie nicht zu der von den USA gewünschten engeren militärischen Zusammenarbeit. Nur mit Mühe konnte Seoul 2019 davon abgehalten werden, ein Geheimdienstabkommen mit Japan aufzukündigen, um das sich die Amerikaner jahrelang bemüht hatten. Es bleibt ein vergiftetes, von Misstrauen und gegenseitiger Abneigung geprägtes Verhältnis. Politiker und Diplomaten beider Länder beharken sich im kleinlichen Streit um die Zugehörigkeit einer winzigen Inselgruppe, die Japan unter dem Namen Takeshima für sich beansprucht, die aber seit 1953 von Südkorea verwaltet wird und dort Dokdo heißt. Selbst der Name des Meeres zwischen beiden Ländern ist umstritten: Die Japaner sprechen vom Japanischen Meer, die Südkoreaner vom Ostmeer. Erscheint in einer ausländischen Zeitung eine Karte mit dem vermeintlich falschen Namen, protestieren die Botschaften beider Staaten und schreiben der Redaktion zornige Briefe.

Ganz anders entwickelten sich Japans Beziehungen zu einem anderen wichtigen Verbündeten Amerikas in der Region, zu Australien. Geografisch, kulturell und politisch sind beide Länder weit voneinander entfernt. Aber aus Fremden wurden über die Jahre Freunde. Sicherheitspolitisch hat sich die Zusammenarbeit intensiviert. Der Grund dafür ist wiederum das Übergewicht Chinas, dem man sich gemeinsam entgegenzustemmen sucht. Zunächst in Canberra, dann in Tokio definierten die Regierungen den «Indopazifik» als den für sie entscheidenden geostrategischem Raum. Beide benutzten als Erste die Formel vom «Freien und Offenen Indopazifik» (Free and Open Indo-Pacific, FOIP), bevor der Begriff dann auch in Washington und Delhi in offiziellen Dokumenten zu lesen war.[11]

Der von Shinzo Abe 2007 angestoßene vierseitige Sicherheitsdialog «Quad» nahm zehn Jahre später Fahrt auf, nachdem Australien 2008 zunächst aus den Gesprächen ausgestiegen war. Japan unterstützte ausdrücklich die Lieferung nukleargetriebener U-Boote aus den USA und Großbritannien an Australien und die damit 2021 begründete militärisch-technologische Partnerschaft «Aukus». Allmählich änderte und verfeinerte sich die Sicherheitsarchitektur im Indopazifik. Neben das bisherige Modell, bekannt als «hub and spokes» (Nabe und Speichen), in dessen Zentrum die Vereinigten Staaten mit ihren jeweiligen bilateralen Bündnissen standen, traten nun Kooperationen unter diesen Bündnispartnern. So auch zwischen Japan und Australien.

Im Januar 2022 unterschrieben die Regierungen in Tokio und Canberra ein Abkommen, das Truppen beider Länder den Zugang zum Territorium des Partners erlaubte, etwa für gemeinsame Manöver. Dieses «Reciprocal Access Agreement» (RAA) war ein weiterer Schritt auf dem Weg Japans zu einer kollektiven Verteidigung. Was mit Südkorea nicht funktionierte, mit Australien klappte es reibungslos. Japans Premier Fumio Kishida sprach von einem «Durchbruch», sein australischer Amtskollege Scott Morrison nannte Japan «unseren engsten Partner in Asien», als die beiden Regierungschefs den Vertrag in einer Video-Zeremonie unterzeichneten.[12] Kishida kommt aus einer Fraktion in der Regierungspartei, die traditionell als moderat gilt. Aber schon in ihrem Wahlprogramm für die Unterhauswahlen 2021 versprach die LDP eine Verdopplung der Verteidigungsausgaben. Ihr Kandidat Kishida verabschiedete sich damit von der langjährigen Politik, den Militäretat unter 1 Prozent des Bruttoinlandsprodukts zu halten.

Neben China gab es für Japan stets noch einen zweiten Gegner, der während des Kalten Krieges sogar als die weit größere Bedrohung galt: die Sowjetunion. Nach deren Zerfall hatten sich Japans Beziehungen zu Russland erwärmt. Vor allem Shinzo Abe warb in nicht weniger als 27 Begegnungen mit Wladimir Putin um ein gutes Verhältnis zum nördlichen Nachbarn. Abe wollte endlich eine weitere Hinterlassenschaft des Zweiten Weltkriegs beseitigen, den Streit um die vier Inseln der südlichen Kurilen, die bei den Japanern «nördliche Territorien» heißen. Für die Regierung in Tokio bleiben sie «rechtmäßiges Territorium Japans», das von Russland «illegal besetzt» ist. Über Jahrzehnte ging der Streit um eine Rückgabe, wenn nicht aller vier, so doch vielleicht von zwei Inseln. Stattdessen baute Russland seine Militärpräsenz auf den Kurilen aus. Wegen des Territorialkonflikts im Ochotskischen Meer haben Japan und Russland bis heute keinen Friedensvertrag miteinander geschlossen.

Alle Hoffnungen auf einen Ausgleich mit Moskau zerstoben mit dem Angriff Russlands auf die Ukraine am 24. Februar 2022. Gemeinsam mit den anderen G7-Staaten verhängte Japan strenge Wirtschafts- und Finanzsanktionen gegen den Aggressor. Beim Shangri-La-Dialog 2022, der großen Sicherheitskonferenz in Singapur, verurteilte Fumio Kishida den Krieg Putins scharf; dieser erschüttere das Fundament der internationalen Ordnung. Der japanische Premier nannte die Sicherheit Europas und Asiens unteilbar und warnte China vor einem Angriff auf Taiwan: «Die Ukraine von heute kann das Ostasien von morgen sein.» Seine Teilnahme am Nato-Gipfel in Madrid im Juni 2022 – zusammen mit den Regierungschefs von Südkorea, Australien und Neuseeland – war ein Signal an Peking und Moskau: Japan steht fest auf der Seite des Westens.

Dann geschah das Schreckliche: Am 8. Juli 2022 schoss bei einer Wahlkundgebung ein Attentäter mit einem selbstgebauten Gewehr auf Shinzo Abe und verletzte den früheren Ministerpräsidenten tödlich. Abe hatte in der alten Kaiserstadt Nara für einen LDP-Kandidaten geworben. Zwei Tage später wählte eine unter Schock stehende Nation ein neues Oberhaus. Die Liberaldemokraten gingen als klarer Sieger aus der Abstimmung hervor. Gemeinsam mit ihrem Koalitionspartner Komeito und zwei konservativen Oppositionsparteien verfügten sie nun in beiden Häusern des Parlaments über eine Zweidrittelmehrheit.

Was für eine grausige Ironie! Zeit seines Lebens hatte Shinzo Abe nach einer Verfassungsänderung gestrebt, wollte er endlich die Verteidigungspolitik seines Landes, wie er es sah, «normalisieren». Nun, da ihn ein verwirrter Attentäter ermordet hatte, schien die Möglichkeit einer historischen Zäsur näher zu rücken. Ein zutiefst bewegter Fumio Kishida erklärte am Tag nach dem Mord: «Ich habe die Verantwortung, die Ideen des früheren Premierministers Abe zu übernehmen.»

Der aus Hiroshima stammende Kishida galt in der Verteidigungspolitik lange als zurückhaltend. Seine Haltung änderte sich mit Putins Krieg gegen die Ukraine. Er kündigte an, die Verteidigungsfähigkeiten Japans innerhalb von fünf Jahren «fundamental zu verstärken» und den Militäretat «substantiell» zu erhöhen. Genau das geschah. Im Dezember 2022 legte Kishida eine neue Nationale Sicherheitsstrategie vor. Darin sagte die japanische Regierung eine Erhöhung des Verteidigungshaushalts auf 2 Prozent des Bruttoinlandsprodukts bis zum Jahr 2027 zu. Japan, argumentierte der Regierungschef, sehe sich dem «ernstesten und komplexesten Sicherheitsumfeld seit dem Zweiten Weltkrieg» gegenüber. Eine Aggression wie gegen die Ukraine könne auch im Indopazifik nicht ausgeschlossen werden.[13]

Kishida brach mit einem weiteren Tabu. Im Dezember 2022 kündigte er an, die Streitkräfte in die Lage zu versetzen, auf drohende Raketenangriffe mit einer «counterstrike capability» zu antworten. Solche Gegenschläge auf dem Territorium eines gegnerischen Landes galten bis dahin als unvereinbar mit Japans Verpflichtung zur ausschließlichen Selbstverteidigung und daher als politisch nicht durchsetzbar. Aber während früher Zehntausende auf den Straßen gegen Shinzo Abes Pläne demonstrierten, zeigten nun Umfragen, dass die Mehrheit der Bürger Kishidas Reformen unterstützte.[14]

Einen Monat später begab sich der Regierungschef auf eine «Tour der Schulterschlüsse» *(Süddeutsche Zeitung)* nach Frankreich, Italien, Großbritannien, Kanada und in die USA. In London und Washington unterzeichnete er neue militärische Vereinbarungen über die gegenseitige Stationierung von japanischen und britischen Truppen sowie über eine stärkere Integration der Kommandostrukturen mit den amerikanischen Streitkräften. Mit Emmanuel Macron verabredete er gemeinsame japanisch-französische Seemanöver im Ostchinesischen Meer.[15]

Eine Zeitenwende auch in Tokio. Für die meisten Japaner gab es keinen Grund, an ihren pazifistischen Grundüberzeugungen zu zweifeln; mit seiner Friedfertigkeit war das Land gut gefahren. Doch Wladimir Putins Überfall auf die Ukraine und Xi Jinpings Drohungen gegen Taiwan brachten auch bei ihnen jahrzehntealte Gewissheiten ins Wanken. Ähnlich wie in Berlin handelte die Regierung rasch und entschieden. Im Moment größter weltpolitischer Spannungen machte sich Japan auf den Weg, wieder ein ganz «normales» Land zu werden.

3. Australien – Bollwerk zwischen zwei Ozeanen

Der chinesischen Regierung reichte es nun mit den Australiern. Es hatte sich einfach zu viel aufgestaut in den Beziehungen zwischen beiden Ländern. «China ist wütend. Wenn ihr China zum Feind macht, wird China der Feind sein.» Mit diesen Worten übergab im November 2020 ein Vertreter der Botschaft Pekings in Canberra australischen Journalisten ein Papier, das vierzehn Beschwerden zu der Politik ihres Landes China gegenüber auflistete. Eigentlich richtete sich das Papier an Australiens Regierung, aber in seinem Zorn suchte Peking die Öffentlichkeit. Und für diese sorgten die zum Gespräch in die Botschaft eingeladenen Redakteure sogleich. Denn die vierzehn Punkte hatten es in sich.

China warf der Regierung des konservativen Premiers Scott Morrison vor, sich «auf die Seite der amerikanischen Anti-China-Kampagne» geschlagen zu haben. Australien gehöre zu den Anführern eines «Feldzugs gegen China in multilateralen Foren». Canberra «torpediere» Projekte, die einzelne australische Bundesstaaten im Rahmen der «Neuen Seidenstraße» mit chinesischen Partnern vereinbart hätten. In den Medien des Landes dominiere eine «unfreundliche und feindselige» Berichterstattung. Die Regierung finanziere Denkfabriken, die nichts anderes zu tun hätten, als die chinesische Politik zu kritisieren.

«Im Kern», kommentierte die *Washington Post* die Beschwerdeliste Pekings, «verlangt das Regime Xi Jinpings: Wolle Australien auch künftig seine Produkte nach China liefern, dann müsse seine Regierung nicht nur sich selbst zensieren, sondern auch die Medien und die Akademiker des Landes zum Schweigen bringen. Das Ziel, die Repression, die das Regime zuhause erzwingt, in alle anderen Länder zu exportieren, kann einem den Atem verschlagen.»[1] Und der Chinakenner Richard McGregor vom Lowy Institute für internationale Politik in Sydney schrieb: «Für einen Blick in die Zukunft, in eine Welt, die von China beherrscht wird, ist Australien ein guter Aussichtspunkt.»[2]

Tatsächlich kann man auf dem Fünften Kontinent den neuen Machtanspruch Chinas so gut studieren wie in kaum einem anderen Land. Über viele Jahre hinweg waren die Beziehungen zwischen beiden Ländern immer enger geworden. Nicht mehr die Schutzmacht Amerika war Australiens wichtigster Handelspartner, das war jetzt China. Rund 40 Prozent der australischen Exporte gingen dorthin: Eisenerz, Kohle, Erdgas, Agrarprodukte. Australien war von China abhängig geworden. Dafür erwartete Peking Wohlverhalten. Stattdessen, so nahm es die chinesische Führung wahr, machte Australien ständig nur Ärger.

Die Eiszeit in den Beziehungen zwischen Canberra und Peking begann, als die australische Regierung zum Jahresende 2017 ein Gesetzespaket auf den Weg brachte, mit dem sie politische Einflussnahme aus dem Ausland verhindern wollte. Spenden aus Übersee waren von nun an untersagt, Lobbyisten mit Verbindungen zu fremden Regierungen mussten sich registrieren lassen. Von China war in den Gesetzen nicht die Rede, aber niemand bestritt, dass sie auf die Volksrepublik und ihre Unterstützer zielten. Nach Erkenntnissen von Polizei und Geheimdiensten hatten sich die Fälle gehäuft, in denen chinesische Geschäftsleute mit Verbindungen zur Kommunistischen Partei versucht hatten, australische Politiker zu kaufen.

Aufsehen erregte der Fall des Senators Sam Dastyari von der Labor Partei. Er musste zurücktreten, als bekannt wurde, dass er von dem Milliardär und Baulöwen Huang Xiangmo eine hohe Zuwendung erhalten hatte, mit der er private Schulden beglich. Zum Dank hatte Dastyari die chinesischen Gebietsansprüche im Südchinesischen Meer rechtmäßig genannt. Damit stellte er sich nicht nur gegen die offizielle Position der konservativen Regierung, sondern auch gegen die Politik seiner eigenen Partei. Huang stand neben Dastyari, als dieser im Wahlkampf 2016 bei einer Kundgebung ausrief, China habe alles Recht, die Integrität seiner Grenzen zu schützen. Er sagte dies wenige Wochen bevor der Internationale Schiedshof in Den Haag über die Klage der Philippinen gegen Chinas Landnahme im Südchinesischen Meer entschied – und Manila auf ganzer Linie Recht gab.[3]

Sam Dastyari war nicht der einzige Politiker, der sich für Geld aus China empfänglich zeigte. Spenden flossen an beide politischen Lager. Die Stimmung heizte sich auf. Abgeordnete, die als chinafreundlich galten, wurden im Wahlkampf als «mandschurische Kandidaten» verunglimpft. Sind Sie eine Sprecherin der Kommunistischen Partei Chinas?, musste sich die konservative Abgeordnete Gladys Liu im Fernsehen fragen lassen.[4] In der vergifteten Atmosphäre wetterten die einen gegen den «langen Arm» Pekings, die anderen warnten vor Hysterie und McCarthyismus. Aus der Ferne donnerte die Pekinger *Volkszeitung* gegen Australiens «pathologische Obsession» in seinem Kampf gegen China. Das chinesische Außenministerium bestellte den australischen Botschafter ein.

Dabei war es unbestreitbar, dass China Einfluss zu nehmen versuchte – nicht nur auf Australiens Politiker, sondern auch auf Verbände und chinesischsprachige Medien. Nirgends aber war die Einmischung so offenkundig wie an Australiens Universitäten. Dort hatten sich mehr als 150 000 Studierende aus der Volksrepublik eingeschrieben. Auf dem Höhepunkt der Proteste in Hongkong 2019 gingen an den australischen Hochschulen Gruppen pro Peking und Gruppen pro Demokratie aufeinander los, es kam zu Schlägereien. Aus Sorge, chinesische Studentenvereinigungen seien von der Kommunistischen Partei infiltriert, Studierende und Professoren könnten eingeschüchtert werden, setzte die Regierung in Canberra eine Taskforce ein. Sie sollte «die Freiheit der Sprache auf dem Campus und der akademischen Sprache garantieren», erklärte Erziehungsminister Dan Tehan.[5]

Die Temperatur zwischen Canberra und Peking aber sank weiter. Als erstes Land schloss Australien den chinesischen Elektronikriesen Huawei vom Aufbau des superschnellen 5G-Mobilfunknetzes aus. Canberra stoppte die Übernahme australischer Unternehmen durch chinesische Investoren, vor allem in der kritischen Infrastruktur. Es verurteilte den Bau militärischer Einrichtungen im Südchinesischen Meer und ließ demonstrativ Kriegsschiffe durch das Seegebiet fahren. Als Reaktion auf das neue Nationale Sicherheitsgesetz in Hongkong setzte Australien sein Auslieferungsabkommen mit der chinesischen Sonderverwaltungszone aus. Als die Regierung Morrison dann noch im April 2020 eine unabhängige internationale Untersuchung des Ausbruchs der Corona-Pandemie in China verlangte, riss Peking der Geduldsfaden. Die Volksrepublik schlug zurück.

Sie erteilte Australien eine Lektion, die vorher bereits Länder wie Norwegen oder Südkorea lernen mussten: Wer sich mit dem großen China anlegt, dem geht es an den Kragen. Im Jahr 2019 hatte Australien nach China Güter im Wert von 87 Milliarden US-Dollar exportiert. Das entsprach gut einem Drittel aller australischen Ausfuhren, mehr als das Land nach Japan, Südkorea und in die Vereinigten Staaten zusammen verkaufte. Jetzt ließ Peking Australien seine Abhängigkeit spüren. Auf Wein wurden Strafzölle von bis zu 212 Prozent erhoben. Die Einfuhr von Rindfleisch, Gerste, Hummern, auch von Holz wurde eingeschränkt. Vor chinesischen Häfen dümpelten zeitweise 82 Frachter mit australischer Kohle an Bord, die nicht gelöscht werden durfte. Begründung: Es seien schärfere Inspektionen notwendig, um die Umwelt zu schützen. Nur das für Chinas Stahlproduktion unverzichtbare australische Eisenerz durfte im bisherigen Umfang weiter importiert werden.

Vor allem der Kohleboykott überraschte die Australier. Seit über zwei Jahrhunderten wird in ihrem Land Kohle gefördert. Der größte Abnehmer war allerdings schon vor dem Einfuhrstopp nicht China, sondern Japan. Indien folgte mit geringem Abstand auf Platz drei – ein Markt, der noch lange nicht gesättigt war. Jedenfalls schossen die australischen Kohleexporte nach Indien in die Höhe. Wie Australien überhaupt mit den chinesischen Strafmaßnahmen erstaunlich leicht zurechtkam. Gerste wurde nach Saudi-Arabien und Südostasien umgeleitet, Kupfer wurde nach Europa und Japan verkauft, Baumwolle nach Bangladesch und Vietnam. «Falls China vorhatte, Australien mit Gewalt zum Schweigen zu bringen, dann ist es auf spektakuläre Weise gescheitert», bilanzierte das US-Magazin *Foreign Policy*.[6]

Die Handelssanktionen verfehlten die beabsichtigte Wirkung, das Klima zwischen beiden Ländern verschlechterte sich weiter. Eine unrühmliche Rolle dabei spielte Zhao Lijian, einer der Sprecher des chinesischen Außenministeriums, ein Polemiker von Gnaden und damit, nicht nur in Peking, ein untypischer Diplomat. Per Tweet versandte Zhao im November 2020 eine Fotomontage, die einen australischen Soldaten zeigte, wie er mit einem blutverschmierten Messer einem afghanischen Mädchen die Kehle durchschneidet. Ministerpräsident Scott Morrison nannte den Tweet «abstoßend» und «zutiefst beleidigend» und verlangte von Chinas Regierung eine Entschuldigung.

Zhao Lijian erwiderte, entschuldigen müsse sich höchstens Canberra für Kriegsverbrechen australischer Soldaten in Afghanistan. Der Hintergrund: Angehörigen einer australischen Spezialeinheit wurde vorgeworfen, bei Einsätzen in Afghanistan insgesamt 39 Gefangene und Zivilisten ermordet zu haben. Zhao Lijian forderte von der australischen Regierung, die Täter zur Rechenschaft zu ziehen. Die Regierung in Canberra aber hatte bereits einen Sonderermittler eingesetzt. Ein 465 Seiten langer Untersuchungsbericht dokumentierte die Taten. Gegen 19 Soldaten wurden Ermittlungsverfahren eingeleitet.

Schlimmer konnte es zwischen Canberra und Peking nun kaum noch kommen. Ex-Premier Kevin Rudd sagte über die Beziehung: «Sie ist im Eimer. Und wenn der Eimer ein Untergeschoss hätte, dann wäre sie dort.»[7] Australiens Regierung verhinderte mehrere Übernahmeversuche chinesischer Firmen. Auch bestehende Kooperationen wurden in Frage gestellt. So kündigte Canberra eine Sicherheitsüberprüfung des Hafens von Darwin an. Im Jahr 2015 hatte das Unternehmen Landbridge aus der chinesischen Provinz Shandong den Hafen der nordaustralischen Stadt für 99 Jahre gepachtet und dem Bundesstaat Northern Territory dafür 343 Millionen US-Dollar gezahlt. In unmittelbarer Nähe von Australiens «Tor zu Asien» liegt eine US-Marinebasis mit 2500 Soldaten. Die Vereinbarung zur Truppenstationierung war 2011 mit Washington geschlossen worden. Die neue Nachbarschaft von amerikanischem Stützpunkt und Hafen mit chinesischem Pächter behagte US-Präsident Barack Obama nicht. «Beim nächsten Mal sagt uns bitte Bescheid», ließ er die Australier wissen.

Australien und Amerika sind enge Verbündete seit über hundert Jahren. Im Ersten und Zweiten Weltkrieg, in Korea und Vietnam, im Irak und in Afghanistan kämpften Truppen aus beiden Ländern gemeinsam. Ihre Allianz sei der «Goldstandard für Zusammenarbeit», schrieb Kurt Campbell, unter Barack Obama im State Department für Ostasien und den Pazifik zuständig, zugleich der intellektuelle Kopf hinter Obamas «pivot to Asia».[8]

Im November 2011 reiste der amerikanische Präsident nach Australien, um die Botschaft von der strategischen Neuausrichtung seiner Außenpolitik Richtung Asien persönlich zu überbringen. In der am schnellsten wachsenden Region der Welt sehe Amerika seine Zukunft, sagte Obama vor dem Parlament in Canberra. Sechzig Jahre nach Abschluss des Sicherheitsvertrages zwischen Australien, Neuseeland und den USA bekräftigte er den Willen Washingtons, zu seinen militärischen Verpflichtungen zu stehen. Auch wenn Amerika bei den Verteidigungsausgaben sparen wolle, so seien Asien und der Pazifik von den Kürzungen ausdrücklich ausgenommen.[9]

Es waren Jahre, in denen Australien seinen Platz in der Welt neu definierte und wie die Vereinigten Staaten begann, seine Außenpolitik neu auszurichten. Im Jahr 1973 hatte es Abschied genommen von seiner Politik des «White Australia», unter der sich das Land gegen Einwanderer aus Asien und von den Pazifischen Inseln abgeschottet hatte. Australien wollte sich von seiner Festungsmentalität als europäischer Außenposten am anderen Ende der Welt befreien, wollte anerkennen, dass sein Platz in Asien war. Es sollte ein Ende haben mit der Diskriminierung – auch gegenüber den Aborigines, den indigenen Völkern im eigenen Land. Australien bekannte sich zum Multikulturalismus, am alltäglichen Rassismus allerdings änderte sich wenig. Vor allem die australische Flüchtlingspolitik – insbesondere die Internierung von Asylsuchenden auf der Pazifikinsel Nauru – bleibt ein Skandal.

Im Jahr 2012 legte die Labor-Regierung von Julia Gillard ein Weißbuch «Australien im asiatischen Jahrhundert» vor. Ähnlich wie die Obama-Administration reagierte man in Canberra damit auf den Wiederaufstieg Chinas und die davon erhofften wirtschaftlichen Verheißungen: Das asiatische Jahrhundert sei Australiens große Chance, man lebe am richtigen Ort zur richtigen Zeit. An die Stelle der «Tyrannei der Distanz» zu den alten Partnern in Europa und Amerika sei das «Versprechen der Nähe» getreten. Es waren Jahre des Optimismus, auf die rasch Ernüchterung folgen sollte.

Denn China erwies sich nicht nur als das Land der wirtschaftlichen Möglichkeiten, sondern auch der sicherheitspolitischen Herausforderungen. Diese Einsicht spiegelte sich in einem Weißbuch zur Außenpolitik wider, das die konservative Regierung von Premierminister Malcolm Turnbull 2017 vorlegte. Das Papier schlug einen gänzlich anderen Ton an als das Weißbuch fünf Jahre zuvor. Es warnte vor den Territorialansprüchen Chinas, forderte größere militärische Anstrengungen Australiens und bekannte sich zum engen Bündnis mit den Vereinigten Staaten.

Aber wie verlässlich war der alte Verbündete noch? In Washington regierte damals Obamas Nachfolger Donald Trump und unterwarf die Politik seines Landes der Doktrin des «America First». Hugh White, emeritierter Professor für strategische Studien an der Australian National University, warnte davor, sich zu sehr auf die USA zu stützen. Amerika werde sich aus seinen weltweiten Verpflichtungen zurückziehen. Seine Position in Asien werde schwächer werden, die Chinas dagegen stärker.[10]

Welche Haltung sollte Australien einnehmen in der sich ständig verschärfenden Rivalität zwischen China und den Vereinigten Staaten? Lange Zeit versuchte die Regierung in Canberra, einen pragmatischen Mittelweg zu gehen und einer Parteinahme zwischen dem engsten Verbündeten und dem wichtigsten Handelspartner auszuweichen. Ein Lavieren, das auf Dauer nicht durchzuhalten war. Noch 2014 hatte Xi Jinping in einer Rede vor dem australischen Parlament von den «Ozeanen guten Willens» zwischen den beiden Nationen gesprochen. Doch dieser gute Wille war spätestens 2020 aufgebraucht. Für Scott

Morrison stand fest, der Platz Australiens könne nur an der Seite Amerikas sein. «Der Indopazifik ist das Epizentrum des zunehmenden strategischen Wettbewerbs», sagte er im Sommer 2020. Unter dem konservativen Premier ging Australien gegenüber China nun auf harten Konfrontationskurs.

Nicht alle Beobachter hielten dies für eine kluge Politik. Sam Roggeveen, Direktor des Programms für internationale Sicherheit am Lowy Institute in Sydney, warnte die Regierung, sich in eine zu große Abhängigkeit von Amerika zu begeben. Die Interessen beider Länder seien keineswegs identisch. «Die Vereinigten Staaten sind in Asien aus freien Stücken, ein Luxus, den Australien nicht hat.» Die Amerikaner, hieß das, könnten sich eines Tages aus der Region zurückziehen. Australien solle in der Verteidigungspolitik auf eigenen Füßen stehen und sich nicht zur Speerspitze in der Auseinandersetzung mit China machen lassen.[11]

Aber da war die Entscheidung für die Zusammenarbeit mit den Vereinigten Staaten und Großbritannien beim Bau atomgetriebener U-Boote bereits gefallen. Aukus (Australien – United Kingdom – United States) lautet das Kürzel für die neue Sicherheitspartnerschaft, die Peking in helle Aufregung versetzt. Die weitreichendste Rüstungsentscheidung in der australischen Geschichte bindet das Land für Jahrzehnte auf das Engste an seine beiden Alliierten (siehe auch Kapitel IV.2.). Für Zweifel an der amerikanischen Verlässlichkeit, wie Sam Roggeveen sie sich wünschte, ist kein Raum mehr.

US-Stratege Kurt Campbell, inzwischen unter Joe Biden zum Indopazifik-Koordinator im Nationalen Sicherheitsrat aufgestiegen, begrüßte auf einer Konferenz des Lowy Institute den harten Kurs der Regierung Morrison. China führe einen «dramatischen Wirtschaftskrieg» gegen Australien und habe versucht, das Land «auf die Knie zu zwingen». Aukus sei die richtige Antwort auf den Machtanspruch Pekings. Die dadurch zwischen den beteiligten Nationen entstehende «strategische Innigkeit» sei beispiellos. Noch vor fünf oder zehn Jahren habe man sich eine solche «Verschmelzung» der Streitkräfte nicht träumen lassen.[12]

Australien ist im Unterschied zu den USA und Großbritannien

keine Atommacht. Auch deshalb ist dieser Deal so spektakulär. Im Gegenzug stornierte Canberra sein 2016 mit Frankreich geschlossenes Abkommen über die Lieferung von zwölf Diesel-U-Booten. Briten und Amerikaner teilen mit den Australiern nun eine hochsensible Technologie. Atomgetriebene Unterseeboote sind eine furchtbare und höchst wirkungsvolle Waffe. Sie können fast unbegrenzte Zeit unterwegs sein. Sie fahren so leise durch die Ozeane, dass ein Gegner sie praktisch nicht orten kann. Für China, das in den Jahren davor seine Marine enorm aufgerüstet hatte, war das Rüstungsgeschäft des neuen indopazifischen Dreierbundes, wie es ein Diplomat sagte, «militärisch der schlimmste Alptraum».[13]

Entsprechend groß war die Aufregung in Peking. Australien provoziere mit seiner «unbelehrbaren Anti-Chinapolitik», es lasse sich auf dem geopolitischen Schachbrett der Amerikaner wie eine Bauernfigur hin und her schieben, hieß es in den Staatsmedien. Canberra zeigte sich unbeeindruckt und kündigte an, für zehn Milliarden australische Dollar (rund 6,7 Milliarden Euro) an der Ostküste einen Hafen für die neue Unterseeboot-Flotte zu bauen. Und das Land rüstet weiter auf. Es beschloss den Bau von Hyperschallraketen gemeinsam mit den USA. Mit dem südkoreanischen Rüstungskonzern Hanwha vereinbarte Canberra den Bau von Haubitzen und gepanzerten Fahrzeugen. Der Umfang von 710 Millionen US-Dollar macht den Auftrag zum größten Rüstungsgeschäft, das Australien je mit einem asiatischen Land abgeschlossen hat.

Strategisch noch wichtiger aber ist das Abkommen über eine engere militärische Zusammenarbeit mit Japan, das Premier Scott Morrison und sein Amtskollege Fumio Kishida nach mehrjährigen Verhandlungen im Januar 2022 unterzeichneten. Das «Reciprocal Access Agreement» (RAA) soll gemeinsame Manöver erleichtern und Truppenverlegungen auf das Territorium des Partnerlandes erlauben.

Australien bindet sich immer mehr ein in eine neue indopazifische Sicherheitsarchitektur. Diese beruht weiterhin auf bilateralen Verträgen der USA mit den Ländern der Region, doch verstärken diese nun auch die Zusammenarbeit untereinander. Ziel ist es, Chinas Militärmacht einzuhegen – im Südchinesischen Meer genauso wie im Indischen Ozean und im Südpazifik, zu deren Inselstaaten Australien seit jeher enge Verbindungen hat.

Die größte Gefahr für eine Konfrontation mit China geht auch aus australischer Sicht vom Konflikt um Taiwan aus. Sollten die Vereinigten Staaten bei einem Angriff der Volksrepublik auf den Inselstaat Taiwan zu Hilfe kommen, sei es für ihn «unvorstellbar», dem Verbündeten die Unterstützung zu versagen, erklärte Australiens Verteidigungsminister Peter Dutton im November 2021. Eine Haltung, die nicht ohne Widerspruch blieb. Für den früheren Labor-Premierminister Paul Keating ist Taiwan für Australien nicht von «vitalem Interesse», Canberra solle sich nicht in einen Konflikt mit China hineinziehen lassen.

Dann eskalierte, in weiter Ferne, ein ganz anderer Konflikt. Der Angriffskrieg Russlands gegen die Ukraine blieb auch in Australien nicht ohne Antwort. Schon am Tag nach der Invasion verhängte die Regierung Morrison erste Sanktionen gegen Russland und Belarus. In Abstimmung mit der Nato lieferte Australien Waffen und Medikamente an die Ukraine. Fast so scharf wie den Einmarsch verurteilte Scott Morrison die stille Komplizenschaft Chinas. Ein neuer «Bogen der Autokratie» gefährde die Weltordnung und fordere den Westen heraus. Peking warf er vor, die Sanktionen gegen Russland zu unterlaufen, etwa durch den Import von Weizen. «Man wirft Russland keinen Rettungsring just in dem Moment zu, in dem es in ein anderes Land einfällt.»

Dass Morrisons Regierung drei Monate nach Beginn des Ukrainekriegs abgewählt wurde, hatte keine außenpolitischen Gründe. Im Mittelpunkt des Wahlkampfes hatte der Klimawandel gestanden, nachdem in Australien auf verheerende Buschfeuer beispiellose Überflutungen gefolgt waren. Hinzu kamen wirtschaftliche Sorgen der Wähler und ganz allgemein ein Überdruss am selbstherrlichen Auftreten und am Machogebaren mancher konservativer Politiker, vorneweg des Premierministers. In der Außenpolitik standen die Zeichen eher auf Kontinuität. Anthony Albanese, der neue sozialdemokratische Regierungschef, hatte kaum seinen Amtseid geleistet, da saß er schon im Flugzeug nach Tokio. Er wollte unbedingt am Gipfeltreffen der Quad-Staaten teilnehmen, zu dem auch Joe Biden aus Washington und Narendra Modi aus Delhi in die japanische Hauptstadt reisten.

Labor tritt Chinas Streben nach Vormacht im Indopazifik genauso entschieden entgegen wie die Konservativen. Das Verhältnis zu Peking werde «schwierig» bleiben, sagte Albanese auf seiner ersten Pressekonferenz als neuer Premier. «China hat sich geändert, nicht Australien.»[14] Zwar schlug die neue Regierung gegenüber China einen verbindlicheren Ton an. Aber in den wichtigsten Streitfragen blieb sie hart, bei der Beschaffung von nuklear angetriebenen U-Booten genauso wie beim Handelskonflikt. Als der neue Verteidigungsminister Richard Marles im Juli 2022 zum Antrittsbesuch in Washington war, lobte er die Aukus-Partnerschaft in höchsten Tönen. Das U-Boot-Geschäft mit Amerikanern und Briten sei das «Herz der Abschreckung» gegen ein China, dessen Aufrüstung die größte sei, «die wir seit dem Ende des Zweiten Weltkriegs gesehen haben».[15]

Nach drei Jahren der Eiszeit, in der die chinesische Regierung Telefonanrufe nicht annahm und Briefe nicht beantwortete, kamen Peking und Canberra allmählich wieder miteinander ins Gespräch. Anthony Albanese und Xi Jinping sprachen am Rande des G20-Gipfels auf Bali miteinander, Außenministerin Penny Wong reiste im Dezember 2022 nach Peking, um die Beziehungen zu «stabilisieren». Auch die Handelsminister telefonierten miteinander. Aber die Bestellung der Atom-U-Boote stornierte die Labor-Regierung nicht. Von Peking aus gesehen war der Fall damit klar: Australien unterstütze weiterhin das globale Hegemoniestreben der USA. Den Markt der Volksrepublik für die eigenen Exporte zurückgewinnen zu wollen, gleichzeitig aber den Amerikanern bei der Eindämmung Chinas zu helfen, das sei ein «Tagtraum». Allerdings hatte sich in Canberra auch niemand der Illusion hingegeben, es könne mit China leichter werden. Labor hielt an den Aufrüstungsplänen fest. Im März 2023 reiste Premierminister Albanese nach Washington, um das U-Boot-Geschäft perfekt zu machen.

Jahre waren vergangen, als sich die beiden Staatsmänner wieder trafen. Aber Narendra Modi und Xi Jinping schienen fest entschlossen, einander zu ignorieren. Beim Gipfel der Schanghaier Organisation für Zusammenarbeit (SCO) im usbekischen Samarkand gingen sie sich im September 2022 demonstrativ aus dem Weg. Stumm standen sie beim Gruppenfoto nebeneinander, kein Gruß, kein Handschlag, kein Lächeln. Der indische Premierminister und der chinesische Staatspräsident waren Luft füreinander.

Dabei war ein Gespräch dringend geboten. Im Juni 2020 hatten sich Grenzeinheiten der beiden Staaten hoch im Himalaja einen brutalen Kampf geliefert. Mit Knüppeln und Steinen waren sie aufeinander losgegangen. Zwanzig Tote hatte es auf der indischen Seite gegeben, mindestens vier Tote auf der chinesischen. Von kleineren Scharmützeln abgesehen, war es bis dahin viele Jahre ruhig geblieben an der 3500 Kilometer langen Grenze zwischen den asiatischen Nuklearmächten. Beide Länder kontrollieren Territorien, die auch der jeweils andere beansprucht. An der *Line of Actual Control*, wie der Grenzverlauf heißt, gilt die Übereinkunft, dass die Soldaten keine Feuerwaffen tragen. So soll eine Eskalation vermieden werden.

Zweieinhalb Jahre nach dem Zusammenstoß im westlich gelegenen Galwan-Tal kam es im Dezember 2022 erneut zu einem schweren Zwischenfall, diesmal im Nordosten Indiens, an der Grenze des Bundesstaats Arunachal Pradesh zu Tibet. Auf über 3000 Meter Höhe hatten chinesische Soldaten um drei Uhr in der Früh eine Schlucht durchquert und waren dabei auf die indische Seite der Grenze gelangt. Mit Stangen und Stöcken prügelten daraufhin Soldaten beider Seiten aufeinander ein. Tote gab es diesmal nicht. Aber in Delhi war die Empörung groß: Wieso schaffte es die Regierung nicht, verlangte die Opposition zu wissen, China von Grenzverletzungen abzuhalten?

Offener Krieg zwischen den beiden Giganten herrschte zum letzten Mal vor über sechzig Jahren, im Jahr 1962. Er endete mit einer Niederlage und schmerzhaften Gebietsverlusten Indiens. Seitdem haben sich

Indisch-chinesische Grenze im Februar 2021: Panzereinheiten ziehen sich nach vorheriger Vereinbarung auf beiden Seiten aus der vorgerückten Linie in der Region Ladakh zurück.

die Kräfteverhältnisse weiter zugunsten Chinas verschoben. Das Misstrauen ist geblieben und die Furcht, es könnten jederzeit wieder schwere Kämpfe ausbrechen.

Nach dem tödlichen Zwischenfall im Galwan-Tal herrschte lange Funkstille zwischen den beiden Regierungen. Dann reiste Chinas Außenminister Wang Yi nach Delhi. Eine Geste der Aussöhnung, die aber folgenlos blieb. Wangs indischer Amtskollege Subrahmanyam Jaishankar zeigte sich nach dem Gespräch ernüchtert: «Wenn Sie mich fragen», sagte er zu Reportern, «ob unsere Beziehung heute normal ist, dann lautet meine Antwort: Nein, sie ist es nicht, und sie kann auch nicht normal sein.»[1] Voraussetzung einer Entspannung ist aus Sicht Delhis der Rückzug der chinesischen Truppen aus den umstrittenen Gebieten. Dazu aber ist Peking nicht bereit.

Indien tritt China gegenüber selbstbewusst auf. Premierminister Modi telefoniert mit dem Dalai-Lama, für die chinesische Regierung noch immer ein Staatsfeind. Die Luftwaffe stellt dem im indischen Exil lebenden geistlichen Oberhaupt der Tibeter sogar ein Flugzeug zur Verfügung, damit dieser sich leichter im Land bewegen kann. Modis Botschaft an die Chinesen: Ihr könnt uns nicht einschüchtern. Der Regierungschef kann sich dieses Selbstbewusstsein leisten, weil Indien unter seiner Führung wirtschaftlich aufblüht. Im Jahr 2022 erzielte Indien ein Wachstum von 7,2 Prozent, mehr als jedes andere asiatische Land.

Delhi kann China gegenüber aber auch deshalb souverän auftreten, weil es einen starken Partner an seiner Seite weiß. Obwohl die indische Regierung, wie alle ihre Vorgängerinnen, auf die strikte außenpolitische Unabhängigkeit des Landes achtet, hat sie sich in den vergangenen Jahren doch enger an die Vereinigten Staaten angelehnt. Eine Kongruenz der Interessen hat die beiden Staaten näher zusammenrücken lassen: Beide wollen der Macht Chinas Grenzen setzen. Der globalen Rivalität zwischen den Supermächten Amerika und China entspricht die regionale Rivalität zwischen den beiden asiatischen Großmächten.

Indien fühlt sich von China regelrecht eingekreist. Pakistan, seit der Teilung des Subkontinents 1947 Indiens unerbittlicher Widersacher und Gegner in drei Kriegen, ist Pekings engster Verbündeter in Südasien. Kein Land hat im Rahmen der Belt and Road Initiative («Neue Seidenstraße») nur annähernd so hohe Kredite aus China erhalten wie Pakistan. Viel Geld floss auch nach Sri Lanka, Myanmar und auf die Malediven. Alle diese Nachbarländer Indiens sind heute bei China hoch verschuldet und vom politischen Wohlwollen Pekings abhängig.

Zugleich hat China seine Präsenz im Indischen Ozean zielstrebig ausgeweitet. Es hat eine ganze «Perlenkette» von Tiefseehäfen ausgebaut oder neu errichtet, von Hambantota in Sri Lanka über Gwadar in Pakistan bis nach Dschibuti am Golf von Aden, wo die Volksrepublik 2017 ihren ersten ausländischen Militärstützpunkt eröffnete. Ein weiterer Hafen in Myanmar könnte bald hinzukommen. Die Häfen an den Küsten Südasiens, befürchten nicht nur die Inder, könnten eines Tages neben der Handelsschifffahrt auch von der chinesischen Marine genutzt werden. «Chinas Anwesenheit im Indischen Ozean östlich und westlich von uns verändert unser Gefühl maritimer Sicherheit so stark wie seit Ankunft der Europäer am Ende des 15. Jahrhunderts nichts mehr», sagte Ashok Malik, ein Berater des Außenministeriums in Delhi.[2]

Doch auch Indien rüstet zur See kräftig auf. 2022 stellte es seinen ersten im eigenen Land gebauten Flugzeugträger, die INS Vikrant, in Dienst. Im Golf von Bengalen erweitert die indische Armee auf den Andamanen- und Nikobaren-Inseln ihre Stützpunkte. Die dortige Luftwaffenbasis Baaz dient den Indern als Beobachtungsposten für den Schiffsverkehr in der Straße von Malakka, einer der strategisch wichtigsten Meerengen der Welt. Fast die gesamten Öleinfuhren Chinas aus dem Mittleren Osten werden durch die Straße von Malakka transportiert. Im Januar 2023 führte die britische Navy rund um die Andamanen und Nikobaren gemeinsame Manöver mit der indischen Marine durch.[3]

Seit 1992 beteiligt sich die US Navy an Indiens jährlichen «Malabar»-Seeübungen. Die indische Marine lädt inzwischen auch Japan und Australien zu den Manövern ein. Alle vier Staaten gehören zum «Quadrilateral Security Dialogue» (Quad). Im Rahmen der Quad sprechen die Regierungen auch über eine verbesserte Cybersicherheit, die Nachrichtendienste arbeiten zusammen.[4] Gleichwohl ist die Quad kein Militärbündnis wie die Nato. Das liegt vor allem am Zögern Indiens. Die Regierung in Delhi hebt lieber die Kooperation der vier Staaten bei humanitärer Hilfe hervor, etwa die Versorgung asiatischer Länder mit Impfstoffen während der Covid-Pandemie. Ein militärischer Verbündeter des Westens will Indien nicht sein. Dies stünde im Widerspruch zu seiner traditionellen Neutralität. Indien möchte lieber als eigenständiger Garant von Sicherheit im Indischen Ozean wahrgenommen werden.[5]

Das Werben der Vereinigten Staaten um «die größte Demokratie der Welt» ist der Regierung Modi dennoch recht. «Wir glauben, dass (Indiens) wachsende militärische Fähigkeit und seine technologischen Fähigkeiten eine stabilisierende Kraft in der Region sein können», sagte der amerikanische Verteidigungsminister Lloyd Austin beim Shangri-La-Dialog in Singapur 2022. Für solches Lob nimmt die indische Führung in Kauf, von der chinesischen Propaganda als Handlanger Washingtons und der Nato abgestempelt zu werden. Das westliche Bündnis, schreibt das Pekinger Parteiblatt *Global Times*, wolle Indien «als Sprungbrett für seine Einmischung in die Region nutzen, um die Eindämmung Chinas zu verstärken und Russland vom Westen und vom Osten aus niederzuhalten».[6] Viel stärker als von militärischen Überlegungen werden Indiens Beziehungen zu den USA aber von wirtschaftlichen und technologischen Interessen bestimmt. Ökonomisch profitiert das Land vom Vertrauensverlust Chinas im Westen, besonders von Pekings Konflikt mit den Vereinigten Staaten.

Die globalen Lieferketten, wünschen amerikanische Unternehmer und Politiker gleichermaßen, sollen unabhängiger werden von geopolitischen Risiken. «Friend-shoring» heißt die neue Strategie: Investiert werden soll wieder stärker in Ländern, denen man politisch vertrauen kann. Zum Beispiel in Indien. Nicht nur Apple hat einen Teil seiner Produktion des iPhones aus China dorthin verlagert. Auch Konzerne wie Amazon oder das Photovoltaik-Unternehmen First Solar bauen ihre Aktivitäten in Indien aus. Die Regierung in Washington wünscht sich mit Indien genau die Zusammenarbeit, die sie China verweigert. Dabei geht es um gemeinsame Entwicklungen in der Halbleiterindustrie oder in der Kommunikationstechnologie der nächsten Generation – eben das, was gegenüber der Volksrepublik tabu ist. Sogar in der Weltraum- und Rüstungsforschung wollen Washington und Delhi kooperieren.

Joe Biden und Narendra Modi haben zu Jahresbeginn 2023 eine Initiative zur gemeinsamen Förderung von Schlüsseltechnologien wie künstlicher Intelligenz und Quantencomputing ins Leben gerufen. Bidens Nationaler Sicherheitsberater Jake Sullivan nannte die Initiative Teil einer Strategie, «um die demokratische Welt im Indopazifik zu stärken».[7] Damit setzt sich eine Entwicklung fort, die während der Präsidentschaft von George W. Bush begann, als beide Staaten vereinbarten, bei der friedlichen Nutzung der Kernenergie zu kooperieren. Kein US-Präsident wurde in Indien seitdem begeisterter empfangen als Donald Trump. Von Modis Leuten mobilisiert, jubelten Hunderttausend Menschen dem Staatsgast in einem Cricket-Stadion zu. Donald Trump genoss den Jubel. Eine solche Show würde zu Joe Biden nicht recht passen. Am Kurs seiner Vorgänger hält aber auch er fest. Die bilateralen Beziehungen waren nie besser als heute.

Was nicht heißt, dass Indiens Schwenk Richtung Amerika frei wäre von Widersprüchen und Rückschlägen. Viel zu tief ist die Blockfreiheit im Denken der politischen Klasse Delhis verhaftet. Nach dem Ende der britischen Kolonialherrschaft entschied sich das Land für einen neutralen Weg. Indien gehörte im Kalten Krieg mit Jugoslawien, Ägypten und Indonesien zu den Gründerstaaten der Blockfreien-Bewegung. Ideologisch neigte die Führung damals eher der Sowjetunion zu, mit der Delhi 1971 einen Freundschaftsvertrag schloss. Die Sowjetunion und später Russland wurden wichtigster Lieferant von Rüstungsgütern; noch heute stammen rund 70 Prozent des indischen Waffenarsenals aus russischer Produktion.

Außenpolitisches Leitmotiv heute ist die «strategische Autonomie» Indiens, die dem Land maximale Handlungsfreiheit ermöglichen soll. So kommt es, dass Indien sowohl der westlich orientierten Quad angehört als auch der Gruppe der BRICS-Staaten (mit Brasilien, Russland, China und Südafrika) und der von China dominierten Schanghaier Organisation für Zusammenarbeit. Ist das klug – oder ist es opportunistisch?

Die Frage stellt sich genauso bei der Haltung Indiens zu Russlands Angriffskrieg gegen die Ukraine. Als die westlichen Staaten in den Vereinten Nationen leidenschaftlich dafür warben, den Überfall Wladimir Putins auf das Nachbarland zu verurteilen, enthielt sich Indien bei jedem einzelnen Votum – im Sicherheitsrat, in der Vollversammlung und im Menschenrechtsrat – der Stimme. Die Enttäuschung im Westen war groß. Joe Biden nannte Indiens Position «etwas wackelig». Sie stand jedenfalls in starkem Kontrast zur Politik der Quad-Mitglieder Japan und Australien, die Russland nicht nur verurteilten, sondern auch die Wirtschaftssanktionen der USA und der EU mittrugen.

Indien hingegen wollte die alten Freunde in Moskau nicht verprellen. Außenminister Subrahmanyam Jaishankar plädierte für eine Lösung durch Dialog und Diplomatie. Als sein russischer Amtskollege Sergej Lawrow fünf Wochen nach dem Angriff Neu-Delhi besuchte, bedankte er sich für die indische Zurückhaltung: «Wir wissen es zu schätzen, dass Indien die Situation in der Gesamtheit der Fakten und nicht einseitig betrachtet.»

Mit dieser Haltung ist Indien sich treu geblieben. Auch in der Vergangenheit haben Delhis Diplomaten in den Vereinten Nationen nicht gegen Russland gestimmt – nicht beim Einmarsch der Truppen des Warschauer Paktes in Ungarn 1956 oder in der Tschechoslowakei 1968, auch nicht bei der Invasion Afghanistans 1979. Dafür konnte Indien nicht nur seit Jahrzehnten seine Waffen in Russland kaufen, dafür erhielt es auch die Unterstützung Moskaus im Kaschmir-Konflikt mit Pakistan. Und natürlich hätte Indien gern Russland an seiner Seite, sollte der Konflikt mit China eskalieren. Eine Hoffnung, die allerdings zerrinnen dürfte, sollte die «strategische Partnerschaft» zwischen Peking und Moskau noch enger werden.

Indien laviert. Es scheut nicht nur die Verurteilung des Völkerrechtsbruchs durch Moskau, es nutzt den Krieg sogar zum eigenen wirtschaftlichen Vorteil. Als der Westen Sanktionen über Russland verhängte und die Energieeinfuhren stoppte, bot Moskau sein Erdöl und Gas zu Rabattpreisen an. Indien griff zu. Die Importe russischen Öls verneunfachten sich 2022 im Vergleich zum Vorjahr. Insgesamt stiegen die indischen Einfuhren aus Russland um 384 Prozent.[8]

Es gelang der indischen Regierung also bestens, ihre «Prinzipien und Interessen auszubalancieren», wie es Außenminister Jaishankar formulierte. Kritik aus dem Westen an seinem Kriegsgewinnlertum verbat sich Delhi. Länder mit einem Pro-Kopf-Einkommen von 60 000 US-Dollar sollten Länder mit einem Pro-Kopf-Einkommen von 2000 US-Dollar nicht dafür kritisieren, dass diese ihre Interessen bei der Energieversorgung genauso entschlossen wahrnehmen würden wie sie selbst.[9]

Der Ukrainekrieg war für Indien erst einmal ein europäischer Konflikt. Indien und der «globale Süden» hätten noch andere Sorgen, lautete die Botschaft aus Delhi. Außenminister Jaishankar sagte es so: «Europa muss sich von der Denkweise verabschieden, dass Europas Probleme die Probleme der ganzen Welt sind, aber die Probleme der Welt nicht die Europas.»[10] Ein richtiger Satz, aber zugleich der Versuch, sich einen schlanken Fuß zu machen. Premierminister Modi jedenfalls übte nur sehr verhalten Kritik an der brutalen Kriegsführung Russlands. Als er Wladimir Putin beim Gipfel der Schanghaier

Organisation für Zusammenarbeit in Samarkand traf, mahnte er milde: «Die heutige Ära ist keine Ära des Krieges.» Auch wenn Modi den Tadel vor laufenden Kameras aussprach, Putin konnte ihn verkraften.

Das Dilemma, in das der Ukrainekrieg Indien gestürzt hat, lässt sich nicht verbergen. Shivshankar Menon, Nationaler Sicherheitsberater unter Premierminister Manmohan Singh, beschreibt es so: «Der Krieg hat Indien vor eine gänzlich unwillkommene Wahl zwischen dem Westen und Russland gestellt, eine Wahl, die es um jeden Preis vermeiden wollte. Die Vereinigten Staaten sind ein unverzichtbarer Partner bei der Modernisierung Indiens, aber auch Russland bleibt aus geopolitischen und militärischen Gründen ein wichtiger Partner. (...) Von Neu-Delhi zu erwarten, dass es Moskau gegenüber eine härtere Haltung einnimmt, ist unrealistisch. Kritik und Druck aus dem Westen würden eine postkoloniale Gesellschaft wie die indische nur irritieren.»[11]

Nach Ansicht der Regierung in Delhi ist die gegenwärtige Weltordnung immer noch «sehr, sehr westlich» geprägt, wie Außenminister Jaishankar meint. Möglicherweise werde der Ukrainekrieg deren Ende beschleunigen. An ihre Stelle könnte eine Welt der «multiplen Allianzen» treten, in der jedes Land seine Politik nach den eigenen nationalen Präferenzen und Interessen verfolgt.[12] Teil des Westens möchte Indien also nicht sein, lieber die Stimme des «globalen Südens». Im Januar 2023 lud die Regierung 125 Entwicklungs- und Schwellenländer zu einem Online-Gipfel ein. «Eure Stimme ist Indiens Stimme, Eure Prioritäten sind Indiens Prioritäten», sagte Premier Modi zur Begrüßung.[13] Rivalität mit China auch hier. Denn natürlich will auch Peking für den Süden sprechen.

China oder Indien: Wer hat das bessere Modell? Im Wettrennen um die schnellere Modernisierung liegt China seit Jahrzehnten vorn. Immer wieder waren hohe Erwartungen auf den Subkontinent gerichtet. Aber Indien blieb allzu oft das Land der unerfüllten Hoffnungen. Nun hat die Regierung ein ambitioniertes Ziel formuliert: Im Jahr 2047 soll Indien ein entwickeltes Land sein. Es ist heute bereits die fünftgrößte Volkswirtschaft der Welt. Zur Genugtuung der Inder zog ihr Land 2022 an der ehemaligen Kolonialmacht Großbritannien vorbei.

Deutschland soll 2026 von Platz vier und Japan 2032 von Platz drei verdrängt werden. «Heute der Fünfte, bald schon die Nummer drei», posaunte der stolze Finanzminister Nirmala Sitharaman. Ob das gelingen kann?[14]

Trotz des rasanten Wirtschaftswachstums – die alten Probleme wie Bürokratie, Regelungswut, Rechtsunsicherheit und eine unzureichende Infrastruktur sind geblieben und lassen manchen Investor zögern, sein Geld nach Indien zu tragen. Aber das Land sieht sich auf dem Weg nach oben. Schon deshalb, weil es im Begriff ist, China als bevölkerungsreichste Nation der Welt zu überholen. Beide Länder haben derzeit etwa 1,4 Milliarden Einwohner. Schätzungen der Vereinten Nationen zufolge könnten es in China jedoch 2050 nur noch 1,32 Milliarden Menschen sein, in Indien dagegen 1,67 Milliarden.

Von dieser «demografischen Dividende» will das Land profitieren. In Indien werden bald über eine Milliarde Menschen im arbeitsfähigen Alter leben. Viele von ihnen sind gut ausgebildet, sprechen Englisch und sind digital versiert. Aber natürlich bleibt eine rasch wachsende Bevölkerung auch eine gewaltige Herausforderung. Indien ist in weiten Teilen noch immer ein bettelarmes Land, das unter einem mangelhaften Gesundheitssystem, unzureichender Ernährung und schlechter Hygiene leidet.

Den Ehrgeiz, zu den führenden Nationen aufzuschließen, bremst dies alles nicht. Voller Stolz übernahm Indien im Jahr 2023 die G20-Präsidentschaft. Die Regierung Modi stellte sie unter das Motto: «Eine Erde, eine Familie, eine Zukunft.» Allerdings hat die «größte Demokratie der Welt», die nach außen so viel Selbstvertrauen ausstrahlt, daheim erheblich an Liberalität und innerem Zusammenhalt verloren. Die Institutionen der Zivilgesellschaft und die freien Medien sind unter Druck geraten. Auf politischen Widerspruch reagiert die politische Führung unduldsam. Der Hindu-Nationalismus der regierenden Bharatiya Janata Partei (BJP) vergiftet das Klima. Unter ihm leiden vor allem die Muslime, die mit 15 Prozent der Bevölkerung die größte religiöse Minderheit bilden.

Modi mache Indien zu einem Hindu-Staat, sagen seine Kritiker. Indiens traditionellem Pluralismus und seiner religiösen Toleranz würden immer engere Grenzen gesetzt. Die säkulare Gesellschaft sei in Gefahr. Modi ficht diese Kritik nicht an. Solange die Wirtschaft weiter wächst, steht die Mehrheit der Bevölkerung hinter ihm. Seine Chancen, ein drittes Mal ins höchste Regierungsamt gewählt zu werden, stehen gut.

Und der Westen, so steht zu vermuten, wird nicht allzu genau hinschauen, sollten Demokratie und Menschenrechte weiter beschnitten werden. Zu groß ist die strategische Bedeutung des Landes für die künftige Ordnung im Indopazifik. Als Gegengewicht zu China bleibt Indien unverzichtbar. Die Führung in Delhi ist sich dessen bewusst. Kritik an mangelnder Liberalität daheim oder an fehlender Standhaftigkeit im Ukrainekrieg tut sie mit leichter Hand ab. Und empfiehlt nebenbei den Europäern, sich nicht zu wichtig zu nehmen. «Die Zukunft der globalen Ordnung entscheidet sich nicht an Kriegen in Europa, sondern am Wettstreit in Asien, auf den sich die Ereignisse in der Ukraine nur begrenzt auswirken», schreibt der ehemalige Nationale Sicherheitsberater Shivshankar Menon kühl. «Europa ist ein Nebenkriegsschauplatz verglichen mit dem Hauptspielort des geopolitischen Dramas: Asien.»[15] In diesem Drama reklamiert Indien für sich eine Hauptrolle.

IV. Neue Allianzen

1. Quad – Eine «asiatische Nato»?

Am Morgen des Zweiten Weihnachtstages 2004, um 7.58 Uhr Ortszeit, bebt nordwestlich von Sumatra der Meeresboden. Es ist eine gewaltige Erschütterung, mit einer Stärke von 9,1 auf der Richterskala das bis dahin drittschwerste jemals gemessene Erdbeben. Überall an den Küsten des Indischen Ozeans türmen sich riesige Wellen auf, bringen Leid, Tod und Zerstörung. Fast 230 000 Menschen sterben an diesem 26. Dezember 2004, Indonesien allein zählt 165 000 Tote. Entsetzlich sind die Verheerungen auch in Thailand, Malaysia, Indien, auf Sri Lanka und den Malediven. Noch in Somalia an der Ostküste Afrikas, Tausende Kilometer vom Epizentrum entfernt, schlagen meterhohe Wellen an Land.

Hilfe für die Opfer kommt aus aller Welt. Vier Länder arbeiten dabei besonders eng zusammen: das selbst stark betroffene Indien, die Vereinigten Staaten, die von Hongkong ihren Flugzeugträger «USS Abraham Lincoln» nach Sumatra senden, Japan und Australien. Neun Tage lang unterstützen die Besatzungen ihrer Kriegsschiffe die betroffenen Staaten bei der Bergung der Toten, der Versorgung der Verletzten und der Suche nach Vermissten. Dieser gemeinsame Kampf gegen die Not wird zur Geburtsstunde eines Viererbundes, der unter dem Namen «Quadrilateral Security Dialogue» (Quad) innerhalb weniger Jahre die sicherheitspolitische Architektur des Indopazifiks verändern wird.

Michael J. Green, damals im Nationalen Sicherheitsrat des Weißen Hauses für Asien zuständig, erinnerte sich Jahre später bei einem Pressegespräch der Washingtoner Denkfabrik Center for Strategic and International Studies an die dramatischen Tage: «Nach dem Ende der Mission gab es in allen vier Ländern intensive Diskussionen darüber, aus diesem Einsatz etwas Dauerhaftes zu machen.»[1] Es war der japanische Premierminister Shinzo Abe, der im August 2007 die entscheidende Initiative ergriff. In einer Rede vor dem indischen Parlament feierte Abe die Freundschaft zwischen Japan und Indien und beschwor die demokratischen Nationen der Region, sich einander zuzuwenden und im «weiteren Asien» einen «Bogen der Freiheit und des Wohlstands» zu errichten. Gemeinsam mit Japan und Indien sollten die Vereinigten Staaten und Australien einen Raum schaffen, in dem sich Menschen, Güter, Kapital und Wissen frei bewegen könnten.[2]

Sowohl Indien, das stets eine Politik der Blockfreiheit verfolgt hatte, als auch Australien, das seinen aufblühenden Handel mit China nicht gefährden wollte, suchten damals allerdings jeden Anschein eines formellen Viererbündnisses zu vermeiden. Auch in Washington blieb die Unterstützung für Abes Initiative eines ständigen Sicherheitsdialogs zunächst «lauwarm», berichtet Kevin Rudd, der kurz darauf australischer Ministerpräsident wurde. Dem damaligen US-Präsidenten George W. Bush sei es wichtiger gewesen, sich der Hilfe Chinas zu versichern, um eine atomare Aufrüstung Nordkoreas und Irans zu verhindern. «Zum Jahresende 2007, als meine Regierung ins Amt kam, hatte alles Engagement für die Quad bereits seit Monaten tot im Wasser getrieben. Als wir in den anderen Hauptstädten die Temperatur maßen, stießen wir auf kein Interesse, es neu zu beleben.»[3]

Zehn Jahre später aber sah die Welt ganz anders aus, die strategische Lage im Indopazifik hatte sich grundlegend gewandelt. Der Hauptgrund dafür: Chinas Staats- und Parteichef Xi Jinping betrieb eine viel aggressivere Machtpolitik als seine Vorgänger. Der Bau von Militärstützpunkten im Südchinesischen Meer, der wieder aufflammende Inselstreit mit Japan im Ostchinesischen Meer, die verstärkte Präsenz der chinesischen Marine im Indischen Ozean – Chinas Expansionsbestrebungen beflügelten die Debatte über die maritime Sicherheit im Indopazifik zwischen den vier Demokratien aufs Neue. Teilten sie doch den Wunsch nach einer regelbasierten internationalen Ordnung, nach einer Wahrung des UN-Seerechts sowie nach Freiheit von Schifffahrt und Flugverkehr. Zwischen Washington, Tokio, Neu-Delhi und Canberra herrschte ein «Gleichklang der Interessen», resümierte der Chinawissenschaftler David Shambaugh. Die vier intensivierten ihre gemeinsamen Seemanöver, vertieften den Austausch zwischen den Geheimdiensten. Auch Australien, das sich für eine Weile von der Idee des Viererbundes abgewandt hatte, kam wieder an Bord.[4] Im Jahr 2017 war die Quad zurück.

Dazu trug auch bei, dass mit Donald Trump nun ein Präsident im Weißen Haus saß, der einen erbitterten Handelskrieg mit Peking vom Zaun gebrochen hatte und keinerlei Rücksicht auf chinesische Empfindlichkeiten nahm. Als Shinzo Abe – nach überstandener Krankheit zum zweiten Mal japanischer Premier – seine Idee eines Sicherheitsdialogs wiederbelebte, fand er in dem Amerikaner einen bereitwilligen Partner. Es war die Trump-Regierung, die Washingtons Asienpolitik mit der Abe-Formel vom «freien und offenen Indopazifik» eine einprägsame Maxime und eine klare Zielrichtung gab. Außenminister Mike Pompeo plädierte im Oktober 2020 in Tokio bei der zweiten Konferenz der Quad-Außenamtschefs erstmals dafür, den Sicherheitsdialog zu «institutionalisieren». Der ideologische Hardliner formulierte seinen Wunsch, die Quad anti-chinesisch auszurichten, ganz unverhüllt: «Es ist wichtiger als je zuvor, dass wir zusammenarbeiten, um unsere Völker und Partner vor der Ausbeutung, der Korruption und dem Zwang durch die chinesische Kommunistische Partei zu schützen», sagte Pompeo in Japans Hauptstadt.[5]

Institutionen indes hat die Quad bis heute nicht geschaffen. Sie bleibt ein informeller Zusammenschluss, ohne Hauptquartier und Sekretariat. Trumps Nachfolger Joe Biden spricht von einer «flexiblen Gruppe von Ländern mit ähnlicher Weltanschauung». Auch ohne feste Strukturen – China empört sich über die Quad und fühlt sich von ihr bedroht. Die Führung in Peking sieht in ihr eine «asiatische Nato», die das Ziel habe, China einzudämmen und seinen weiteren Aufstieg zu verhindern. Spottete Außenminister Wang Yi zunächst, die Aktivitäten der Quad seien wie «der Meeresschaum im Pazifischen und Indischen Ozean: Sie finden etwas Aufmerksamkeit und werden sich dann wieder auflösen», so verschärfte sich der Ton später. Vor allem nach dem ersten persönlichen Gipfeltreffen der vier Staats- und Regierungschefs im Weißen Haus im September 2021 spuckte die Pekinger

Propaganda Gift und Galle. «Wir müssen Japan, Indien und Australien ernsthaft warnen, den USA in ihrer Konfrontation mit China nicht zu weit zu folgen. Sobald sie die rote Linie von Chinas Kerninteressen verletzen, (...) wird China nicht zögern, sie zu bestrafen.»[6]

Natürlich war in Peking die Enttäuschung darüber groß, dass unter Joe Biden die China-Politik der Vereinigten Staaten nach den Trump-Jahren nicht versöhnlicher wurde, sondern eher noch konfrontativer. Als sich Biden im März 2021 mit seinen drei Kollegen aus Delhi, Tokio und Canberra zu einem virtuellen Treffen zusammenschalten ließ, war er noch keine fünfzig Tage im Amt. Es war sein erster multilateraler Termin überhaupt, noch vor seiner Reise zu EU und Nato in Brüssel sowie zur Konferenz der G7 im englischen Cornwall. Auf dem Quad-Gipfel richteten die Staats- und Regierungschefs damals drei Arbeitsgruppen ein: zur Covid-Pandemie, zum Klimawandel und zu kritischen Technologien wie der superschnellen mobilen Kommunikation 5G. Es soll bei der Quad eben nicht allein um militärische Sicherheit gehen, die Auseinandersetzung mit China wird genauso in Wirtschaft und Wissenschaft geführt. Nach den Worten von Bidens Sicherheitsberater Jake Sullivan geht es auch bei der Quad um den Wettbewerb zwischen Demokratie und Autokratie. Für Präsident Biden laufe alles auf einen «harten Wettbewerb mit China» hinaus, sagte Sullivan im März 2021, «und wir haben die Absicht, in diesem Wettbewerb die Oberhand zu behalten».[7]

Es ist von überragendem amerikanischen Interesse, in der Konkurrenz mit China auf den Partner Indien zählen zu können. Weil Delhi traditionell größten Wert auf seine Neutralität legt, ist dies alles andere als selbstverständlich. Lange hatte sich die indische Regierung geziert, im Rahmen der Quad allzu eng zu kooperieren. Das änderte sich, als der seit Jahrzehnten schwärende Grenzkonflikt mit China im Juni 2020 eskalierte und bei Kämpfen in der Himalaja-Region Ladakh zwanzig indische Soldaten starben. Für Australiens Ex-Premier Kevin Rudd waren diese Gefechte «das bedeutendste und katalytische Ereignis bei der Entwicklung der Quad».[8]

Indien sah seine Sicherheit durch China unmittelbar bedroht. Eine Folge war, dass es neben den USA und Japan auch Australien wieder zu dem jährlich stattfindenden Seemanöver «Malabar» einlud. Erstmals nach dreizehn Jahren nahmen australische Kriegsschiffe im November 2020 an Übungen im Golf von Bengalen und im Arabischen Meer teil. Eine Einladung an die Australier hatten die Inder gescheut, aus Sorge, China noch mehr zu verärgern. Mit dieser Zurückhaltung Delhis war es seit den Grenzgefechten vorbei. In den Jahren danach wurden die «Malabar»-Manöver geografisch deutlich ausgeweitet. So übten die Seestreitkräfte der Quad im August 2021 vor den Küsten der zu den Vereinigten Staaten gehörenden Pazifikinsel Guam.

China fühlte sich von dem Viererbund zunehmend herausgefordert. Mal beschimpfte Peking die Quad als «kleine Clique», mal als «finstere Bande». Japaner, Inder und Australier, zürnte sie, hätten sich von der «geopolitischen Hysterie» Amerikas anstecken lassen. Damit aber brächten sie sich selbst in Gefahr. Sollten sie bei ihrer Unterstützung der amerikanischen Eindämmungsstrategie zu weit gehen, warnte Pekings Propaganda, dann würden sie «zu Kanonenfutter, denn China wird seine Interessen entschlossen schützen».[9]

Nichts aber fürchtet China mehr, als dass die Quad Teil einer globalen Koalition gegen China werden könnte. In Peking ist genau registriert worden, dass die Nato sich immer mehr für den indopazifischen Raum interessiert, dass sie ihre Beziehungen zu den Partnern in der Region wie Japan, Südkorea oder Australien ausbaut. War das Bündnis nicht schon längst über seinen ursprünglichen nordatlantischen Raum hinausgegangen, als es im Irak oder in Afghanistan militärisch eingriff? Welche Ziele verfolgte es in Asien? Die Indopazifik-Strategie der Allianz, warnte der stellvertretende chinesische Außenminister Le Yucheng, sei «genauso gefährlich wie die Nato-Strategie der Osterweiterung in Europa». Sollte sie ungehindert fortgesetzt werden, dann hätte dies «unvorstellbare Konsequenzen» und würde den asiatisch-pazifischen Raum «an den Rand des Abgrunds führen».[10]

Längst wurde darüber spekuliert, ob weitere Länder sich dem Viererbund anschließen würden, ob zum Beispiel ein Beitritt Südkoreas aus der Quad eine «Quint» machen könnte. Mit dem Wahlsieg des Konservativen Yoon Suk-yeol bei den Präsidentschaftswahlen im Frühjahr 2022 rückte Seoul politisch näher an Amerika als unter seinem liberalen Vorgänger Moon Jae-in. Hinzu kam, dass nach dem Überfall Russlands auf die Ukraine und dem vielsagenden Schweigen Chinas zu Moskaus Invasion nach den Vereinigten Staaten auch manche europäischen Länder in den Demokratien Asiens willkommene Mitstreiter im Kampf gegen die Autokratien entdeckten. Die erste Asienreise von Bundeskanzler Olaf Scholz führte im April 2022 nach Japan, nicht nach China. Auch dies eine politische Demonstration.

Befürchtungen in Asien jedenfalls, Putins Krieg gegen die Ukraine könne dazu führen, dass Amerikaner und Europäer sich auf die eigene Region zurückziehen und dem Indopazifik weniger Aufmerksamkeit schenken würden, so wie sich die USA nach den Terroranschlägen vom 11. September 2001 auf den Mittleren Osten konzentriert und Asien darüber vernachlässigt hatten, erwiesen sich als unbegründet. Unmittelbar vor Kriegsbeginn sagte Antony Blinken auf dem Außenministertreffen der Quad im australischen Melbourne: «Die Vereinigten Staaten bleiben langfristig auf den Indopazifik fokussiert, trotz der Sorgen über die russische Aggression gegen die Ukraine. So viel in diesem Jahrhundert wird davon abhängen, was hier in der indopazifischen Region geschieht.«[11]

In Solidarität mit Europa und den USA, und weil sie sich selbst von Moskaus Politik bedroht sahen, verhängten auch Japan, Südkorea, Australien und Singapur wirtschaftliche und finanzielle Sanktionen gegen Russland. Putins Krieg brachte die durch Kontinente getrennten Demokratien einander näher als je zuvor. Der neue Westen, er liegt jetzt auch im Fernen Osten. Und die Quad hat sich keineswegs als «Schwatzbude» erwiesen, wie Peking gespottet hatte. Eher trifft zu, was Donald Trumps ehemaliger Nationaler Sicherheitsberater Robert O'Brien sagte, der «von der vielleicht wichtigsten Beziehung» sprach, «die wir seit Gründung der Nato eingegangen sind».

Joe Biden, der angetreten war, die durch Donald Trumps Präsidentschaft arg ramponierten Allianzen der USA zu reparieren und fortan sorgsam zu pflegen, schenkte der Quad demonstrative Aufmerksamkeit. Ministerkonferenzen und Gipfeltreffen folgten immer rascher aufeinander. «Wir bilden ein gutes Team», lobte Außenminister Antony Blinken den Viererbund bei einer Rede im Brüsseler Nato-Hauptquartier. US-Admiral Philip S. Davidson, Chef des Indopazifik-Kommandos auf Hawaii, nannte die Quad gar einen «Diamanten der Demokratien».[12] Wortgirlanden, hinter denen sich jedoch harte Interessen verbergen. Im Wettbewerb mit China braucht Washington verlässliche Partner. Es findet sie in den großen Demokratien des Indopazifiks, die ihrerseits die Kontakte zu Amerikas Verbündeten in Europa ausbauen. Der Angriffskrieg gegen die Ukraine ist zum sicherheitspolitischen Katalysator geworden. Wenn die Idee des Westens neu an Kraft gewinnt, dann ist dies auch das Werk Wladimir Putins und Xi Jinpings.

2. Aukus – Drei Westmächte rüsten auf

Frankreichs Botschafter in Washington war aufs Höchste alarmiert. Er brauche einen Termin bei Jake Sullivan, dem Nationalen Sicherheitsberater, ließ Philippe Etienne das Weiße Haus wissen. Sofort, es sei dringend. Im fernen Australien waren Informationen in den Medien durchgesickert von einem spektakulären Rüstungsgeschäft zwischen den Vereinigten Staaten, Großbritannien und Australien über den Bau atomar angetriebener Unterseeboote. Ein Geschäft, das ein fünf Jahre zuvor geschlossenes französisch-australisches U-Boot-Abkommen platzen lassen würde. Tatsächlich, so erfuhr der Botschafter jetzt: In wenigen Stunden würden US-Präsident Joe Biden, der britische Premier Boris Johnson und Australiens Regierungschef Scott Morrison in einer Videokonferenz eine Sicherheitspartnerschaft der drei Staaten bekanntgeben. In deren Zentrum werde die Weitergabe amerikanischer und britischer U-Boot-Technologie an die Australier stehen.

Es war der 15. September 2021, ein Mittwoch. Im Élysée-Palast traf an diesem Tag, während Philippe Etienne in Washington um Aufklärung bat, ein Schreiben Scott Morrisons ein. Darin informierte Australiens Premier den französischen Staatspräsidenten, sein Land ziehe sich aus dem Vertrag von 2016 zurück. Ein Schock für den Franzosen. Mehr noch, Emmanuel Macron fühlte sich verraten von einigen der besten Freunde Frankreichs. Verraten und bloßgestellt. Nicht nur verlor Paris ein Rüstungsgeschäft im Gesamtumfang von 56 Milliarden

Euro. Frankreich, signalisierten die Verbündeten Macron zugleich, spiele aus ihrer Sicht für die Sicherheit des Indopazifiks keine besonders wichtige Rolle.

Macron und seine Minister waren außer sich vor Zorn. Außenamtschef Jean-Yves Le Drian sprach von «Lüge» und «Vertrauensbruch», gar von einem «Dolchstoß in den Rücken». Über Monate hatten Amerikaner, Briten und Australier verhandelt, ohne den Franzosen ein Wort zu sagen. Im Juni 2021 hatte Boris Johnson den australischen Premier sogar als Gast zum G7-Gipfel nach Cornwall eingeladen. Und während Emmanuel Macron ahnungslos mit anderen Gipfelteilnehmern plauderte, schmiedeten Johnson, Morrison und Biden im Nebenraum ihr neues Bündnis.

Selbst als Morrison auf der Rückreise nach Australien in Paris Station machte, ließ er den französischen Staatspräsidenten bei ihrem Treffen über den geplanten Deal im Dunkeln. Stattdessen lauschte er ungerührt, als Emmanuel Macron den da bereits hinfälligen Vertrag zwischen Paris und Canberra als «Säule der Partnerschaft und der vertrauensvollen Beziehung beider Länder» rühmte. Wenig später kam US-Außenminister Antony Blinken nach Paris, auch er informierte die Franzosen nicht. Noch im August, als sich Macrons Außen- und Verteidigungsminister mit ihren australischen Kollegen trafen, erfuhr Frankreichs Regierung nichts von dem geplanten neuen Dreierpakt Aukus – Akronym für Australia, United Kingdom und United States. Ob er glaube, von Morrison angelogen worden zu sein, wollte Monate später ein australischer Journalist von Macron wissen. «Ich glaube es nicht, ich weiß es», lautete die Antwort. Aber nicht nur in Paris, auch daheim in Australien löste der Umgang mit Frankreich heftigen Streit aus. Ex-Premier Malcolm Turnbull, unter dem das U-Boot-Geschäft mit den Franzosen ausgehandelt worden war, empörte sich, Paris sei von seinem Nachfolger «kunstvoll und heuchlerisch hintergangen» worden. «Die Doppelzüngigkeit, mit der Morrison vorgegangen ist, ist eine Schande.»[1]

So groß war die Wut in Paris, dass die Regierung ihre Botschafter in Washington und Canberra zu Konsultationen zurückrief. Im Falle der USA hatte es das in der langen gemeinsamen Geschichte noch nie

Aukus: Australiens Premierminister Anthony Albanese, US-Präsident Joe Biden und Großbritanniens Premierminister Rishi Sunak geben auf einer Pressekonferenz auf dem Marinestützpunkt Miramar in San Diego bekannt, dass Australien im Rahmen des neuen Abkommens atomar angetriebene U-Boote von den USA kaufen wird, 13. März 2023.

gegeben. Vor seinem Abflug ließ Philippe Etienne noch einen Festakt in seiner Residenz zum 240. Jahrestag der Seeschlacht vor der Chesapeake Bay absagen, in der die Franzosen einst die britische Marine besiegt und den Amerikanern in ihrem Unabhängigkeitskampf damit nach Kräften geholfen hatten. Kein Champagner für die Verräter![2] Während sich Joe Biden um Schadensbegrenzung bemühte und alsbald den französischen Staatspräsidenten anrief, mokierte sich Boris Johnson über die Empörung des Nato-Alliierten. «Donnez-moi un break!», kommentierte er von Washington aus genüsslich die Aufregung in Paris.

Warum riskierte ausgerechnet Joe Biden diesen beispiellosen Krach mit den Franzosen? War der US-Präsident nicht angetreten, um die von Donald Trump beschädigten Allianzen der Vereinigten Staaten zu reparieren, allen voran die Nato? Die Erklärung für Bidens kaltschnäuziges Verhalten: Der Amerikaner misst der Rivalität mit China mehr

Bedeutung bei als jedem anderen außenpolitischen Thema. Er ist der Überzeugung, Europa verstehe immer noch nicht so recht, was für den Westen in der Auseinandersetzung mit Peking auf dem Spiel stehe. Schon seinen abrupten Abzug aus Afghanistan hatte Biden so begründet: Der zwanzig Jahre währende Krieg am Hindukusch habe Amerika und seine Verbündeten geschwächt und abgelenkt, während China immer stärker geworden sei. Dem Machtanspruch Pekings im Indopazifik will Biden mit militärischer Stärke entgegentreten. Dabei setzt er auf die aus Washingtons Sicht bewährtesten Verbündeten. Australien und Großbritannien gehören dazu, Frankreich und die anderen Länder der EU eher nicht.[3]

Und so ging Joe Biden, als an diesem 15. September 2021 der neue Aukus-Pakt verkündet wurde, in seiner Ansprache mehr als hundert Jahre zurück, erinnerte an die Waffenbrüderschaft mit Briten und Australiern in den beiden Weltkriegen, in Korea und am Persischen Golf. Den Bedrohungen des 21. Jahrhunderts werde man sich genauso stellen wie denen des 20. Jahrhunderts, nämlich «zusammen». Die Aukus-Sicherheitspartnerschaft solle den Demokratien im Indopazifik militärisch den Vorsprung sichern, nicht nur bei den U-Booten, sondern auch bei Cyberwaffen, künstlicher Intelligenz und beim Quantencomputing.

Mindestens acht atomar angetriebene U-Boote, vereinbarten die drei Regierungen, sollen im australischen Adelaide gebaut werden. Da Australien über keine eigene Atomindustrie verfügt und auch nuklearfrei bleiben will, müssen die Reaktoren aus Großbritannien oder den USA geliefert werden. Diese Reaktoren werden in der Regel mit waffenfähigem Uran betrieben. Ein Verstoß gegen den atomaren Nichtverbreitungsvertrag, den auch Australien unterschrieben hat? Nein, U-Boot-Reaktoren auch mit diesem hohen Anreicherungsgrad verbietet das Abkommen nicht. Und mit Atomwaffen, versichert die Regierung in Canberra, sollen die Boote nicht ausgerüstet werden.

Dass Amerika die hochsensible Technologie mit den Australiern teilt, ist ein erstaunlicher Vertrauensbeweis. Nur ein einziges Mal hat Washington sein Wissen bei den Atom-U-Booten weitergegeben, an Großbritannien im Jahr 1958. Nun wird Australien weltweit das siebte

Land, das über diese Technik verfügt – nach den Nuklearmächten USA, Großbritannien, Russland, Frankreich, China und Indien. Ein anderer, ebenfalls sehr enger Verbündeter der USA genießt dieses uneingeschränkte Vertrauen offenbar nicht. Südkorea hatte schon vor Jahren Interesse an atomar angetriebenen U-Booten bekundet. Doch Washington verweigerte sich dem Wunsch aus Seoul. Aukus soll denn auch ausdrücklich ein Dreierbund bleiben.

Mit den neuen Unterseebooten wird Australiens Marine ihren Aktionsradius erheblich ausweiten. Sie werden auch im Südchinesischen Meer oder in den Gewässern um Taiwan operieren können. Und natürlich werden sie durch den Südpazifik pflügen, für die Australier eine vertraute Ozeanregion, auf deren Inselstaaten China seinen Einfluss seit langem auszuweiten versucht. Dass sich die Modernisierung der U-Boot-Flotte gegen China richtet, daraus macht Canberra kein Geheimnis. Pekings maritime Aufrüstung wird als Hauptgrund genannt für den Wechsel von den Franzosen zu Briten und Amerikanern. Das «strategische Umfeld» habe sich geändert, sagen Diplomaten. Selbst wenn die Franzosen atomar angetriebene U-Boote geliefert hätten, so hätten deren Reaktoren alle sieben bis zehn Jahre neuen Brennstoff gebraucht. Die britischen und amerikanischen Reaktoren aber müssen nie neu befüllt werden, sie können laufen, bis das Boot nach vielleicht 35 Jahren ausgemustert wird. Wer mit China mithalten will, mit der inzwischen größten Kriegsmarine der Welt, so lautet das Argument in Canberra, braucht die beste verfügbare Technik.

Noch ist dies alles Zukunftsmusik. Vor dem Jahr 2040 wird wohl kein in Adelaide gebautes U-Boot auf seine erste Tauchfahrt gehen. Politisch, militärisch und technisch ist das Vorhaben hochkomplex. Amerikaner, Briten und Australier haben sich mit Aukus auf Jahrzehnte aneinandergebunden. Washingtons neue Strategie im Indopazifik heißt «Integrierte Abschreckung», und sie setzt auf die militärischen Fähigkeiten der Verbündeten in der Region. Australien gilt als robuster Partner. Dass es Druck aushalten kann, hat es in den jahrelangen Auseinandersetzungen mit China bewiesen.

Als Reaktion auf Chinas Aufstieg bildet sich ein neues regionales Sicherheitssystem heraus. Zu dem bereits auf den Zweiten Weltkrieg zurückgehenden Verbund der «Five Eyes», in dem die USA, Kanada, Großbritannien, Australien und Neuseeland die Erkenntnisse ihrer Geheimdienste austauschen, kommen nun Quad und Aukus hinzu. Wird sich aus diesen «minilateralen Bündnissen» eines Tages die von China befürchtete «asiatische Nato» entwickeln? Das dürfte unwahrscheinlich sein. Der Widerstand in der Region gegen eine westliche Dominanz wäre zu groß. Die meisten Staaten wünschen zwar, dass die Vereinigten Staaten als Gegengewicht zur wachsenden Macht Chinas in der Region präsent bleiben. Zugleich wollen sie keinen Konflikt mit der Volksrepublik, mit der sie wirtschaftlich auf das Engste verflochten sind.

Auf den Aukus-Pakt reagieren Asean-Staaten wie Indonesien und Malaysia deshalb kritisch. Sie sorgen sich vor einer weiteren Zuspitzung der amerikanisch-chinesischen Rivalität. Der indonesische Präsident Joko Widodo warnt vor einem neuen Rüstungswettlauf. Asean, die Vereinigung südostasiatischer Staaten, wacht eifersüchtig über ihre «Zentralität», wenn es um Regeln für das Miteinander in der Region geht. Dieser «Zentralität» zollen die Großmächte auf Konferenzen und in Kommuniqués zwar eifrig Tribut. In ihrem Handeln jedoch nehmen sie darauf wenig Rücksicht. Denn außen- und sicherheitspolitisch ist Asean schwach. Die Interessen der Mitgliedsländer liegen oft weit auseinander. So fand Aukus in Singapur und auf den Philippinen Beifall, anders als in Indonesien und in Malaysia. Ein so wichtiges Land wie Vietnam schwieg derweil beredt.

Japan und Indien sind bereits über die Quad in das von den USA angestrebte System neuer asiatischer Allianzen eingebunden. Aus Tokio und Neu-Delhi gab es Zustimmung für Aukus. «Das Gewebe wird fester», heißt es in einer Analyse des auf Hawaii angesiedelten Think-Tank Pacific Forum. Aukus könnte «der Beginn einer tiefen, strukturellen Modernisierung der regionalen Sicherheitsarchitektur sein, so wie bei der Herausbildung der transatlantischen Gemeinschaft nach dem Zweiten Weltkrieg».[4]

Und wirklich, viel enger, und damit aus chinesischer Sicht bedrohlicher, kann eine Sicherheitspartnerschaft kaum sein. Von Anfang an ging es bei Aukus nicht nur um den Bau moderner U-Boote. «Mehr wird kommen», hatten Diplomaten prophezeit. So geschah es denn auch. Wenige Wochen nach dem Angriff Russlands auf die Ukraine erklärten Joe Biden, Boris Johnson und Scott Morrison, ihre Regierungen wollten bei der Entwicklung von Hyperschallwaffen und Systemen zu deren Abwehr zusammenarbeiten. Hyperschallraketen fliegen mindestens fünf Mal so schnell wie der Schall. Russland hat nach eigenen Angaben mehrmals Hyperschallraketen vom Typ Kinschal gegen die Ukraine eingesetzt, auch China hat diese extrem schnellen und schwer abzufangenden Raketen getestet. Die Erklärung der drei Regierungschefs hatte also zwei Adressaten: Peking und Moskau.[5]

Kein Wunder, dass Chinas Führung mit größtem Unbehagen auf Aukus schaut. In dem Bündnis zeige sich die «Mentalität des Kalten Krieges». Mit der gemeinsamen Entwicklung modernster Waffen wird die Gefahr, die für Peking von den USA ausgeht, bei Aukus sehr konkret. Und so warnen die Staatsmedien vor einem regionalen Wettrüsten und einer globalen Verbreitung von Atomwaffen. Aber warum, fragt der Oxford-Historiker Rana Mitter, stößt China bei seinen Nachbarn damit auf so wenig Widerhall? Chinas Versagen liege nicht so sehr darin, argumentiert der Chinakenner, dass es Peking nicht gelungen sei, «die USA aus der Region zu vertreiben, sondern in der andauernden Unfähigkeit, die Länder in der Gegend davon zu überzeugen, dass der Rückzug Amerikas eine gute Idee wäre».[6]

Dieses Scheitern offenbart sich auch in Australien. Aukus ist dort ja nicht unumstritten. Geht das alles nicht zu weit? Machen wir uns von den Vereinigten Staaten nicht viel zu abhängig? Können wir uns auf die Amerikaner wirklich verlassen? So fragen die Kritiker. Scott Morrison war mit seiner «Partnerschaft für die Ewigkeit» eine gewagte Wette auf die Zukunft eingegangen. Aus Sicht seines sozialdemokratischen Vorgängers Paul Keating kam die Entscheidung für Aukus einem «dramatischen Verlust an australischer Souveränität» gleich. Das Land begebe sich ganz in die Hände der Amerikaner.[7]

Hatte die Regierung in Canberra außenpolitisch also den «Rubikon» überschritten? Das meinte Rory Medcalf, Leiter des National Security College an der Australian National University. «Australien signalisiert, für uns gibt es in der Beziehung zu China keinen Weg zurück.» Eine «stabile Balance der Abschreckung» sei noch das Beste, was eine solche Politik erhoffen lasse.[8] Hugh White, ehemals Professor für Strategische Studien an derselben Hochschule, warnte vor künftigen militärischen Verstrickungen: «Wenn die USA Australien den Zugang zu ihrer Nukleartechnologie erlauben, dann wegen der Erwartung, dass Australien seine Kräfte in einem möglichen Krieg mit China einsetzt.»[9]

Neben die Skepsis der Strategen traten die Sorgen der Atomkraftgegner. Australien verfügt zwar über große Uranvorkommen, hat aber nie auf die friedliche Nutzung der Kernenergie gesetzt, schon gar nicht wollte es seine Streitkräfte mit Atomwaffen ausrüsten. Es gibt auf australischem Boden nur einen kleinen Forschungsreaktor, und der einzige Studiengang zur Ausbildung von Nuklearingenieuren entlässt jedes Jahr vielleicht ein halbes Dutzend Absolventen ins Berufsleben. Und dieses nahezu nuklearfreie Land sollte nun einige der modernsten atomgetriebenen U-Boote der Welt bauen? Nachdem aber der Schritt über den «Rubikon» gemacht war, würde das Land eines Tages nicht doch die Nuklearreaktoren seiner U-Boote selbst produzieren wollen? Und wäre der nächste konsequente Schritt dann nicht der Bau von Atomwaffen?

Natürlich schwor die konservative Regierung in Canberra heilige Eide, dies alles werde nie geschehen. Und als nach den Parlamentswahlen im Mai 2022 wieder Labor an die Macht kam, hielt der neue Premierminister Anthony Albanese an Scott Morrisons Plänen fest. Doch die Zweifel im Land räumte auch er nicht aus. So wenig wie die Kritik mancher Nachbarstaaten. Nicht einmal die Vorbehalte des engen Freundes Neuseeland. Das Land will, wie seit Jahrzehnten schon eine nuklearfreie Zone bleiben, keine Kernkraftwerke bauen und weder Schiffe noch Flugzeuge mit Atomwaffen auf seinem Territorium dulden. Neuseeländische Gewässer sind also tabu für künftige australische U-Boote, die einen Nuklearreaktor an Bord haben. Australien wird viel Geschick beim politischen Navigieren beweisen müssen, wenn es an der Seite seiner Partner in die Weltpolitik des 21. Jahrhunderts aufbricht.

V. Europäische Interessen

1. Deutschland – Wird unsere Sicherheit auch am Indopazifik verteidigt?

Es ist ein historischer Konferenztisch, an dem Annegret Kramp-Karrenbauer auf der Pazifikinsel Guam zu früher Morgenstunde Platz nimmt. 54 Jahre zuvor, am 20. März 1967, versammelten sich um diesen Tisch die politischen und militärischen Führer der Vereinigten Staaten und Südvietnams. US-Präsident Lyndon B. Johnson, an seiner Seite Verteidigungsminister Robert McNamara, sprach mit Präsident Nguyen Van Thieu über den Fortgang des Vietnamkriegs. Beide Seiten verbreiteten Optimismus. Aber nach der «Tet-Offensive» der nordvietnamesischen Armee im folgenden Jahr «ging der Krieg in die falsche Richtung».

So sagt es der amerikanische Konteradmiral John Menoni, der an diesem Vormittag Ende Mai 2021 die deutsche Verteidigungsministerin über die sicherheitspolitische Lage im Westpazifik informiert. Guam ist US-Territorium. Von hier aus, vom gigantischen Luftwaffenstützpunkt Andersen Air Force Base, starteten im Vietnamkrieg die strategischen B-52-Bomber mit ihrer tödlichen Last.

Ein halbes Jahrhundert später, in Zeiten einer sich verschärfenden amerikanisch-chinesischen Großmachtrivalität, kommt der tropischen Insel wieder eine überragende Bedeutung zu. Deshalb hat sich Annegret Kramp-Karrenbauer auf den weiten Weg gemacht. Sie will ein Zeichen setzen, dass Deutschland in diesem Konflikt nicht neutral ist. Ein Besuch auf Guam, dem westlichsten Außenposten der USA im Pazifik, ist da von besonderer Symbolik.

In seinem Hauptquartier auf dem Nimitz Hill spricht Admiral Menoni von der «Tyrannei der Distanz», auf die Amerikas Militärs in einem möglichen Konflikt um das Südchinesische Meer oder um Taiwan eine Antwort finden müssen. Der westliche Pazifik ist von den USA viele Tausend Seemeilen entfernt. Vom kalifornischen San Diego ins Südchinesische Meer braucht ein Kriegsschiff rund zwanzig Tage, von Guam aus sind es nur vier. Ein Flugzeug schafft es von hier aus in drei Stunden. Deshalb haben die amerikanischen Streitkräfte von weiten Teilen Guams Besitz genommen. Dem Pentagon gehören 27 Prozent der Inselfläche. Mit der Andersen Air Force Base, dem gleichfalls riesigen Marinestützpunkt und den gewaltigen Munitionsdepots ist Guam Dreh- und Angelpunkt aller militärischen Planungen Washingtons in dieser Region.

In den zurückliegenden zwölf Monaten hätten sieben US-Flugzeugträgerverbände Guam angelaufen, berichtet John Menoni. Auch die Japaner, die Australier und sogar die Spanier seien mit ihren Kriegsschiffen hier gewesen. «Und später im Jahr kommen Sie, wir können es kaum erwarten.» Der Admiral in seiner blütenweißen, scharf auf Falte gebügelten Navy-Uniform strahlt die Verteidigungsministerin aus Berlin an. Die lächelt sanft zurück.[1]

Annegret Kramp-Karrenbauer hatte sich seit längerem besorgt gezeigt über den machtpolitischen Aufstieg Chinas im Indopazifik. Die Politik Angela Merkels gegenüber Peking war ihr zu nachgiebig. Kramp-Karrenbauer wollte Deutschland klarer positionieren, auf der Seite der Vereinigten Staaten und deren Verbündeter in der Region. Kurz nach ihrem Amtsantritt hielt sie im November 2019 eine sicherheitspolitische Grundsatzrede an der Universität der Bundeswehr in München. «Unsere Partner im Indopazifischen Raum – allen voran Australien, Japan und Südkorea, aber auch Indien – fühlen sich von Chinas Machtanspruch zunehmend bedrängt. Sie wünschen sich ein klares Zeichen der Solidarität», sagte die neue Verteidigungsministerin. «Es ist an der Zeit, dass Deutschland auch ein solches Zeichen setzt, indem wir mit unseren Verbündeten Präsenz in der Region zeigen. Weil wir ein Interesse daran haben, dass bestehendes Recht respektiert wird. Und weil wir nur dann auf die Solidarität anderer zählen können, wenn wir selbst solidarisch sind.»

Präsenz zeigen – damals nahm die Idee Gestalt an, die Deutsche

Marine sollte nach fast zwanzig Jahren Abwesenheit in der Region wieder ein Kriegsschiff in den Indopazifik schicken. «Unter dem Eindruck sehr vieler Gespräche mit den Partnern sind wir zu dem Schluss gekommen, dass wir ein Stück weit Farbe bekennen müssen», war damals im Auswärtigen Amt zu hören. China habe im Südchinesischen Meer das Seevölkerrecht eklatant verletzt. «Wir haben uns in den letzten Jahren stärker exponiert, haben der chinesischen Rechtsauffassung offen widersprochen», hieß es am Werderschen Markt. Es habe in der Bundesregierung lange Diskussionen gegeben, welches die richtigen Mittel seien, um Deutschlands Politik zu verdeutlichen. «Die Antwort lautete: mit Schiffen.» Und so liefen damals die Planungen an für die Asien-Fahrt der Fregatte «Bayern» im Sommer 2021.

Noch vor der Marine aber sollte die Politik selbst Anwesenheit demonstrieren. Und so plante Annegret Kramp-Karrenbauer für das Frühjahr 2021 eine spektakuläre Reise über den ganzen Pazifik hinweg. Zunächst sollte es nach Seoul gehen, in Südkorea haben die Amerikaner 28 500 Soldaten stationiert. Dann nach Tokio, Japan beherbergt sogar 54 000 GIs. Weiter nach Guam. Danach sollte Honolulu folgen mit dem Indopazifik-Kommando. Zum Abschluss stand eine Visite in Washington bei Verteidigungsminister Lloyd Austin auf dem Programm. Die geplante Tour war eine einzige Bekundung des Respekts vor der pazifischen Ordnungsmacht Amerika. Zurück sollte es dann noch einmal über den Stillen Ozean gehen nach Singapur, wo die Ministerin am Shangri-La-Dialog teilnehmen wollte, dem jährlichen Treffen der *strategic community* in Asien. Doch die Covid-Pandemie machte die Reisepläne zunichte. Von der vorbereiteten Route blieben nur der Besuch in Südkorea und der Abstecher nach Guam.

Dort besteigt die Verteidigungsministerin nach dem Gespräch mit Admiral Menoni an diesem schwül-heißen Vormittag auf der Naval Base nun die «USS Charleston», ein futuristisches Schiff wie aus einem James-Bond-Film, dessen Tarnkappeneigenschaften es vor dem gegnerischen Radar verbergen sollen. Zur Begrüßung hat sich die Mannschaft an Deck versammelt. Von der «USS Charleston» geht es weiter zu einer Druckkammer für Marinetaucher. Den Soldaten dort verkündet Kramp-Karrenbauer: «Wir kämpfen für Demokratie, Freiheit und eine auf Regeln basierte Ordnung, Seite an Seite.» Heftiges Nicken bei den amerikanischen Marinesoldaten, kräftiges Händeschütteln, dann macht sich die Ministerin wieder auf den Weg.

Am späten Nachmittag der Rückflug nach Berlin, 14 Stunden nonstop im nagelneuen Airbus 350 der Luftwaffe. Hat sich der Aufwand gelohnt? Kramp-Karrenbauer findet, ja. Sie hat ihr politisches Signal Richtung Washington gesendet, darauf vor allem kam es ihr an. In vollem Umfang sei ihr die historische Bedeutung Guams für die Vereinigten Staaten erst an Ort und Stelle klar geworden. Noch nie sei ein deutscher Verteidigungsminister hier gewesen. «Ich will das Gespräch über den indopazifischen Raum weiterführen.» Da ahnt sie noch nicht, dass sie nur noch ein gutes halbes Jahr im Amt sein wird.

Ohnehin gibt in der Außenpolitik das Kanzleramt den Ton an. Und Angela Merkel suchte immer den Ausgleich mit Peking. «So mäandernd deutsche China-Politik (...) wirken mochte, so mündete sie doch letztlich immer dort, wo Angela Merkel sie haben wollte.»[2] Nie hätte die Bundeskanzlerin so klare Worte gefunden wie ihre Verteidigungsministerin. In einer zweiten Grundsatzrede, diesmal an der Universität der Bundeswehr in Hamburg, sprach Annegret Kramp-Karrenbauer im November 2020 über «die globale Machtverschiebung hin zum Pazifik» und verkündete: «Wir werden Flagge zeigen für unsere Werte, Interessen und Partner.»

Töne, die bei den Sozialdemokraten, Partner in der großen Koalition, nicht gut ankamen. SPD-Fraktionschef Rolf Mützenich mokierte sich über das «wilhelminische Weltbild» der Ministerin, die für Deutschland einen «Platz an der Sonne» anstrebe wie einst das Kaiserreich. «Wenn die Verteidigungsministerin einer militärischen Eindämmungsstrategie gegen China das Wort redet, geht mir das entschieden zu weit.»[3]

Immerhin, gemeinsam legte die Bundesregierung im September 2020 «Leitlinien» für ihre Indopazifik-Politik vor. Die hatte das Auswärtige Amt entwickelt, geleitet von dem Sozialdemokraten Heiko Maas. Ganz im Sinne der Verteidigungsministerin schrieb Maas in seinem Vorwort: «Als global agierende Handelsnation und Verfechter einer regelbasierten internationalen Ordnung darf Deutschland sich

(…) nicht mit einer Zuschauerrolle begnügen.»[4] In den «Leitlinien» formulierte die Bundesregierung ihre Politik zum Multilateralismus, zum Klimawandel, zu den Menschenrechten, zum Freihandel, zu Kultur, Bildung und Wissenschaft. Aber es ging auch um den deutschen Beitrag zu Frieden und Sicherheit in der Region. Als besonders bedrohlich galten Chinas Militarisierung des Südchinesischen Meers und das Atomprogramm Nordkoreas. Dazu heißt es: «Die Bundesregierung beabsichtigt, sich in Zukunft noch aktiver an Maßnahmen zu Schutz und Sicherung der regelbasierten Ordnung im Indo-Pazifik, wie etwa der Unterstützung der Prinzipien des VN-Seerechtsübereinkommens oder auch der Überwachung der VN-Sanktionen gegen Nordkorea zu beteiligen.» In den Worten von Heiko Maas: «Deutschland muss sich noch stärker mit existenziellen Sicherheitsbelangen seiner bewährten Partner auseinandersetzen.»[5]

Hinlänglich konkret, um als Selbstverpflichtung Deutschlands von den asiatischen Partnern ernst genommen zu werden? Oder doch vage genug, um es Berlin zu erlauben, sich im Ernstfall diskret aus der Affäre zu ziehen? Die Konrad-Adenauer-Stiftung, die sich in der Region um ein «Meinungsbild» bemühte, kam zu dem Ergebnis, die deutschen Leitlinien seien in Ländern wie Indien, Japan und Singapur als «nur mäßig mutig eingestuft worden. Durch den dezidiert inklusiven Ansatz der Leitlinien, in denen China als Partner und Herausforderer miteinbezogen ist, möchte sich Deutschland gegen bipolare Blockbildung aussprechen.»[6]

Und tatsächlich versuchten Deutschlands Diplomaten bei ihrem indopazifischen Balanceakt nicht vom Seil zu stürzen. Einerseits hieß es im Auswärtigen Amt: Wir haben bisher zu sehr auf China gesetzt. Das macht uns anfällig für politischen Druck. Andererseits galt: Auf der Agenda der Bundesregierung steht nicht «Decoupling», also Loslösung von China, sondern Diversifizierung. Und so blieben auch die Leitlinien, bei allen sehr konkreten Beispielen für eine aktivere Indopazifik-Politik, eher zurückhaltend, wenn es um die größte Herausforderung ging, den Umgang mit China. Das zeigte sich auch, als die Deutsche Marine tatsächlich zum ersten Mal seit fast zwanzig Jahren wieder mit einem Kriegsschiff im Indopazifik aufkreuzte.

Verteidigungsministerin Annegret Kramp-Karrenbauer wird an Bord der Fregatte «Bayern» begrüßt, die zu einer mehrmonatigen Mission in den Indischen und Pazifischen Ozean aufbricht, 2. August 2021.

Es ist Montag, der 2. August 2021, als in Wilhelmshaven die Fregatte «Bayern» um zwei Uhr nachmittags die Anker lichtet. An Bord sind 243 Besatzungsmitglieder, die nun zu einer achtmonatigen «Präsenz- und Ausbildungsfahrt» aufbrechen, erst durch das Mittelmeer, dann in den Indischen und Pazifischen Ozean. «Ihr Auftrag ist von politischer Bedeutung, und er erfordert Ihr großes seemännisches Können», gibt Annegret Kramp-Karrenbauer den Soldaten bei der Verabschiedung mit auf den Weg. «Wir wollen, dass bestehendes Recht respektiert wird, Seewege uneingeschränkt befahrbar sind, offene Gesellschaften geschützt werden und dass Handel zu fairen Regeln erfolgt.»[7]

Wahrlich ein hochpolitischer Auftrag, entsprechend lange war um die Fahrt der «Bayern» gestritten worden. Die einen sahen darin ein überfälliges Signal der Solidarität mit den von China herausgeforderten Partnerstaaten, die anderen kritisierten ein überflüssiges Säbelrasseln. In Berlin war allen Beteiligten klar, dass sie die «Bayern» in politisch verminte Gewässer schickten. Deswegen versicherte die Bundesregierung in Hintergrundgesprächen auch ein ums andere Mal, wie vorsichtig und besonnen man auf dieser Fahrt agieren werde. Für keinen Teil der Reise galt dies mehr als für die Passage durch das Südchinesische Meer.

Auf diese wenigen Tage im Dezember 2021 hatte sich von Beginn an die ganze Aufmerksamkeit gerichtet. Hier galt es für die Freiheit der Seewege einzutreten, für die Unverletzlichkeit des Seerechts. Galt es Einspruch einzulegen gegen einen Rechtsbruch durch die Weltmacht China in Schussweite der chinesischen Marine. «Deutschland betont regelmäßig die Bedeutung des VN-Seerechtsübereinkommens UNCLOS als umfassenden und weltweit geltenden Rechtsrahmen, vor allem die in UNCLOS verankerte Navigationsfreiheit in internationalen Gewässern, aber auch die darin geregelten obligatorischen Streitschlichtungsmechanismen», hieß es in einer Pressemitteilung von Auswärtigem Amt und Verteidigungsministerium zur Fahrt der «Bayern» durch das Südchinesische Meer. Gegen die Seerechtskonvention UNCLOS (United Nations Convention on the Law of the Sea) aber hatte China mit dem Bau von Militärstützpunkten auf den Inseln in diesem Seegebiet eklatant verstoßen.

Eine Provokation, auch aus deutscher Sicht. Aber was tun? Eines hatte die Bundesregierung klargestellt: Die Fahrt der «Bayern» durch das Südchinesische Meer war keine «Freedom of Navigation Operation» (FONOP), wie sie die Amerikaner immer wieder praktizieren, wenn sie ihre Kriegsschiffe demonstrativ durch von China beanspruchte Hoheitsgewässer schicken. Auch Briten und Franzosen sind mit ihren Kriegsschiffen das Risiko einer Konfrontation mit Chinas Marine eingegangen. Für die Bundesregierung kam das nicht in Frage. Wir zeigen Präsenz, «wie es uns möglich ist», wurde in Berliner Hintergrundgesprächen erklärt. Und das hieß, keine Fahrt durch die Zwölf-Meilen-Zonen rund um die von China reklamierten Inseln, sondern eine Passage «auf den üblichen internationalen Handelsrouten». Man sei auf eine Begleitung der «Bayern» durch chinesische Kriegsschiffe eingestellt, auch durch Überflüge chinesischer Militärjets. Aber das sei ein normales Verhalten, so mache es die Deutsche Marine in der Ostsee mit russischen Kriegsschiffen auch.

Auch war nie eine Fahrt der «Bayern» durch die Straße von Taiwan geplant. Entwarnung an Peking also, wo man die Reiseplanung der deutschen Fregatte misstrauisch beobachtet hatte. Und doch sagte Chinas Regierung den von Berlin als Zeichen guten Willens angebotenen Hafenbesuch in Shanghai nach wochenlangem Überlegen ab. Für eine solche Visite müsse Deutschland erst «die richtige Atmosphäre» schaffen, hieß es aus Peking. Ein Affront, der die Bundesregierung aber nicht überraschen konnte. Sie hatte sich weltpolitisch ein wenig verheddert, wollte einerseits «Flagge zeigen», andererseits bloß nicht Chinas Zorn auf sich ziehen.

Dabei wollte die Regierung doch mit der Reise der «Bayern» ein klares Signal senden. «Wir wissen genau, auf welcher Seite des Tisches wir sitzen», war aus dem Verteidigungsministerium zu hören. Anders als Frankreich sei Deutschland zwar keine pazifische Nation, aber «einen Fußabdruck» wolle man doch hinterlassen. Und vielleicht ist das sogar gelungen. Immerhin nahm die deutsche Fregatte auf Einladung Japans an dem Seemanöver «Annual Exercise 21» teil. Zehn Tage lang übte sie mit Schiffen aus Japan, Australien, Kanada und den USA. Mit dabei auch der amerikanische Flugzeugträger «USS Carl Vinson».[8]

Es waren vor allem die Japaner, die auf eine größere Sichtbarkeit Deutschlands im Indopazifik drängten. Die Beziehungen zwischen Berlin und Tokio, die lange Zeit unter der Eintönigkeit einer freundlichen Routine gelitten hatten («Unser Problem ist, dass wir keine Probleme haben», war immer wieder zu hören), sind durch den Konflikt mit China intensiver geworden. Die beiden Länder schlossen ein Geheimschutzabkommen; Außen- und Verteidigungsminister treffen sich neuerdings zu «Zwei-plus-Zwei»-Gesprächen; es soll regelmäßige Regierungskonsultationen auf Kabinettsebene geben. Japan ist wieder unbestritten Deutschlands engster politischer Partner in dieser Weltregion.

Nach ihrer Visite in Tokio beteiligte sich die «Bayern» drei Wochen lang an der Überwachung der von den Vereinten Nationen gegen Nordkorea verhängten Sanktionen. Vor der Küste des verschlossenen Landes wird seit Jahren immer wieder Schmuggelware auf nordkoreanische Schiffe umgeladen. Der deutsche Beitrag zu den Sanktionskontrollen blieb jedoch begrenzt. «Beobachten und melden», lautete der Auftrag; verdächtige Schiffe betreten und durchsuchen sollten die Soldatinnen und Soldaten nicht.

Als die «Bayern» am 18. Februar 2022 wieder in Wilhelmshaven vor Anker ging, regierte in Berlin nicht mehr die große Koalition, sondern die Ampel. Mit der Ära Merkel endete auch die Zeit einer sehr freundlichen Chinapolitik. Vor allem auf Drängen von Grünen und Liberalen schlug die neue Regierung gegenüber Peking sofort kritischere Töne an. «Die Menschenrechte als wichtigster Schutzschild der Würde des Einzelnen bilden dabei unseren Kompass», heißt es im Koalitionsvertrag. Es soll also nicht immer nur um die Geschäfte gehen. «Um in der systematischen Rivalität mit China unsere Werte und Interessen verwirklichen zu können, brauchen wir eine umfassende China-Strategie in Deutschland im Rahmen der gemeinsamen EU-China-Politik.»

Die Ampel regierte noch keine drei Monate, als Russlands Truppen in der Ukraine einmarschierten. Und obwohl Moskaus Angriffskrieg nicht nur Chinas heiligsten Prinzipien von der staatlichen Souveränität und der Unverletzlichkeit der Grenzen widersprach, sondern auch Pekings wirtschaftlichen und strategischen Interessen schadete, agierte die chinesische Führung nach Beginn des Krieges wie ein Komplize Putins: keine Verurteilung der Aggression, sondern Vorwürfe an die Nato und die Vereinigten Staaten, sie hätten den Konflikt heraufbeschworen. Und während die Berliner Politik noch darüber stritt, wie sich Deutschland am besten von russischem Öl und Gas lösen könne, begann eine Debatte darüber, ob die Abhängigkeit von China nicht viel größer sei.[9]

Wie im Rausch war die deutsche Wirtschaft seit Beginn der Reformen Deng Xiaopings Ende der siebziger Jahre nach Osten gestürmt. Die Politik half nach Kräften, Türen zu öffnen. Wenn es um China ging, verstanden sich alle Kanzler als Vorstandsvorsitzende der Deutschland AG. Brachen sie nach Peking auf, drängten sich im Regierungsflieger die Spitzen der wichtigsten Dax-Konzerne. Alle wollten beim Jahrhundertgeschäft dabei sein. Warnungen, am leninistischen Herrschaftssystem habe sich nichts geändert, wurden ungeduldig abgetan. Kritik an den Menschenrechtsverletzungen wurde als unverbesserliches «Gutmenschentum» verspottet. Deutsche Chinapolitik war Wirtschaftsförderungspolitik. Und damit war sie höchst erfolgreich. Seit dem Jahr 2016 ist die Volksrepublik der größte Handelspartner Deutschlands. 2022 erreichte der Handel mit China ein Volumen von 299 Milliarden Euro, danach folgten die Vereinigten Staaten (249 Milliarden Euro) und die Niederlande (230 Milliarden Euro).

Als die chinesische Führung im Ukrainekrieg Putins Partei ergriff, war die Bestürzung groß. Und groß war auch das Entsetzen, als Peking mit seiner Null-Covid-Politik Megastädte wie Schanghai wochenlang in den Lockdown schickte und globale Lieferketten reißen ließ. Als dann noch schockierende Fotos aus den Internierungslagern in Xinjiang auftauchten, reagierte die deutsche Politik mit ungewohnter Schärfe. Auch einzelne Unternehmen und Wirtschaftsverbände meldeten sich zu Wort. Die schönen Geschäfte waren auf einmal nicht mehr Grund genug, zu Chinas Schattenseiten zu schweigen. Leicht fiel es allerdings nicht, sich die eigenen Illusionen einzugestehen. China war für manchen Konzern, gerade in der Autoindustrie, zur «zweiten Heimat» geworden. Der damalige VW-Chef Herbert Diess, wegen eines Werkes in Xinjiang besonders in der Kritik, fand die schöne Formel: «Wenn Sie nicht in China sind, haben Sie ein Problem. Wenn Sie in China sind, haben Sie eine Chance.»[10] In der Volksrepublik, hieß es über Jahrzehnte, entscheidet sich die Zukunft, da muss man dabei sein. Sollte das alles nicht mehr gelten?

Natürlich ließ sich das Ruder nicht einfach herumwerfen. Dafür hatten die deutschen Unternehmen zu viel in China investiert. Konzerne wie Volkswagen und Daimler verkaufen heute rund 40 Prozent ihrer Autos in der Volksrepublik, für sie gibt es zum chinesischen Markt keine Alternative. Und doch prüfen sie jetzt die Möglichkeiten, ihr Geschäft stärker zu diversifizieren. VW etwa will in den Vereinigten Staaten größere Marktanteile gewinnen. Andere Firmen schauen nach Indien, Indonesien oder Vietnam. Das Münchner ifo Institut führte eine Umfrage unter 4000 deutschen Unternehmen durch und kam zu dem Ergebnis, dass fast jede zweite Firma ihre Importe aus China reduzieren wollte, um die Abhängigkeit von der Volksrepublik zu verringern.[11]

Aber Abschied von China will kaum jemand nehmen. BASF-Chef Martin Brudermüller rechnet Chinakritikern vor: «Russland trägt nicht einmal zwei Prozent zum weltweiten Bruttoinlandsprodukt bei, China jedoch fast ein Fünftel. Russland ist ein wichtiger Lieferant von Energie und Rohstoffen, China ein riesiger Absatzmarkt und zugleich Treiber bei neuen Technologien. China gräbt uns in vielen angestammten Gebieten schon heute das Wasser ab, das tut weh. Das ist Wettbewerb, und den sollten wir annehmen und unsere Hausaufgaben machen.» Eines will er noch loswerden: «Wenn Europa für unsere Werte einstehen will, braucht es eine Basis wirtschaftlicher Stärke.»[12]

Da würde ihm aus der Politik kaum jemand widersprechen. Doch auf die von Brudermüller gefürchtete Blockbildung – demokratische versus autokratische Systeme – muss auch Deutschland eine Antwort finden. «Wir müssen uns fragen, ob wir nicht zu naiv waren gegenüber Systemrivalen», sagt Winfried Kretschmann, grüner Ministerpräsident des Autolandes Baden-Württemberg.[13] Der Ko-Vorsitzende der SPD Lars Klingbeil sieht eine neue Weltordnung heraufziehen. «Es geht um nichts weniger als die politische Neuvermessung der Welt», sagt er. «Wenn ich etwa auf China schaue, dann möchte ich nicht, dass wir in zehn Jahren feststellen, dass wir uns in eine einseitige Abhängigkeit (…) gebracht haben.»[14]

Eine Allparteienkoalition der Skeptiker warnt davor, weiterzumachen wie bisher. Die «enorme Abhängigkeit» der deutschen Wirtschaft von China sei «bedrückend», sagt FDP-Finanzminister Christian Lindner. Und der CDU-Außenpolitiker Norbert Röttgen warnt: «China will das Prinzip des Rechts in den internationalen Beziehungen durch das Prinzip der Macht ersetzen. Das ist eine Kampfansage. Und es bedeutet auch: Wenn wir uns wirtschaftlich von Ländern wie China abhängig machen, schwindet unsere Fähigkeit, auf die internationale Ordnung Einfluss zu nehmen.»[15]

Fast vierzig Jahre lang hatten Politik und Wirtschaft mit einem verklärten Blick auf China geschaut. Mit der zunehmenden Repression in der Volksrepublik, der Zerstörung der Demokratie in Hongkong, den Drohungen gegen Taiwan, der Covid-Pandemie und schließlich dem Schweigen Pekings zu Putins Krieg gegen die Ukraine kam die große

Ernüchterung. Es war kein Zufall, dass die erste Asienreise von Bundeskanzler Olaf Scholz nach Tokio ging. Bis dahin hatte der Weg fast immer zuerst nach Peking geführt. Angela Merkel besuchte die Volksrepublik in den sechzehn Jahren ihrer Amtszeit zwölf Mal.

Japan, das sich lange vernachlässigt gefühlt hatte, registrierte das Signal genau. In der japanischen Pressemitteilung zum Gespräch zwischen Scholz und Premierminister Kishida tauchte das Wort China kein einziges Mal auf. Aber zwischen den Zeilen war zu lesen, dass es fast um nichts anderes ging. Das Bekenntnis zu einem «freien und offenen Indopazifik», die Zusammenarbeit bei der 5G-Technologie, die Absicht, «Lieferketten unabhängig von einzelnen Ländern machen» zu wollen, und die gemeinsame Verurteilung einseitiger «Versuche zur Veränderung des Status quo mittels Gewalt im Ostchinesischen Meer sowie im Südchinesischen Meer» – dies alles waren klare Botschaften an die Pekinger Führung.

Alte Partnerschaften in Asien wurden von der deutschen Politik wieder entdeckt, neue Formen der Zusammenarbeit ins Auge gefasst. Den Amerikanern, die früher und entschlossener auf die chinesische Herausforderung reagiert hatten, sollte das Feld nun nicht länger allein überlassen werden. Als vier Wochen nach der Scholz-Reise Joe Biden zum Gipfel der Quad-Staaten Richtung Tokio aufbrach, forderte Jürgen Trittin, der außenpolitische Sprecher der Grünen im Bundestag, Deutsche und Europäer müssten im Indopazifik «dringend präsenter werden». Sein Appell an Deutschland und die EU: «Mehr Indopazifik wagen».

Wenn die Aufforderung schon von den Grünen kommt! Ein halbes Jahr nach Rückkehr der Fregatte «Bayern» zeigte Deutschland erneut Flagge in der Region. Ende Juni 2022 starteten in Neuburg an der Donau sechs Eurofighter vom Geschwader 74 der Luftwaffe. Ihr Ziel: Darwin im Norden Australiens. Dort sollten sie gemeinsam mit rund 2500 Soldaten und 100 Flugzeugen aus 17 Nationen an der Übung «Pitch Black» (Pechschwarz) teilnehmen. Die Deutschen waren zum ersten Mal dabei. Die gewaltige Strecke nach Australien konnten sie nur bewältigen, weil sie von drei Tankflugzeugen begleitet wurden. Zudem hatten vier Transportmaschinen im Voraus rund hundert Tonnen Material nach Australien geschafft. Es handele sich um eine der «größten und herausforderndsten Verlegungen, die es je in der Luftwaffe gegeben hat», sagte Luftwaffeninspekteur Ingo Gerhartz, der die Maschinen in Singapur, am Ende der ersten Etappe ihres weiten Fluges, in Empfang nahm.[16]

Die Übung «Pitch Black» gibt es seit den achtziger Jahren. Nicht nur die Deutschen waren 2022 zum ersten Mal dabei, auch die Japaner und Südkoreaner. Aus Europa waren die Briten mit Eurofightern und die Franzosen mit Rafale-Kampfjets ebenfalls die lange Strecke nach Australien geflogen. Es war der neue Westen, der hier übte, und natürlich war der Grund für das atlantisch-indopazifische Großmanöver die Sorge vor der wachsenden militärischen Stärke Chinas. Auch wenn Luftwaffeninspekteur Gerhartz vor der Presse in Singapur davon nichts wissen wollte: «Das ist überhaupt gar kein Signal an China. Das ist kein Signal gegen irgend jemanden, sondern es ist ein Signal für unsere Partner hier in Asien.»[17]

Etwas näher an der Realität, aber immer noch ein wenig verklausuliert war die Erklärung des Bundesverteidigungsministeriums zur Entsendung der deutschen Kampfflugzeuge in den Indopazifik unter dem Namen «Rapid Pacific 2022». Sie sei auch ein «Zeichen an die Weltgemeinschaft zur Stärkung der regelbasierten internationalen Ordnung». Und die wird in der Region aus Sicht der Bundesregierung nun einmal von keinem Land so bedroht wie von China. Man musste die Volksrepublik nicht beim Namen nennen, die Botschaft kam auch so an. Zumal es im Rahmen von «Rapid Pacific 2022» für drei der sechs Eurofighter von Australien aus noch weiter nach Japan und Südkorea ging, an der Peripherie Chinas vorbei nach Norden. Die Luftwaffe agierte dabei genauso vorsichtig wie die Marine bei der Fahrt der «Bayern»: Die Kampfjets flogen auf internationalen Flugrouten, in einem weiten Bogen um die Straße von Taiwan. Und sie trugen keine Waffen.

Politisch blieb das Signal dennoch bemerkenswert. Immerhin tobte in der Ukraine ein brutaler Krieg, und die Luftwaffe flog zusätzliche Einsätze an der Ostgrenze der Nato. Dennoch schickte die Bundeswehr in dieser angespannten Lage einige ihrer modernsten Kampfflieger auf die bisher weiteste Reise zur anderen Seite des Globus. Nichts

Das Containergelände der China Ocean Shipping Company COSCO im Hamburger Hafen.

konnte besser illustrieren, wie groß die Bedrohung durch China inzwischen auch in Berlin gesehen wurde. Verteidigungsministerin Christine Lambrecht nahm den Faden ihrer Vorgängerin Annegret Kramp-Karrenbauer auf, als sie die Fernost-Mission der Eurofighter damit begründete, «dass wir Sicherheit auch über Europa hinaus denken». Die Bundeswehr war dabei, tatsächlich eine Armee der «Zeitenwende» zu werden.[18]

Im Urteil über die von China ausgehenden Gefahren stimmten die drei Parteien der Ampelkoalition weithin überein. Nicht einig waren sie dagegen in der Frage, wie der chinesischen Herausforderung zu begegnen sei. Während sich Grüne und Liberale einen harten Kurs wünschten, plädierten Bundeskanzler Olaf Scholz und die Sozialdemokraten für ein behutsames Vorgehen. Sie waren eher als ihre Koalitionspartner bereit, auf Pekings Interessen Rücksicht zu nehmen, wie sich beim Streit um den Einstieg der Großreederei Cosco beim Hamburger Hafen zeigte. Das Staatsunternehmen wollte sich mit 35 Prozent an einem von vier Containerterminals beteiligen. In einem Investitionsprüfverfahren war das von dem Grünen Robert Habeck geführte Wirtschaftsministerium zu dem Schluss gekommen, das Geschäft mit den Chinesen sei zu untersagen. Ein Prüfergebnis, dem sich fünf weitere Ministerien angeschlossen hatten: Innen, Verteidigung, Verkehr, Finanzen und das Auswärtige Amt. Das Kanzleramt dagegen wollte den Deal durchwinken. Es kam zum offenen Streit.

Außenministerin Annalena Baerbock sagte in einem Zeitungsinterview: «Der Hamburger Hafen ist ja nicht irgendein Hafen, sondern einer der Schlüsselhäfen nicht nur für uns als Exportnation, sondern für Europa insgesamt. Wir müssen uns bei jeder Investition in deutsche kritische Infrastruktur fragen, was das in jenem Moment bedeuten könnte, in dem sich China gegen uns als Demokratie und Wertegemeinschaft stellen würde.» Für Baerbock und Habeck war Hamburg der Testfall, ob Deutschland wirklich die Lehren aus Russlands Angriff auf die Ukraine gezogen hatte und klug genug war, sich nicht in eine weitere, noch größere Abhängigkeit von einer Autokratie zu begeben. Im Kanzleramt sah man dies anders und empfahl, die Sache tiefer zu hängen.[19]

Schließlich sprach der Kanzler ein Machtwort: Cosco durfte sich mit 24,9 Prozent beim Containerterminal Tollerort einkaufen, eine Minderheitsbeteiligung, die den Chinesen keinen Einfluss auf die Geschäftsführung erlaubte und nach Meinung des Kanzleramtes eher «eine Art stille Einlage» war. Auch Scholz wollte die Abhängigkeit von China reduzieren, es sollte aber kein «Decoupling» von China geben. Diese Botschaft war ihm auch deshalb wichtig, weil er sich wenige Tage später zu einem Blitzbesuch nach Peking aufmachte. Dieser Besuch, unmittelbar nach dem 20. Parteitag der KP Chinas, der Xi Jinping mit noch größerer Machtfülle ausgestattet hatte, kam den Grünen zu früh. «Der Bundeskanzler hat den Zeitpunkt seiner Reise entschieden», kommentierte die Außenministerin schmallippig und empfahl dem Kanzler, in Peking auf die Bedeutung der Menschenrechte hinzuweisen. Ihr Parteifreund Reinhard Bütikofer, Abgeordneter im Europäischen Parlament, merkte zur Scholz-Reise maliziös an: «Merkel as usual».

Es war denn auch keine Überraschung, dass die Ampelparteien viel mehr Zeit als geplant für die im Koalitionsvertrag vereinbarte China-

Strategie brauchten. Die Federführung lag beim Auswärtigen Amt. Als im November 2022 ein erster Entwurf bekannt wurde, der zur Ressortabstimmung verschickt worden war, geriet die Arbeit an der Strategie ins Stocken. Vor allem dem Kanzleramt war das Papier offenbar zu kritisch. Dessen Leitsatz lautete: «China verändert sich – unser Umgang mit China muss sich ebenfalls verändern.» Ein Satz, den natürlich auch der Bundeskanzler unterschreiben konnte. Aber Olaf Scholz wollte behutsam vorgehen: Nur nicht eine Weltmacht vor den Kopf stoßen, die man vielleicht noch braucht. Umso stolzer war der Kanzler, als er nach seinem Gespräch mit Xi Jinping in Peking verkünden konnte: «Staatspräsident Xi und ich sind uns einig: Atomare Drohgebärden sind unverantwortlich und brandgefährlich.» Schon für diese gemeinsame Botschaft an Wladimir Putin, freute sich Scholz nach seiner Rückkehr, habe sich die Reise gelohnt – und sich die Beteiligung der Chinesen am Hamburger Hafen, aber das sagte er nicht, allemal ausgezahlt.

2. Frankreich – Konfetti des Imperiums

Die Nachmittagssonne stand schon tief, hinter Emmanuel Macrons Rednerpult flatterten die Fahnen Frankreichs, Australiens und der Europäischen Union im Wind, als der französische Staatspräsident über seine neue Indopazifik-Strategie sprach. Vor ihm saß Australiens Ministerpräsident Malcolm Turnbull, in den Reihen daneben und dahinter hatten hohe politische und militärische Würdenträger des Fünften Kontinents Platz genommen. Macron besuchte an diesem 3. Mai 2018 den Marinestützpunkt Garden Island in Sydney. Die australische Militärbasis schien ihm der richtige Ort für eine Grundsatzrede zum Indopazifik zu sein.

Es wurde ein Bekenntnis zum französischen Engagement in der Region am anderen Ende der Welt. «Frankreich ist eine indopazifische Macht!», rief Macron aus und nannte die Überseeterritorien beim Namen, die bis zum heutigen Tag von Paris aus regiert werden: Neukaledonien, Französisch-Polynesien, Wallis und Futuna im Pazifik,

Réunion und Mayotte im Indischen Ozean. Das «Konfetti des Imperiums», wie die Franzosen bisweilen spotten. Aber hier leben 1,6 Millionen französische Staatsbürger. Und 8000 Soldaten Frankreichs, betonte Macron nicht ohne Stolz, «tun jeden Tag ihren Dienst für die Sicherheit der Region».

Frankreichs Indopazifik-Strategie, wie Macron sie seinen australischen Zuhörern erläuterte, ruht – bei allem Streben nach strategischer Autonomie Europas – auf dem Bündnis mit den Vereinigten Staaten, dem «bewährten Freund». Sie versucht eine Antwort zu geben auf den Aufstieg Chinas. «Wir sind nicht naiv», sagte Macron. «Wenn wir von China als ebenbürtiger Partner angesehen werden wollen, müssen wir uns organisieren.»[1]

Als wichtigen Schritt dahin schlug Macron eine «neue, starke indopazifische Achse» vor, die Frankreich mit seinen beiden «kritischen Partnern» in der Region verbinden sollte, mit Australien und Indien. Dem indischen Premier Narendra Modi hatte Macron die «Achse Paris–Delhi–Canberra» bereits vorgeschlagen, jetzt hoffte er auf Zustimmung zu seiner Idee auch in Australien. Die Antwort fiel eher verhalten aus. Dabei hatte sich die australische Außenpolitik in den Jahren zuvor schon tastend zum Indischen Ozean ausgerichtet. Die Beziehungen zwischen Canberra und Delhi waren enger geworden. Aber Priorität behielten für Australiens Regierung die Interessen des Landes in Südostasien und im Südpazifik sowie das enge Bündnis mit den Vereinigten Staaten. Frankreich spielte in den strategischen Überlegungen nur eine zweitrangige Rolle.

Dabei war es Frankreich, das als erstes europäisches Land eine Strategie zum Indopazifik vorlegte. Durch seine früheren kolonialen Besitzungen, die heutigen Überseeterritorien, seit Jahrhunderten sowohl im Indischen als auch im Pazifischen Ozean präsent, versteht sich Frankreich – nicht ohne imperiale Nostalgie – bis heute als Ordnungsmacht in der Region. Auch wenn Paris den Vereinigten Staaten und China nicht annähernd Paroli bieten kann, bleibt es französischer Ehrgeiz, den eigenen und den europäischen Interessen in der Region Gehör zu verschaffen. Schließlich geht es um den Raum, in dem sich entscheidet, wem die Zukunft gehört. Der Indopazifik sei, hieß es in einem Strategiepapier der Regierung vom August 2021, «eine geopolitische und geoökonomische Realität. Das Gravitationszentrum der Weltwirtschaft hat sich vom Atlantik zum Pazifik verlagert.»[2]

Unter Emmanuel Macron hat sich die französische Indopazifik-Politik zwei Ziele gesetzt. Sie soll, erstens, dazu beitragen, dass der Aufstieg Chinas friedlich verläuft, im Rahmen der etablierten Ordnung; der Dialog mit Peking soll deshalb trotz aller Kontroversen weitergehen. Frankreich will sich, zweitens, nicht in die eskalierende chinesisch-amerikanische Rivalität hineinziehen lassen. Die Kluft zwischen den Vereinigten Staaten und China wird in Paris als «unbehaglich» tief empfunden. Sich selbst versteht Frankreich als ausgleichende Macht.[3]

Mit ungebrochenem Stolz blickt das Land auf sein historisches Erbe. La Réunion im Indischen Ozean etwa wurde schon Mitte des 17. Jahrhunderts von Frankreich in Besitz genommen. 1946 erhielt es den Status eines Départements. Heute hat La Réunion 860 000 Einwohner und entsendet sieben Abgeordnete in die Nationalversammlung nach Paris. So wie auch alle anderen Überseeterritorien im französischen Parlament vertreten sind, selbst das winzige Wallis und Futuna, im Südpazifik zwischen Fidschi und Samoa gelegen, mit seinen 12 000 Bürgern. Der Indopazifik ist für das Verteidigungsministerium «ein Sicherheits-Kontinuum von Dschibuti bis nach Französisch-Polynesien».[4] In diesem riesigen Raum nimmt Paris seine Interessen selbstbewusst wahr. Die Meeresgebiete um die zahlreichen Inseln und Inselchen summieren sich zur zweitgrößten exklusiven Wirtschaftszone der Welt, nur die Vereinigten Staaten gebieten über eine noch größere Ozeanfläche. Hinzu kommen handfeste wirtschaftliche Vorteile. Neukaledonien etwa verfügt über rund ein Viertel aller weltweiten Vorkommen an Nickelerz. Bodenschätze, von denen die indigene Bevölkerung gern stärker profitieren würde.

Für deren Vertreter überschattet Frankreichs koloniale Vergangenheit seine Herrschaft bis heute, ja untergräbt ihre Legitimität. In Neukaledonien etwa gärt seit langem der Widerstand. In den achtziger Jahren des vorigen Jahrhunderts kam es zu Protesten, bei denen Dutzende von Menschen starben. Paris schickte Soldaten, um den Auf-

Der französische Staatspräsident Emmanuel Macron auf Staatsbesuch in Tahiti, 24. Juli 2021.

stand niederzuschlagen.[5] Dreimal haben die Einwohner Neukaledoniens über ihre Unabhängigkeit abgestimmt. Beim jüngsten Referendum im Dezember 2021 entschieden sich 96,49 Prozent für einen Verbleib bei Frankreich. Allerdings hatten sich nur 43,9 Prozent der Wahlberechtigten an der Abstimmung beteiligt. Die Unabhängigkeitspartei Palika (Parti de libération kanak) hatte zum Boykott aufgerufen. Für Paris zählte das Ergebnis. «Neukaledonien bleibt französisch», kommentierte Präsident Macron das Ergebnis des Referendums erleichtert.[6]

Widerstand gegen die Zentralgewalt in Paris gibt es auch in Französisch-Polynesien. Aber nur selten schlug er in Gewalt um. Dabei hätte es wahrlich Grund genug zur Empörung gegeben. Denn dreißig Jahre lang widerfuhr den Menschen im Gebiet um Tahiti schreiendes Unrecht. Hier, auf dem Mururoa-Atoll und dem Fangataufa-Atoll, führte Frankreich zwischen 1966 und 1996 seine Atombombentests durch. Insgesamt 193 Nuklearversuche zerstörten die Atolle, verseuchten das Land und die See, schädigten die Gesundheit der dort lebenden Menschen schwer. Es häuften sich die Fälle von Schilddrüsenkrebs und Leukämie; insgesamt kamen rund 110 000 Menschen zu Schaden. Aber gerade einmal 63 erkrankte Personen waren finanziell entschädigt worden, als Emmanuel Macron während eines Besuchs auf Tahiti 2021 mehr Geld für die Opfer versprach. Bei einer Rede in der Hauptstadt Papeete bekannte der Präsident, Frankreich habe «Schuld gegenüber Polynesien» auf sich geladen. «Es ist wahr, wir hätten diese Versuche nicht in der Creuse oder in der Bretagne durchgeführt», gab Macron zu. «Wir haben es hier in Polynesien gemacht, weil es weit weg war, mitten im Pazifik.»[7]

Die ersten siebzehn nuklearen Sprengsätze hatte Frankreich noch in der algerischen Wüste getestet. Aber als Algerien 1962 unabhängig wurde, musste sich die Regierung in Paris nach einer anderen Weltgegend für die gefährlichen Versuche umsehen. Sie fand diese in den Weiten des Pazifiks, rund 15 000 Kilometer von Frankreich entfernt. Zwei Monate nach dem ersten Test reiste Charles de Gaulle nach Tahiti und bedankte sich bei der Bevölkerung. «Es liegt mir am Herzen, Französisch-Polynesien zu sagen, wie sehr Frankreich den Dienst zu schätzen weiß, den Polynesien dem Mutterland erweist.»[8] Die Tests seien «sauber», behauptete die französische Regierung. Eine dreiste Lüge. Das räumte auch Emmanuel Macron ein, als er 2021 die Schuld seines Landes bekannte: «Genau wie Sie will ich Wahrheit und Transparenz.» Die Archive, versprach der Präsident, sollten der Forschung geöffnet werden.[9]

Eine offizielle Entschuldigung Frankreichs allerdings sprach Macron nicht aus. Auch nicht für den Anschlag auf die «Rainbow Warrior» im Hafen von Auckland 1985. Das Schiff der Umweltorganisation Greenpeace sollte von der neuseeländischen Stadt aus zum Mururoa-Atoll aufbrechen, um dort gegen einen bevorstehenden Atomversuch zu protestieren. Mit Billigung des damaligen Staatspräsidenten François Mitterrand brachten Agenten des französischen Auslandsgeheimdienstes zwei Sprengladungen an der «Rainbow Warrior» an und versenkten das Schiff. Dabei kam der niederländisch-portugiesische Fotograf Fernando Pereira ums Leben, der sich an Bord befand und die Reise begleiten sollte. Neuseelands Polizei nahm zwei französische Geheimdienstmitarbeiter fest, die wegen des Terrorakts ins Gefängnis wanderten. «Gewalt stoppt uns nicht», sagte der Greenpeace-Vorsitzende David McTaggart in einem Interview, das ich damals mit ihm führte. «Seit 1972 haben wir versucht, die Franzosen zu bewegen, mit ihren Atomversuchen im Pazifik aufzuhören. (...) Das Atoll sinkt langsam ab, und ich vermute, dass eine Menge Radioaktivität in den Ozean gelangt. Dies ist sicherlich kein Platz, um Bomben zu testen.»[10] Von Amsterdam aus machte sich ein Ersatzschiff für die «Rainbow Warrior» auf den langen Weg in den Pazifik – schon im Ärmelkanal beobachtet von einem französischen Kriegsschiff und einem französischen Kampfflugzeug.

Auch Frankreich geht also, wie die Vereinigten Staaten, mit schwerem historischen Gepäck in das machtpolitische Ringen am Indopazifik. Im eigenen Verständnis spielt es jedoch eine hervorgehobene Rolle als einzige europäische Nation mit einer nennenswerten Präsenz in der Region. Musste Paris seine europäischen Partner nicht erst drängen, sich stärker zu engagieren? Und doch zeigte der Streit um den Bau von nuklear angetriebenen U-Booten für Australien im Jahr 2021, wie begrenzt der Einfluss Frankreichs im Indopazifik tatsächlich ist. Die Absage des 2016 mit Paris geschlossenen Abkommens über die Lieferung von 12 Jagd-U-Booten vom Typ «Barracuda» durch die Regierung in Canberra war eine einzige Demütigung (siehe dazu Kapitel IV.2.).

Für Frankreich ging es nicht allein um ein riesiges Rüstungsgeschäft. Die vereinbarte Lieferung der Unterseeboote samt ihrer höchst sensiblen und geheimen Technik war auch ein strategisches Bekenntnis zur Partnerschaft mit Australien und den USA im Indopazifik für die nächsten fünfzig Jahre. Umso härter traf Paris die abrupte Aufkündigung des Deals. Ein unverzeihlicher «Vertrauensbruch», wie sich Außenminister Jean-Yves Le Drian empörte. Kühl lächelnd zogen die Partner den Franzosen den Teppich unter den Füßen weg. Von «sub snub» schrieb die *New York Times*, von der U-Boot-Schmach. Der Konflikt stellte nicht nur die wahren Machtverhältnisse in der Region klar. Er offenbarte auch noch einmal die unterschiedliche Politik der Amerikaner und der meisten Europäer gegenüber China: offensiv, fast aggressiv die einen; behutsam, auf Dialog bedacht die anderen. Bruno

Le Maire, der französische Finanzminister, wies im Gespräch mit der *New York Times* auf diese Differenzen hin. «Die Vereinigten Staaten wollen sich China entgegenstellen. Die Europäische Union will China einbeziehen.» Das sei auch kein Wunder, denn die USA seien die führende Weltmacht und wollten nicht, dass «China in ein paar Jahren oder in wenigen Jahrzehnten die Supermacht Nummer eins in der Welt wird». Trotz dieser Unterschiede, sagte Le Maire, wünsche Präsident Macron die Unterstützung Amerikas beim Streben nach größerer europäischer Unabhängigkeit in der Verteidigungspolitik und den Respekt der USA für Europas strategischen Ehrgeiz im Indopazifik.[11]

Seine Kabinettskollegin, die Verteidigungsministerin Florence Parly, formulierte es ähnlich. Frankreich weigere sich, sagte sie nach dem Aukus-Debakel, «in der Rivalität zwischen China und den Vereinigten Staaten zur Geisel» zu werden.[12] Aber natürlich gab es für die Regierung in Paris keine andere Wahl, als weiterhin auf der Seite Amerikas und Australiens zu stehen. Schon gar nicht nach dem Angriff Russlands auf die Ukraine und der damit einhergehenden weltpolitischen Blockbildung. Australiens neue Labor-Regierung war klug genug, rasch auf Frankreich zuzugehen. Premierminister Anthony Albanese nannte gute Beziehungen zwischen Paris und Canberra «vital» für Australiens nationale Interessen. «Wir respektieren zutiefst Frankreichs Rolle und sein aktives Engagement im Indopazifik», sagte Albanese. «Angesichts der Größe der Herausforderungen (...) ist es essenziell, dass sich Australien und Frankreich wieder zusammenschließen und dass wir unsere gemeinsamen Prinzipien und Interessen verteidigen.»[13]

Joe Biden hatte sich da schon lange bei Emmanuel Macron entschuldigt. Für den US-Präsidenten machte es keinen Sinn, ausgerechnet jenes europäische Land auf Dauer zu verprellen, auf das man im Indopazifik am ehesten bauen konnte. Es war schließlich Frankreich, das sich mit seinen Nuklear-U-Booten im Südchinesischen Meer an den «Freedom of Navigation Operations» beteiligte, um die internationalen Handelsrouten dort nicht chinesischer Willkür zu überlassen.

An der grundsätzlichen Interessengleichheit von Amerikanern, Australiern und Franzosen hat der Streit um Aukus nichts geändert.

Beim Shangri-La-Dialog in Singapur traf 2022 der neue französische Verteidigungsminister Sébastien Lecornu seinen ebenfalls gerade ins Amt gekommenen Kollegen aus Canberra, Richard Marles. Die beiden sprachen über die Inseln im Südpazifik. «Neukaledonien ist französisch», sagte Lecornu, ganz auf Versöhnung eingestimmt. «Wir sind Nachbarn. Wir müssen in die Zukunft schauen.»[14]

3. Großbritannien – Weltpolitik östlich von Suez

Im Herbst 2015 reiste George Osborne nach Peking. Den britischen Schatzkanzler begleitete eine Industriedelegation mit Vertretern einiger der wichtigsten Unternehmen des Landes. Die Erwartungen waren hoch, die Stimmung war glänzend. «Keine Wirtschaft im Westen ist so offen für chinesische Investitionen wie das Vereinigte Königreich», warb Osborne um Geldgeber aus der Volksrepublik. Der Schatzkanzler und sein Premierminister David Cameron sagten damals herrliche Zeiten voraus. Noch war über den Brexit nicht entschieden, der Ausgang des angekündigten Referendums war ungewiss. Aber die Briten, so schien es, strebten bereits nach neuen Ufern, jenseits von Europa. Und dabei richteten sich die Augen begierig auf den Fernen Osten mit seinen Wachstumsverlockungen.

Insbesondere die Zusammenarbeit mit China schien keine Grenzen zu kennen. Sicherheitsbedenken bestanden nicht, es gab keine Warnungen vor wirtschaftlicher Abhängigkeit oder vor Gefahren für die kritische Infrastruktur. Selbst beim Bau von Atomkraftwerken waren chinesische Investoren willkommen. Ganz beseelt von den Aussichten prophezeite George Osborne ein «goldenes Jahrzehnt».[1]

Kurz darauf, im Oktober 2015, kam Xi Jinping zum Staatsbesuch nach London. Die Reise wurde zum Triumph. Nun schien das chinesisch-britische Zukunftsglück vollends ungetrübt zu sein. Doch fünf Jahre später war es mit der goldenen Dekade vorbei. Wie in den anderen Ländern des Westens wich auch in Großbritannien die Euphorie der Ernüchterung. Pekings Vertuschungen beim Ausbruch der Corona-Pandemie, die aggressive chinesische Außenpolitik, die Menschenrechtsverletzungen in Xinjiang und das rücksichtslose Vorgehen gegen die Demokratiebewegung in Hongkong – all dies ließ die Stimmung umschlagen.

Am schwersten wog wohl das gebrochene Autonomieversprechen an die Bürger Hongkongs. Denn damit verstieß Peking gegen die sino-britische Gemeinsame Erklärung aus dem Jahr 1984, gegen die Zusage, Hongkong fünfzig Jahre lang nach der Devise «Ein Land, zwei Systeme» zu regieren. Großbritannien sah sich gegenüber der ehemaligen Kronkolonie, die 1997 an China zurückgegangen war, in einer historischen Verantwortung. Als Peking im Juni 2020 ein neues Sicherheitsgesetz über Hongkong verhängte, versprach der Premierminister – inzwischen war dies Boris Johnson –, er wolle allen Bürgern Hongkongs mit dem Status eines britischen Übersee-Bürgers oder dem Anspruch darauf den «Weg in die Staatsbürgerschaft des Vereinigten Königreichs» ebnen. Fast drei Millionen Hongkonger konnten ein fünf Jahre gültiges Visum für Großbritannien erhalten und anschließend die volle Staatsbürgerschaft erwerben. Zwar rechnete niemand damit, dass sich tatsächlich drei Millionen Menschen auf den Weg machen würden, aber 200 000 Neubürger galten als realistisch. Immer noch eine hohe Zahl für ein Land, das sich Immigranten und Flüchtlingen gegenüber zunehmend verschlossen zeigt.

Doch es regte sich kein Protest, der Premierminister erhielt im Gegenteil viel Zustimmung für die Pläne. In seiner Konservativen Partei war die Zahl der Chinakritiker gestiegen. Zwanzig Unterhausabgeordnete der Tories schlossen sich zur «China Research Group» zusammen, an ihrer Spitze Tom Tugendhat, der Vorsitzende des Auswärtigen Ausschusses. Die Parlamentarier verlangten einen deutlich schärferen Kurs gegenüber Peking. Und die Regierung Johnson nahm Schritt für Schritt Abschied von Osbornes und Camerons goldenen Verheißungen. So revidierte sie, von Washington gedrängt, die Entscheidung, dem chinesischen Telekommunikationsausrüster Huawei die Beteiligung am Aufbau des 5G-Mobilfunknetzes in Großbritannien zu erlauben. Bereits eingebaute Huawei-Komponenten sollten bis zum Jahr 2027 wieder entfernt werden. Ein neues Nationales Sicherheits- und Investitionsgesetz sah strengere Kontrollen bei der Übernahme briti-

Übergabezeremonie in Hongkong, 1. Juli 1997: Die chinesische Flagge wird gehisst, die britische eingeholt. 156 Jahre britischer Kolonialherrschaft gehen zu Ende.

scher Unternehmen, bei Beteiligungen oder bei Patentkäufen in siebzehn Branchen der kritischen Infrastruktur vor. Und wie zuvor schon die USA, Kanada und Australien suspendierte auch Großbritannien sein Auslieferungsabkommen mit Hongkong – aus berechtigter Furcht, die Hongkonger Justiz könnte Regimekritiker an chinesische Gerichte überstellen.

Zornig warnte Chinas Botschafter in London, Großbritannien solle sich die Volksrepublik nicht zum Feind machen. Doch solche Drohungen bestärkten die britische Regierung eher in ihrer härteren Haltung. Ähnlich wie die Biden-Administration rückte auch sie die Systemkonkurrenz zwischen Demokratien und Autokratien ins Zentrum ihrer Außenpolitik. Deutlich schlug sich dies im Strategiepapier «Globales Britannien in einem Zeitalter des Wettbewerbs» nieder, das Boris Johnson im März 2021 der Öffentlichkeit vorstellte.

Nur zwei Seiten dieser «Integrated Review», einer umfassenden Überprüfung der britischen Sicherheits-, Verteidigungs-, Entwicklungs- und Außenpolitik, beschäftigten sich mit dem Indopazifik.

Doch die darin formulierten Ziele und Ambitionen lösten eine lebhafte Diskussion aus. Denn in der «Hinwendung» (*tilt*) zum Indopazifik wurde der Anspruch des «globalen Britanniens» zum ersten Mal konkret. Der Indopazifik, hieß es in dem Grundsatzdokument, sei nicht nur die «Wachstumsmaschine der Welt», die Region stehe auch im Zentrum eines sich intensivierenden geopolitischen Wettbewerbs mit zahlreichen potentiellen Unruheherden. Es sei das Ziel Großbritanniens, das europäische Land «mit der breitesten und am stärksten integrierten Präsenz im Indopazifik» zu werden.[2]

Tilt to the Indo-Pacific: Damit hatte Johnson für seine außenpolitischen Prioritäten eine griffige Überschrift gefunden, ähnlich wie einst Barack Obama mit dem «*pivot to Asia*». Gut ein Jahr nach vollzogenem Brexit bekannte Boris Johnson im Unterhaus seinen weltpolitischen Ehrgeiz: «Für uns gibt es keine fernen Länder, von denen wir wenig wissen.» Das Vereinigte Königreich könne nie «zufrieden sein mit dem engen Horizont einer regionalen Außenpolitik».[3] Da sprach ein Premierminister, der sich endlich frei fühlte von den Fesseln der Europäischen Union, willens und bereit, die Möglichkeiten einer eigenständigen Außenpolitik zu ergreifen und sich ihren Risiken zu stellen. Großbritannien, rief Johnson vor dem Parlament aus, müsse «seine historische Mission erfüllen, eine Kraft des Guten zu sein».[4]

Sogleich war von «Hybris» die Rede, von «gefährlicher imperialer Fantasie». Jo Johnson, der Bruder des Premiers, beklagte, bei den Konservativen sei «Sinophobie der neue Euroskeptizismus».[5] Glücklicherweise aber verstehe sein Bruder sich selbst als sinophil. Und tatsächlich hatte Boris Johnson den alten Hoffnungen auf eine goldene Epoche nicht gänzlich abgeschworen. Beim Schwenk zum Indopazifik standen Handel und Investitionen für ihn obenan, sicherheitspolitische und wirtschaftliche Interessen sollten einander keineswegs ausschließen. Deshalb strebte Großbritannien unter ihm die Mitgliedschaft im transpazifischen Freihandelsabkommen CPTPP an. Und deshalb wollte Boris Johnson es sich auch nicht mit «unseren Freunden in China» verderben. Die britische Politik fuhr, so hatte es die Regierung beschlossen, auf zwei Gleisen.[6]

Rishi Sunak, Johnsons Nach-Nachfolger, korrigierte den chinafreundlichen Kurs der britischen Konservativen dann endgültig. In seiner ersten großen außenpolitischen Rede beim «Lord Mayor's Banquet» in London erklärte er die «goldene Ära» für beendet. Die Vorstellung, «dass Handel zu sozialer und politischer Reform führen werde», nannte er eine «naive Idee». Zugleich kündigte Sunak ein intensiveres Engagement im Indopazifik an. Dies werde dazu beitragen, «die Arterien und Herzkammern der globalen Wirtschaft zu schützen».[7]

Bis heute geben sich die Tories gern dem alten Traum von imperialer Größe hin. Über ihren Willen, eine «Kraft des Guten» zu sein, lässt sich leicht spotten. Aber manchem in London ist es schon ernst mit der Systemkonkurrenz zwischen Demokratien und Autokratien. Was sollte auch falsch daran sein, zum G7-Gipfel in Cornwall 2021 als Gäste Australien, Indien und Südkorea einzuladen? Seit langem schon gab es in der britischen Regierung die Idee, die G7 zu einer D10 zu erweitern, einer Runde der zehn größten Demokratien. Ein ähnlicher Gedanke lag Joe Bidens Vorschlag vom «Gipfel der Demokratien» zugrunde. «Man mag es nostalgisch finden oder, mit Blick auf die politischen und militärischen Möglichkeiten, anmaßend, aber viele Brexit-Verfechter halten das Königreich für den ehernen Hüter westlicher Werte», kommentierte die *Frankfurter Allgemeine Zeitung*. Londons Außenpolitik entspringe «keinem sinistren Kalkül», sie folge vielmehr «einer eigentümlichen Mischung aus Idealismus und Pragmatismus».[8]

Allerdings war es mit den militärischen Möglichkeiten des Landes nicht mehr so weit her, um fünfzig Jahre nach dem Abzug britischer Streitkräfte «östlich von Suez» wieder eindrucksvoll Flagge zu zeigen. Nach dem Ende des Kalten Krieges hatte auch die britische Regierung an den Verteidigungsausgaben gespart. Das Heer war auf weniger als 80 000 Soldaten zusammengeschrumpft und sollte weiter verkleinert werden, sehr zum öffentlich geäußerten Unwillen ehemaliger Generale. Militärische Schwäche und geopolitische Ambitionen passten nicht recht zueinander. Aus Washington kamen denn auch leise Mahnungen, sich auf die Verteidigung Europas und das Engagement im Mittleren Osten zu konzentrieren. Dort werde Großbritannien mehr gebraucht als in Asien. Doch Downing Street und Whitehall hatten andere Pläne.

Im Mai 2021 verließ der größte britische Flottenverband seit dem Falklandkrieg 1982 den Hafen von Portsmouth. Um den gerade in Dienst gestellten Flugzeugträger «HMS Queen Elizabeth» gruppierten sich acht Kriegsschiffe der Royal Navy: Zerstörer, Fregatten, Versorgungsschiffe und ein atomgetriebenes U-Boot. Acht Monate dauerte die Fahrt in den Indopazifik («Operation Fortis»), 26 000 Seemeilen wurden dabei zurückgelegt. Den britischen Schiffen schlossen sich ein amerikanischer Zerstörer und eine niederländische Fregatte an. Unter den 1600 Crewmitgliedern der «Queen Elizabeth» waren 250 US-Marines.[9] Zu den acht britischen F-35-Kampfbombern an Deck kamen zwölf amerikanische F-35. Eine Demonstration gemeinsamer westlicher Stärke und Entschlossenheit, wie die Regierung es darstellte? Oder ein Zeichen für Britanniens schwächelndes Militär, das auf US-Unterstützung angewiesen war? Aus Sicht der *Financial Times* offenbarten die «geborgten amerikanischen Flugzeuge» ein Missverhältnis zwischen Ehrgeiz und verfügbaren Ressourcen.[10]

In den umstrittenen Gewässern des Indopazifiks angekommen, versuchte der Flottenverband die Balance zu halten zwischen militärischer Machtdemonstration und politischer Behutsamkeit. Die «Queen Elizabeth» vermied im Südchinesischen Meer eine «Freedom-of-Navigation»-Operation nach amerikanischem Muster durch Gewässer, die China beansprucht, nahm auf der Fahrt nach Japan auch nicht den direkten Weg durch die Straße von Taiwan. Boris Johnson wollte die «Freunde in China» nicht unnötig herausfordern. Die hatten ihrerseits beschlossen, sich nicht provozieren zu lassen, und machten sich milde lustig über eine Wiederkehr der britischen «Kanonenboot-Diplomatie» aus dem 19. Jahrhundert. «Aber diese Tage sind vorbei» hieß es in den Staatsmedien. London möge aus seinen kolonialen Träumen erwachen und «an Chinas Türschwelle vorsichtig» sein.[11]

Nach dem Willen der Regierung in London aber sollte es nicht bei der Entsendung eines Flugzeugträgerverbands bleiben. Großbritannien sollte vielmehr permanent mit Kriegsschiffen im Indopazifik anwesend sein. Und so wurden 2022 zwei Patrouillenschiffe für einen Zeitraum von fünf Jahren entsandt; sie werden in dieser Zeit keinen festen Heimathafen haben, sondern im Indischen und Pazifischen

Ozean als «Augen und Ohren» der Royal Navy unterwegs sein und in Partnerstaaten wie Australien, Japan oder Singapur gewartet werden. 2023 sollten amphibische Schiffe hinzukommen.[12]

«Britain rules the waves»: Zur See will Großbritannien im indopazifischen Raum also auch in Zukunft präsent sein. Das Empire ist Geschichte, und britische Kriegsschiffe herrschen schon lange nicht mehr über die Wogen der Ozeane. Aber die Navy verfügt für ihre Logistik, für Wartungs- und Reparaturarbeiten noch immer über Anlauforte und Stützpunkte, die teilweise aus Kolonialzeiten in die Gegenwart hinübergerettet werden konnten. Die Häfen von Bahrain im Persischen Golf oder von Duqm in Oman am Arabischen Meer zählen dazu, wie auch die Werften von Sembawang in Singapur. Im Sultanat Brunei auf der Insel Kalimantan (Borneo) hat das britische Heer ein Gurkha-Infanteriebataillon und ein kleines Hubschraubergeschwader stationiert. Dort befindet sich auch ein Camp zum Training des Dschungelkriegs. Nach der Vereinbarung über den Bau nuklear angetriebener U-Boote in Australien und über eine militärtechnische Zusammenarbeit beider Länder mit den Vereinigten Staaten kann Großbritannien damit rechnen, dass seine eigenen U-Boote und Kriegsschiffe den Fünften Kontinent jederzeit anlaufen können.

Und dann ist da das «Britische Territorium im Indischen Ozean» um die Insel Diego Garcia südlich der Malediven. Diego Garcia ist die größte von 55 Inseln des Chagos-Archipels. Einst waren sie Teil der britischen Kolonie Mauritius. Als sich in den sechziger Jahren des vorigen Jahrhunderts deren Unabhängigkeit abzeichnete, trennten die Briten den Chagos-Archipel von Mauritius ab – wohl auch auf Drängen der Amerikaner, die sich einen Militärstützpunkt in den Weiten des Indischen Ozeans wünschten. 1968 erlangte Mauritius schließlich seine Unabhängigkeit, der Chagos-Archipel aber blieb bei Großbritannien. Die einheimische Bevölkerung, etwa 1800 Menschen, wurde vertrieben. Es waren Nachkommen ehemaliger Sklaven, die auf den Kopra-Plantagen der Briten gelebt und gearbeitet hatten. Jetzt mussten sie ihre Heimat verlassen, wurden nach Mauritius, auf die Seychellen oder nach Großbritannien deportiert.[13] Diego Garcia wurde an die Vereinigten Staaten verpachtet, die dort einen bedeutenden Luftwaffenstützpunkt errichteten. Bei allen großen Militäroperationen der vergangenen Jahrzehnte, vom Golfkrieg bis zur Intervention in Afghanistan, spielte Diego Garcia eine wichtige Rolle. Seit 2020 stationiert die US Air Force auf Diego Garcia regelmäßig strategische Tarnkappenbomber vom Typ B-2, atomwaffenfähige vierstrahlige Bomber mit einer Reichweite von über 11 000 Kilometern, um amerikanische «Sicherheitsverpflichtungen in der indopazifischen Region» zu erfüllen. Auch Truppen aus verbündeten Staaten sind zeitweilig nach Diego Garcia verlegt worden, etwa aus Australien, Japan und Südkorea.[14]

Mauritius allerdings hat sich mit dem Verlust des Chagos-Archipels nicht abgefunden. Und der Internationale Gerichtshof in Den Haag hat der Regierung in Port Louis Recht gegeben. In einem Urteil vom Februar 2019 entschied das Gericht, die Abtrennung des Archipels sei illegal gewesen und verstoße gegen das Selbstbestimmungsrecht und die territoriale Integrität von Mauritius. Als Reaktion auf das Urteil forderte die Generalversammlung der Vereinten Nationen Großbritannien auf, die Inseln innerhalb von sechs Monaten, bis zum November 2019, zu verlassen. London, unterstützt von den USA, weigerte sich jedoch weiterhin, mit Mauritius über die Zukunft der Inseln zu sprechen. Erst zum Jahresbeginn 2023 kündigte die britische Regierung an, in «konstruktive Verhandlungen» eintreten zu wollen.[15] Eine rasche Lösung allerdings zeichnete sich nicht ab. Dabei hat die Regierung von Mauritius den Amerikanern angeboten, den bis 2036 laufenden Pachtvertrag über Diego Garcia um weitere 99 Jahre zu verlängern. Vorausgesetzt, die Einwohner des Chagos-Archipels dürfen auf ihre Inseln zurückkehren.[16]

Mit ihrer Weigerung offenbaren Briten und Amerikaner eine eklatante Doppelmoral. Was sie den Chinesen im Südchinesischen Meer vorwerfen – höchstrichterliche Urteile zu ignorieren, das Seerecht und das Völkerrecht zu brechen –, das praktizieren sie im Indischen Ozean selber. Und machen sich damit höchst angreifbar in ihrem Anspruch, die «regelbasierte internationale Ordnung» zu verteidigen. Sie messen mit zweierlei Maß und schwächen ihre Glaubwürdigkeit in der Auseinandersetzung mit China und Russland.

Es ist aber der Anspruch der britischen Regierung, genau diese Auseinandersetzung führen zu wollen. Auch für sie ist «die Sicherheit im Euro-Atlantik und im Indopazifik unteilbar». Deswegen wird sie die militärische Anwesenheit in der Region ausbauen, soweit das ihre Möglichkeiten erlauben. Für Boris Johnson war Großbritanniens mehr als ein halbes Jahrhundert zurückliegender Abzug aus der Weltregion «östlich von Suez» ein Sieg der «Zurückweichler und Defätisten, der «*retreatists and defeatists*». Tatsächlich war er ein Sieg des Realismus über alte Illusionen. Doch in einer Allianz der Demokratien gegen die Autokratien und Diktaturen der Gegenwart kann Großbritannien eine wichtige Rolle spielen. Kaum ein westliches Land kennt die Region besser. Und kein westliches Land erinnert sich präziser an die Lektionen aus der Kolonialzeit, die das einst wirklich «globale» Britannien unter Schmerzen lernen musste.

4. Nato – Das Bündnis globalisiert sich

Geheim sollte die Operation Raketensilo nicht unbedingt sein. Den Satellitenkameras bleibt ja ohnehin kaum etwas verborgen, was irgendwo auf der Erde geschieht, das hatten auch Chinas Politiker und Militärs einkalkuliert. Die Schächte, die sie im Sommer 2021 in einer Wüstenregion der abgeschiedenen Provinz Gansu graben ließen, konnte die Welt gern sehen. Und prompt meldeten Wissenschaftler vom Center for Nonproliferation Studies im kalifornischen Monterey, Experten für die Weiterverbreitung von Atomwaffen, sie hätten in Gansu 119 im Bau befindliche Silos entdeckt. In den Wüstenboden gebuddelt, um dort vermutlich Interkontinentalraketen vom Typ DF-41 zu stationieren.

Die DF-41 ist eine wahre Monsterwaffe. Sie kann bis zu zehn Nuklearsprengköpfe tragen und mit einer Reichweite von über 12 000 Kilometern jeden Ort in den Vereinigten Staaten und in Europa bedrohen. Es ist die furchterregendste Rakete im Arsenal von Chinas Volksbefreiungsarmee; erstmals hatte die Pekinger Führung sie der Weltöffentlichkeit bei einer großen Militärparade 2019 zum 70. Geburtstag der Volksrepublik präsentiert.[1]

Nur wenige Wochen nach Entdeckung der Schachtarbeiten in Gansu erkannten Forscher der Federation of American Scientists auf Satellitenaufnahmen einen zweiten Komplex mit weiteren 110 Raketensilos, diesmal in der Region Xinjiang. Bis dahin waren in China nur 20 Silos für den möglichen Abschuss von Interkontinentalraketen bekannt geworden. Die Bilder aus dem All belegten nun, woran es unter Fachleuten schon lange keinen Zweifel mehr gab: Die Volksrepublik rüstete massiv atomar auf. Tong Zhao, sicherheitspolitischer Experte der Carnegie-Stiftung, schrieb: «Chinas gegenwärtiges Programm zur Modernisierung seiner Nuklearwaffen schreitet in beispiellosem Tempo und Umfang voran.»[2]

Noch immer liegt die Volksrepublik weit hinter den beiden atomaren Großmächten Russland und USA zurück. Nach Angaben des Internationalen Stockholmer Instituts für Friedensforschung besaß im Jahr 2023 Russland 5889 Nuklearsprengköpfe, die USA verfügten über 5244. In China dagegen zählten die schwedischen Friedensforscher nur 410 Sprengköpfe, damit lag die Volksrepublik knapp vor Frankreich (290) und Großbritannien (225). Den Abstand zu den russischen und amerikanischen Arsenalen wollte Parteichef Xi Jinping aber schon seit längerem verringern. Atomraketen seien «eine strategische Säule von Chinas Großmachtstatus» hatte er kurz nach seinem Amtsantritt 2012 in einer Rede vor Militärs erklärt.

Seitdem hat der Ausbau von Chinas Nukleararsenal an Tempo zugelegt. In seinem jährlichen Bericht an den US-Kongress zu den militärischen Fähigkeiten Chinas kam das Pentagon 2020 zu der Einschätzung, die Volksrepublik werde die Zahl ihrer Atomwaffen innerhalb eines Jahrzehnts verdoppeln. Ein Jahr später klangen die Voraussagen noch alarmierender. Nun warnte das Pentagon, China könnte die Zahl seiner einsatzbereiten Atomsprengköpfe schon bis zum Jahr 2027 auf bis zu 700 erhöhen, bis zum Jahr 2030 könnten es dann «mindestens 1000» sein. China wolle in der Rüstung, lautete die Erwartung des Pentagons, mit den USA gleichziehen und diese schließlich überholen, einen anderen Schluss ließen die unter Xi Jinping beschleunigten Anstrengungen nicht zu. «Wir werden Zeuge einer der größten Verschiebungen globaler strategischer Macht, die die Welt je gesehen hat»,

70. Jahrestag der Gründung der Volksrepublik China: Militärfahrzeuge zeigen der Welt nuklear bestückbare Interkontinentalraketen während einer Parade auf dem Tiananmen-Platz am 1. Oktober 2019.

sagte General Mark A. Milley, Vorsitzender der Vereinigten Stabschefs.[3]

Nahm China damit Abschied von seiner Strategie einer «minimalen Abschreckung»? Den ersten Kernwaffentest hatte das Land 1964 unternommen, aber seither immer beteuert, sich an einem nuklearen Wettrennen nicht beteiligen zu wollen. China werde «nie und unter keinen Umständen» als Erster Atomwaffen einsetzen, erklärte die Regierung in Peking stets feierlich. Der große Rückstand zu den USA und Russland ließ dies Versprechen glaubwürdig erscheinen. Die neuen Großmachtambitionen verstärkten nun die Zweifel, ob es dabei bleiben würde.

Einer, der sich schon früh skeptisch gezeigt hatte, war Nato-Generalsekretär Jens Stoltenberg. Von China gehe für das gesamte Nato-Gebiet eine Gefahr aus. «Die globale Machtbalance ändert sich», sagte Stoltenberg. «China kommt uns näher. Wir sehen sie im Cyberspace. Wir sehen sie im Weltraum, in Afrika, in der Arktis. Und wir sehen, wie China versucht, kritische Infrastruktur hier in Europa zu kontrollieren.»[4] Der ehemalige norwegische Ministerpräsident, seit 2014 an der Spitze des Bündnisses, hatte sehr genau verfolgt, wie sich in den Vereinigten Staaten die sicherheitspolitischen Prioritäten veränderten. Und er teilte die Analyse des mächtigsten Nato-Verbündeten: Die größte Bedrohung für die westliche Welt gehe nicht mehr von Russland aus, sondern von der wirtschaftlich und technologisch ungleich potenteren Volksrepublik. Auch wenn Europa nicht unmittelbar gefährdet sei, müsse es sich doch der neuen Herausforderung stellen.

Die Nato brauche einen globalen Blick, forderte Stoltenberg am 30. November 2021 bei einer Konferenz in der lettischen Hauptstadt Riga. Chinas Aufstieg verändere die Sicherheitslage auch der Nato-Staaten. Nicht nur werde die Volksrepublik bald die größte Volkswirtschaft der Welt sein, sie habe auch den zweitgrößten Militäretat. Die modernen chinesischen Waffen, einschließlich der neuen Hyperschallgleiter, reichten bis nach Europa. «Wir sind eine Allianz Nordamerikas und Europas. Aber diese Allianz, diese Region sieht sich globalen Bedrohungen und Herausforderungen gegenüber; eine davon ist China.»

Die Nato solle deshalb intensiver mit ihren Partnern in Asien und im Pazifik zusammenarbeiten, sagte Stoltenberg, mit Australien, Japan Südkorea und Neuseeland. Diese Länder seien unmittelbar vom Machtanspruch Chinas betroffen, durch die Aufrüstung im Südchinesischen Meer oder die Bedrohung Taiwans. Aber China zeige sich mit seinen Interkontinentalraketen und Cyberwaffen eben auch «vor der Haustür Europas». Mit Russland führe die Volksrepublik gemeinsame Seemanöver im Mittelmeer und in der Ostsee durch. «Es geht nicht darum, dass sich die Nato zum Pazifik ausdehnt, sondern es geht um eine Antwort darauf, dass China uns immer näher rückt.»[5]

Zum ersten Mal tauchte China Ende 2019 in einem Nato-Dokument auf. In der «Londoner Erklärung» zum siebzigjährigen Bestehen des Bündnisses hieß es: «Wir erkennen, dass der wachsende Einfluss und die internationale Politik Chinas sowohl Chancen als auch Herausforderungen darstellen, die wir als Allianz zusammen angehen müssen.» Das Bündnis reagierte damit auf die neuen Prioritäten in der amerikanischen Sicherheitspolitik. Sollte die Nato für Washington nicht an

Bedeutung verlieren, musste sie diesen Prioritäten größere Beachtung schenken. Auch wenn die Amerikaner im Indopazifik keine substanziellen militärischen Anstrengungen von ihren europäischen Verbündeten – mit Ausnahme allenfalls Frankreichs und Großbritanniens – erwarteten, waren ihnen eine gemeinsame Bedrohungsanalyse und das davon ausgehende politische Signal wichtig. Der Umgang mit China rückte ins Zentrum der transatlantischen Beziehungen.

Um über die sicherheitspolitischen Erfordernisse der Zukunft nachzudenken, setzte Jens Stoltenberg eine «Reflexionsgruppe Nato 2030» ein; Ko-Vorsitzender wurde der ehemalige deutsche Verteidigungsminister Thomas de Maizière. Nachdem Frankreichs Staatspräsident Emmanuel Macron vom «Hirntod» der Nato gesprochen hatte, schien es höchste Zeit, sich Rechenschaft über die künftigen Aufgaben abzulegen und die Frage zu beantworten, wofür das Bündnis überhaupt noch gebraucht werde.

Eine der Antworten aus Sicht der Expertenrunde war der Aufstieg Chinas zur neuen Weltmacht. Die Volksrepublik beanspruche eine globale Führungsrolle, schon deshalb brauche die Allianz dringend eine China-Strategie. «Daraus folgt aber nicht, dass die Nato der Weltpolizist für Freiheit und Sicherheit sein sollte», sagte Thomas de Maizière. «Die Nato bleibt ein transatlantisches Bündnis, ihre Sicherheitsgarantie soll nicht auf indopazifische Staaten ausgedehnt werden.» Die Formel, die de Maizière für die Zukunft fand: «Global denken, transatlantisch handeln – das muss die Perspektive sein.»[6]

Der Bericht der Experten floss in die Vorbereitungen für den Nato-Gipfel 2021 in Brüssel ein. Dieses Treffen, das erste nach der Präsidentschaft von Donald Trump, wurde zu einem Gipfel der Harmonie. Endlich regierte mit Joe Biden im Weißen Haus wieder ein überzeugter Multilateralist und Transatlantiker! Biden hatte sich zur «heiligen» Beistandsverpflichtung nach Artikel 5 des Nato-Vertrags bekannt und nannte das Bündnis «entscheidend» für die Sicherheit der Vereinigten Staaten. Auch er drängte allerdings, die Verbündeten müssten sich an ihre Zusage halten, zwei Prozent des Bruttoinlandsprodukts für die Verteidigung auszugeben. Noch wichtiger aber war Biden die strategische Neuausrichtung des Bündnisses. Der Westen stehe an einem historischen «Wendepunkt». Die USA und ihre Alliierten sollten sich auf die Auseinandersetzung mit den autoritär regierten Staaten konzentrieren, vor allem auf den Systemkonflikt mit China. Biden wusste Jens Stoltenberg ganz auf seiner Linie. «Der Aufstieg des Landes ist die größte Sicherheitsherausforderung unserer Zeit», hatte der Nato-Generalsekretär schon vor dem Gipfeltreffen gesagt. «China teilt nicht unsere Werte. Die Regierung kontrolliert die eigene Bevölkerung auf eine Art, die die Welt noch nicht gesehen hat. (...) Zugleich rückt China näher an uns heran und versucht, in Europa kritische Infrastruktur wie Häfen, Flughäfen oder Stromnetze zu kontrollieren.»[7]

Eine wichtige Botschaft des Brüsseler Gipfels war deshalb die geografische Erweiterung des Sicherheitsbegriffs über den nordatlantischen Raum hinaus. Von «systemischen Herausforderungen der regelbasierten internationalen Ordnung» war in der Abschlusserklärung die Rede. Die Nato blickte nun ganz offiziell auf die indopazifische Region. Auch wenn sich die europäischen Nato-Staaten weiterhin eher von Russland bedroht sahen – zu Recht, wie Putins Angriff auf die Ukraine ein gutes halbes Jahr später zeigte –, war ihnen in Brüssel doch einmal mehr klar geworden, wie sehr sich die amerikanische Außenpolitik inzwischen auf den Indopazifik konzentrierte. Wollte das Bündnis dauerhaft Bestand haben, musste es auf diese Interessenverschiebung reagieren.[8]

Aber war die Nato für die Auseinandersetzung mit China der richtige Ort? Emmanuel Macron bezweifelte das. Die Nato sei eine nordatlantische Organisation, und China habe mit dem Nordatlantik nichts zu tun. «Oder mit meiner Landkarte stimmt etwas nicht.»[9] Der französische Staatspräsident sperrte sich dagegen, dass sich «alle gegen China zusammenschließen». Das sei ein «Szenario der höchstmöglichen Konfliktträchtigkeit» und «kontraproduktiv».[10] Auch die Bundesregierung, stets an ungetrübten wirtschaftlichen Beziehungen interessiert, wollte sich nicht in eine Konfrontation mit China treiben lassen. Kanzlerin Merkel ließ die Amerikaner kühl wissen, dass «unsere Interessen nicht immer konvergieren werden».[11] Sie wusste dabei die öffentliche Meinung in Deutschland auf ihrer Seite. «Die Nato ist ausdrücklich ein Bündnis für Europa und Nordamerika», kommentierte die *Frankfurter Allgemeine Zeitung*. «In Asien, wo Chinas Aufrüstung schon ein reales Problem darstellt, hat sie nicht einmal Mitglieder. Sie sollte sich hier nicht übernehmen, ihr Engagement müsste primär politisch sein.»[12]

Allerdings ging es den Amerikanern auch gar nicht darum, den geografischen Raum neu zu definieren, für den die Nato operativ zuständig sein sollte. Sie wollten vielmehr deutlich machen, welche Auswirkungen die wachsende Macht Chinas für das Bündnis haben werde – weil die USA ihr Augenmerk zunehmend auf den Indopazifik richteten und deshalb von den Europäern erwarteten, größere Lasten für die eigene Verteidigung zu schultern. Ein Jahr später formulierte Verteidigungsminister Lloyd Austin Amerikas neue Prioritäten bei einer Rede in Singapur unmissverständlich so: «Heute ist der Indopazifik unser vorrangiges Operationsgebiet. (…) Keine Region wird den weiteren Verlauf des 21. Jahrhunderts mehr prägen als diese. Und deshalb ist der Indopazifik unser strategisches Gravitationszentrum.»[13]

Militärische Unterstützung wünschen sich die USA dabei weniger von den Europäern als von den Verbündeten in der Region, insbesondere von Japan und Australien. Zusammen mit Südkorea und Neuseeland sind beide Länder der Nato als «globale Partner» schon lange verbunden. Putins Krieg gegen die Ukraine hat sie noch näher an das Bündnis rücken lassen. Sicherheit wird nun mehr und mehr als gemeinsame europäisch-asiatische Aufgabe begriffen. Auch deshalb lud die Nato die Regierungschefs der vier asiatisch-pazifischen Länder zu ihrem Gipfel 2022 in Madrid ein. Gegenüber Moskau und Peking sollte Eintracht demonstriert werden bei dem Treffen, auf dem die Allianz erstmals nach zwölf Jahren ein neues strategisches Konzept verabschiedete. Das definierte Russland als die «größte und unmittelbarste Bedrohung für die Sicherheit der Verbündeten und für Frieden und Stabilität im euroatlantischen Raum». Zu China hieß es vorsichtiger, seine Ziele und seine Politik stellen «unsere Interessen, unsere Sicherheit und unsere Werte vor Herausforderungen». China versuche seine politische und wirtschaftliche Macht auszudehnen und untergrabe die internationale Ordnung. Die Nato bleibe aber «für konstruktive Gespräche mit der Volksrepublik China mit dem Ziel der Wahrung der Sicherheitsinteressen des Bündnisses offen, darunter auch Gespräche zum Aufbau gegenseitiger Transparenz».

Das war alles sehr zurückhaltend formuliert. Sorgsam hatte die Nato es bis dahin vermieden, China einen «Gegner» zu nennen. Und daran hielt sie auch in Madrid fest. Doch die erstmalige Erwähnung Chinas im Strategischen Konzept der Allianz und die demonstrative Anwesenheit der vier indopazifischen «Wertepartner» beim Gipfel fachten die seit langem in Peking schwelende Wut gegen die Allianz noch einmal gewaltig an. In einer ganzen Serie von Artikeln attackierte die nationalistische *Global Times* das westliche Bündnis. «Die Nato, die ständig nach eingebildeten Feinden Ausschau hält und ihre Existenz damit rechtfertigt, dass sie Konfrontation sucht (...), will ihre Tentakeln nun auch in die asiatisch-pazifische Region ausstrecken», schnaubte das Blatt, die sich an das Ausland richtende Stimme des Regimes. Immer wieder hatte die chinesische Führung der Nato und ihrer Ausdehnung nach Osten die Schuld am Ukrainekrieg gegeben. Dominiert und manipuliert von den USA, wolle die westliche Allianz nun weiter expandieren, warnten Pekings Propagandisten. «Die Nato hat bereits die Stabilität in Europa erschüttert. Sie sollte nicht versuchen, das Gleiche in der asiatisch-pazifischen Region und in der ganzen Welt zu tun.»[14] Ziel der Vereinigten Staaten und der Nato sei die Eindämmung Chinas. Das Bündnis nutze den Krieg in der Ukraine, um seinen Einfluss in Asien auszuweiten. Südkorea und Japan seien Brückenköpfe auf diesem Weg der Expansion. Gerade gegen Japan wurden die chinesischen Vorwürfe immer heftiger. Die Regierung in Tokio sei zum «Scharfmacher» in der Region geworden; sie wolle aufrüsten und die pazifistische Nachkriegsverfassung abschaffen. Der Ukrainekrieg diene ihr lediglich als Vorwand, um die Zusammenarbeit mit der Nato auszuweiten und ein ähnliches Militärbündnis in Asien zu schaffen. Japan sei auf einem «gefährlichen Weg».

Die Wirklichkeit sieht anders aus. Putin hat mit seinem Angriff auf die Ukraine das Gegenteil seiner Kriegsziele erreicht. Nicht nur erhielt die Ukraine den Status eines EU-Beitrittskandidaten. Nicht nur beschloss die Nato, Finnland und Schweden als neue Mitglieder aufzunehmen. Nicht nur erhöhen alle Mitgliedsländer ihre Verteidigungsausgaben, teilweise dramatisch. Auch die Partner des Westens in Asien geben nun viel mehr Geld für das Militär aus, intensivieren ihre sicherheitspolitische Zusammenarbeit mit den USA und auch untereinander. Für Chinas Führung fügt sich all dies ein in eine Eindämmungsstrategie, mit der Washington den Aufstieg der Volksrepublik zur Weltmacht verhindern möchte. Amerika, so die Furcht in Peking, wolle auch die atlantische Allianz in den Dienst dieser Strategie stellen. «Pekings größte Befürchtung ist, dass die Nato eines Tages zum militärisch global agierenden Akteur avancieren und Chinas Präsenz im Indopazifik als Teil der militärischen Bedrohung für den euro-atlantischen Raum definieren könnte», hieß es in einer Analyse der Stiftung Wissenschaft und Politik (SWP) in Berlin.[15]

Doch wie realistisch ist das Bild einer kriegslüsternen, ständig weiter expandierenden Nato? Russlands Angriff auf die Ukraine hat die Schwächen der meisten europäischen Staaten gnadenlos offenbart. Sie könnten sich nicht einmal selbst verteidigen. Ihnen fehlte alles, um sich am anderen Ende der Welt in militärische Abenteuer zu stürzen. «Europa sind (...) militärisch enge Grenzen gesetzt», resümieren die SWP-Autoren. «So werden die europäischen Nato-Mitglieder mit Ausnahme Großbritanniens und Frankreichs keine gewichtige militärische Rolle im indopazifischen Raum spielen können – nicht, weil sie dessen politische Bedeutung nicht anerkennen würden, sondern vor allem, weil sie nicht in der Lage sind, den amerikanischen Verbündeten wirksame militärische Unterstützung zu bieten.»[16]

Statt auf die Europäer werden sich die Vereinigten Staaten auf die Alliierten und Partner in der Region stützen; der Streit zwischen Washington und Paris um den Bau atomar angetriebener U-Boote in Australien hat es gezeigt. Dennoch, ganz unbegründet ist Pekings Sorge vor einer global ausgerichteten Nato nicht. Im Ukrainekrieg hat es sich erwiesen, dass die europäisch-asiatische Sicherheit nicht teilbar ist. So wie Japan, Südkorea, Australien oder Singapur die Sanktionen gegen Russland mittragen, so würden auch die Staaten Europas bei einem Angriff Chinas auf Taiwan mit Strafmaßnahmen reagieren. Russlands Aggression ließ in vielen Nato-Staaten, zuvörderst in Deutschland, den Ruf laut werden, sich aus der wirtschaftlichen Abhängigkeit von China zu lösen.

Wenn die Nato also militärisch im Indopazifik auch keine große Rolle spielen wird, könnte ihre sicherheitspolitische Bedeutung für die Region dennoch wachsen. Sie könnte zum Vorbild werden für Nato-ähnliche Strukturen. Bei der Quad (USA, Japan, Australien und Indien), der Aukus-Partnerschaft (USA, Australien und Großbritannien) und in der Zusammenarbeit der Nachrichtendienste im Rahmen der «Five Eyes» (USA, Kanada, Großbritannien, Australien und Neuseeland) sind bereits Ansätze einer «vernetzten Sicherheitsarchitektur» sichtbar.[17]

Russland und China, die sich am Vorabend des Ukrainekriegs ihrer Freundschaft «ohne Grenzen» versicherten, sind wider Willen zu Geburtshelfern eines «neuen Westens» geworden, der sich nicht mehr durch die Geografie definiert, sondern durch die Gemeinsamkeit der Werte und übereinstimmende geopolitische Interessen. Die Demokratien Asiens, Europas und Amerikas kooperieren heute enger als je zuvor. Dieser «neue Westen», das zeigte sich 2022 auf dem Nato-Gipfel in Madrid, reicht bis nach Japan und in den Südpazifik. Insofern globalisiert sich die Nato tatsächlich.

VI. Die Supermächte sammeln ihre Truppen

Europa atmete auf, als am 20. Januar 2021 der neue amerikanische Präsident Joe Biden sein Amt antrat. Nach vier Jahren der Entfremdung unter Donald Trump regierte wieder ein Freund und Vertrauter im Weißen Haus, Transatlantiker durch und durch. Doch Bidens erster ausländischer Gast war nicht der britische Premierminister, wie das einst üblich war, auch nicht der französische Staatspräsident oder der deutsche Bundeskanzler. Es war der japanische Ministerpräsident. Auf ihn folgte der südkoreanische Präsident. Die Europäer konnten warten.

Auf den ersten Blick vielleicht nur eine Frage des Protokolls. Aber Besuchsdiplomatie sendet immer politische Signale. Mit dem Aufstieg Chinas zum mächtigsten Rivalen hatte für Washington die Allianz mit Japan an Bedeutung gewonnen. Ein hoher Berliner Diplomat formulierte es im Frühjahr 2021 so: Das Zentrum der amerikanischen Außenpolitik habe sich verschoben, der Umgang mit China präge als alles bestimmende Herausforderung die strategische Debatte in Washington. Damit werde Japan als Partner und Verbündeter der Vereinigten Staaten so zentral, wie es Deutschland während des Kalten Krieges gewesen sei.

Was unter Barack Obama mit dem «pivot to Asia» – der Hinwendung zu Asien – begonnen und sich mit Donald Trump auf erratische Weise fortgesetzt hatte, nahm unter Joe Biden klare Konturen an: Der Fokus der amerikanischen Sicherheitspolitik hat sich neu ausgerichtet, im Mittelpunkt der strategischen Überlegungen steht nicht mehr der nordatlantische Raum, sondern der Indopazifik.

Besonders deutlich zeigt sich dies in der Nationalen Sicherheitsstrategie, die Bidens Regierung im Herbst 2022 vorlegte. Im Vergleich zu früheren Jahren haben sich die Gewichte vollkommen verschoben. Erst kommt das Bekenntnis zu einem «freien und offenen Indopazifik», danach folgt das Versprechen, «unsere Allianz mit Europa zu vertiefen». Warum sich die Prioritäten verändert haben? Weil der Indopazifik, argumentiert die Nationale Sicherheitsstrategie, das Wachstum der Weltwirtschaft antreibt und weil er zum «Epizentrum der Geopolitik des 21. Jahrhunderts» werden wird. «Wir sind in eine wichtige neue Periode der amerikanischen Außenpolitik eingetreten, die von den Vereinigten Staaten im Indopazifik mehr verlangen wird als je zuvor seit dem Zweiten Weltkrieg. Keine Region wird von größerer Bedeutung für die Welt und für das tägliche Leben der Amerikaner sein als der Indopazifik.»[1]

Jahrzehntelang hatten die Europäer Zeit, sich an den Gedanken zu gewöhnen, dass ihr Kontinent eines Tages nicht mehr im Mittelpunkt des weltpolitischen Geschehens stehen würde. Es schwarz auf weiß bestätigt zu bekommen, ist dennoch schmerzlich. Aber die Zahlen sind eindeutig. Nicht nur lebt im Indopazifik weit mehr als die Hälfte der Weltbevölkerung. Dort werden inzwischen auch zwei Drittel der globalen Wirtschaftsleistung erarbeitet. Ende 2022 befanden sich unter den hundert wertvollsten börsennotierten Unternehmen der Welt 61 Konzerne aus den USA und 15 aus China. Alle europäischen Länder zusammen brachten es ebenfalls auf 15 Firmen. Nur fünfzehn Jahre zuvor kamen aus Europa noch 46 der 100 größten Unternehmen, aus den USA 32 und aus Asien 17.[2]

Das einzige Land, das mit der wirtschaftlichen Dynamik der Supermacht Amerika mithalten kann, ist China. Seit Beginn der Wirtschaftsreformen unter Deng Xiaoping Ende der siebziger Jahre hat sich das Bruttoinlandsprodukt der Volksrepublik um das 43-Fache erhöht. Eine schier unfassbare Leistung. Seit Jahren laufen daher die Wetten, wann China die Vereinigten Staaten als Wirtschaftsmacht Nummer eins überholen wird. Diese Erwartungen hat das Land bisher nicht erfüllen können. In jüngster Zeit häufen sich die Rückschläge. Die Covid-Pandemie und die mit ihr verbundenen Störungen des Welthandels, der Angriff Russlands auf die Ukraine und die dadurch verursachten weltpolitischen Spannungen, die Krise des für Chinas

Wirtschaft enorm wichtigen Immobiliensektors, die hohe Jugendarbeitslosigkeit, die sich abzeichnende demografische Katastrophe – dies alles bremst das Wachstum und trübt die Stimmung ein. Mit der Euphorie der Wirtschaftswunderjahre ist es vorbei.

Die Zweifel wachsen, ob die Volksrepublik mit ihrer schrumpfenden und alternden Bevölkerung, ihrem Staatsinterventionismus in der Wirtschaft und ihrer weltpolitischen Verankerung im autoritären Lager überhaupt den Sprung an die Spitze schaffen kann. Einstweilen bleibt sie die Nummer zwei der Weltwirtschaft. Zugleich aber nimmt der Abstand der beiden führenden Volkswirtschaften zum Rest der Welt ständig zu. Die USA brachten es 2022 auf ein Bruttoinlandsprodukt (BIP) von 25,5 Billionen Dollar, in China waren es 18,3 Billionen Dollar. Japan auf Platz drei mit 4,3 Billionen Dollar und Deutschland auf Platz vier mit 4,1 Billionen Dollar lagen weit zurück. Und das als neuer Aufsteiger hoch gehandelte Indien erarbeitete ein BIP von 3,5 Billionen Dollar, kein Fünftel der chinesischen und weniger als ein Siebtel der amerikanischen Wirtschaftsleistung. Am Indopazifik ist zu beobachten, wie sich ein weltwirtschaftliches Duopol herausbildet, wie sich dabei die Konkurrenz zweier Giganten verschärft, die allen anderen Mitbewerbern davoneilen. Zweier Rivalen mit unterschiedlichen Werten und gegensätzlichen Interessen, um die sich der Rest der Welt gruppieren wird.

Der Wettbewerb mit China jedenfalls dominiert die amerikanische Außenpolitik. Das Repräsentantenhaus hat sogar einen Sonderausschuss zu China eingerichtet. Dieser «Ausschuss zum strategischen Wettbewerb zwischen den Vereinigten Staaten und der Kommunistischen Partei Chinas» hat Ende Februar 2023 mit einer ersten Anhörung seine Arbeit aufgenommen. Zu Beginn sagte der Ausschussvorsitzende Mike Gallagher, Republikaner aus Wisconsin, der «strategische Wettbewerb» mit China werde «kein höfliches Tennis-Match» sein. «Dies ist ein existentieller Kampf darum, wie das Leben im 21. Jahrhundert aussehen wird. Die fundamentalsten Freiheiten stehen auf dem Spiel.»[3] Eine Einschätzung, die in Washington über die Parteigrenzen hinweg geteilt wird, die in der Regierung genauso zu hören ist wie im Kongress. CIA-Direktor William J. Burns kündigte im Oktober 2021 den Aufbau eines China-Zentrums innerhalb seines Nachrichtendienstes an. Die CIA will gewappnet sein für «die wichtigste geopolitische Bedrohung, der wir im 21. Jahrhundert ausgesetzt sind, einer zunehmend feindseligen chinesischen Regierung».[4] Wie sich auch das Pentagon auf die neuen Kräfteverhältnisse einstellt, das schon 2019 seinen eigenen Indopazifik-Strategiebericht vorgelegt hat. Für das Verteidigungsministerium gilt die asiatische Region nun als das «prioritäre Einsatzgebiet», nicht mehr der Atlantik oder der Mittlere Osten.[5]

Politisch stehen sich zwei entgegengesetzte Vorstellungen von der künftigen Weltordnung gegenüber. Soll die Forderung nach staatlicher Souveränität im Vordergrund stehen oder der Schutz des Individuums? China widersetzt sich der Vorstellung, das westlich geprägte System mit seinem normativen Anspruch auf Demokratie, Verteidigung der Menschenrechte und Herrschaft des Rechts könne universelle Gültigkeit beanspruchen. Ein solches System repräsentiere «nicht den Willen der internationalen Gemeinschaft», sagte Außenminister Wang Yi bei einer Begegnung mit seinem russischen Kollegen Sergej Lawrow in der südchinesischen Stadt Guilin im März 2021. In einer gemeinsamen Erklärung warfen Wang und Lawrow den Vereinigten Staaten ständige Einmischungen in die Angelegenheiten fremder Länder vor, mit denen sie dem Weltfrieden und der globalen Entwicklung Schaden zugefügt hätten.[6]

Solle Joe Biden doch versuchen, eine «Allianz der Demokratien» zu formen. China wirbt umso heftiger um das gegnerische Lager, macht alten Freunden wie Russland, Belarus und Iran seine Aufwartung, umgarnt zugleich problematische amerikanische Partner wie Saudi-Arabien und die Türkei. Statt für eine neue, von der Vorherrschaft des Westens befreite Weltordnung reicht es bisher nur für eine ruhmlose «Achse der Autokraten» mit einem irrlichternden russischen Präsidenten Putin, dem China politischen Flankenschutz beim Überfall auf das Nachbarland Ukraine gibt.

Dennoch bleibt China der mächtigste, ja der einzige weltpolitische Gegenspieler der USA. Von einer «fast schon tektonischen Verschiebung der Machtachsen der Welt», schrieb der ehemalige Bundesaußenminister Sigmar Gabriel mit Blick auf die amerikanisch-chinesische Rivalität. Deutschland und Europa müssten in ihrer Außenpolitik darauf reagieren. «Die USA wollen (...) ihre Kraft auf den neuen globalen Akteur China konzentrieren und sich dafür aus vielen Bereichen zurückziehen, in denen sie bisher Verantwortung übernommen haben.»[7]

Aber nur weil Amerika sich dem Indopazifik zuwendet, kehrt es Europa nicht den Rücken. Selbst unter Donald Trump, der die Nato einst für «obsolet» erklärt hatte, vergrößerten die USA ihre Truppenpräsenz an der Ostgrenze des Bündnisses. Nach dem Überfall Russlands auf die Ukraine lieferte kein Land mehr Waffen zu deren Verteidigung als die Vereinigten Staaten. Sollte es Wladimir Putins Ziel gewesen sein, einen Keil zwischen Europäer und Amerikaner zu treiben, so erreichte er das genaue Gegenteil: Seine Aggression schweißte den Westen zusammen, das nordatlantische Bündnis zeigt sich geeint wie seit Jahrzehnten nicht mehr.

Zur Überraschung Putins nahmen es die Europäer nicht hin, dass auf ihrem Kontinent wieder Krieg herrschte. Ein barbarischer Krieg, wie ihn kaum jemand mehr für möglich gehalten hatte. Und der nun die Kräfte mobilisierte für humanitäre und wirtschaftliche Hilfe – und für Unterstützung mit immer moderneren Waffen. Der aber nicht von der chinesischen Herausforderung ablenkte, die Europäer nicht und schon gar nicht die Amerikaner. «Auch wenn Präsident Putins Krieg andauert, werden wir fokussiert bleiben auf die größte langfristige Gefahr für die internationale Ordnung, und die geht von der Volksrepublik China aus», sagte US-Außenminister Antony Blinken im Mai 2022 in einer Rede an der Georgetown Universität in Washington.

Auch für CIA-Chef William Burns gab es keinen Grund, die Prioritäten der amerikanischen Sicherheitsstrategie zu überdenken. Er zweifle «nicht eine Sekunde» an der Entschlossenheit Xi Jinpings, Taiwan unter Chinas Kontrolle zu bringen. Putins Krieg schärfte geradezu den Blick auf die von China ausgehenden Gefahren. In Washington, kommentierte Gideon Rachman in der *Financial Times*, sehe man die Sicherheit Europas und Asiens gemeinsam bedroht, so sehr, dass die beiden Kontinente als ein «einheitliches Operationsgebiet» (*single operating system*) betrachtet würden. Ihn erinnere das an die Denkmuster des Kalten Kriegs, als in Amerika stets gefragt worden sei, welche Auswirkungen das Geschehen in Vietnam oder Korea auf das geteilte Berlin haben könne.[8]

Mit keinem Wort distanzierte sich die Führung in Peking von Putins Angriffskrieg. Zwar lieferte sie dem russischen Präsidenten wohl nicht die gewünschten Waffen, aber sie gab ihm politische Rückendeckung. Nahezu unverändert übernahm die chinesische Propaganda das russische Narrativ zur Ursache des Krieges. Mit der von den Vereinigten Staaten betriebenen Osterweiterung der Nato habe der Westen die «legitimen Sicherheitsforderungen» Russlands missachtet. Der Westen habe schon die «Farbrevolution» angezettelt, die im Jahr 2014 zum Sturz des moskaufreundlichen Präsidenten Viktor Janukowitsch geführt hatte. Für die chinesische Führung waren es die vom Westen gelieferten Waffen, welche die Flammen des Krieges immer wieder aufs Neue anfachten – eines Krieges, der auch in Peking nicht so heißen durfte, der als «Krise» oder «Konflikt» verharmlost wurde.

Auch ein Jahr nach dem Einmarsch der russischen Armee war aus China keine Kritik an Putins Gewalt gegen das Nachbarland zu hören. Stattdessen gab es Bekundungen der Solidarität. Zum Beispiel von Außenminister Wang Yi: «Gleichgültig, wie unsicher und herausfordernd die internationale Lage sein mag, China und Russland werden ihr Ziel nicht aus dem Auge verlieren und beharrlich unsere umfassende strategische Partnerschaft voranbringen.»[9] Schuld am Ukrainekrieg waren Amerika und die Nato: Daran hielt die Regierung in Peking fest. Um dann den Bogen nach Asien zu schlagen. Die Indopazifik-Strategie der USA sei «genauso gefährlich wie die Nato-Strategie der Osterweiterung in Europa», sagte der stellvertretende Außenminister Le Yucheng. Sie könnte die asiatisch-pazifische Region in den Abgrund stürzen. Wenn nicht zuvor der Westen an der Last seiner Sanktionspolitik zusammenbreche, die ihn selbst stärker treffe als Russland.[10]

Chinas «pro-russische Pseudo-Neutralität» *(Economist)* im Ukrainekrieg, die nichts anderes war als Komplizenschaft mit Putins Aggression, beruhte auf einer völligen Fehleinschätzung der Politik des Westens. Peking lag in allen Punkten falsch. Die Bürger in den westlichen Staaten waren bereit, die Folgen der Strafmaßnahmen zu tragen, die ihre Regierungen über Russland verhängten. Sie sparten beim Strom, heizten weniger. Staatliche Hilfsprogramme linderten die Not derjenigen, die nicht sparen konnten. Die Wirtschaft erwies sich als widerstands- und anpassungsfähig. Vor allem aber war sich die Mehrheit der Bevölkerung in den europäischen Ländern einig: Wir lassen uns nicht einschüchtern. Und wenn uns die Ukraine immer wieder um Waffen bittet, dann liefern wir sie. Wir haben einen langen Atem.

Diese Entschlossenheit hatten weder Russland noch China erwartet. Steigende Energiepreise, eine anziehende Inflation, eine drückende Überlegenheit des russischen Militärs, so hatten sie angenommen, würden die Solidarität rasch bröckeln lassen. Wie Putin ist auch Xi Jinping ein Opfer der eigenen Propaganda vom «unabwendbaren Niedergang des Westens» geworden. Dass Europäer und Amerikaner politisch geeint handelten, dass sie bereit waren, für die Verteidigung der Ukraine einen wirtschaftlichen Preis zu zahlen, passte nicht in ihr Weltbild.

Und die Führung in Peking hatte gewiss nicht mit der rasch einsetzenden Debatte gerechnet, wie Europa und Amerika sich von China wirtschaftlich unabhängiger machen könnten. Doch auch in diesem Punkt herrschte in den westlichen Hauptstädten große Einigkeit: Nie wieder wollten die Regierungen das Risiko eingehen, politisch erpressbar zu sein. Schnell wurde Übereinstimmung erzielt: Mag der chinesische Markt für unsere Unternehmen noch so verlockend sein – eine Abhängigkeit wie beim russischen Öl oder Gas darf es nicht wieder geben. Überraschender noch, und aus Pekinger Sicht beunruhigender: Der Angriff auf die Ukraine einte nicht nur den «alten» Westen, er mobilisierte auch die Demokratien im indopazifischen Raum. Und offenbarte damit, dass sich der Westen nicht mehr geografisch definiert, sondern durch die Werte, für die Staaten und Gesellschaften überall in der Welt stehen, in Amerika und Europa genauso wie in Asien und im Pazifik.

Der japanische Ministerpräsident Fumio Kishida fasste die Sorgen der asiatischen Demokratien in dem Warnruf zusammen: «Heute die Ukraine, morgen Ostasien!» Unter seiner Regierung richtete Japan seine Verteidigungspolitik neu aus. Im Dezember 2022 beschloss das Kabinett in Tokio eine weitreichende Modernisierung der Streitkräfte. Die Ausgaben für das Militär sollten bis zum Jahr 2027 auf zwei Prozent des Bruttoinlandsprodukts verdoppelt und die «Selbstverteidigungskräfte» des Landes in die Lage versetzt werden, mögliche Angreifer mit der Fähigkeit zu Gegenschlägen auf deren Territorium abzuschrecken.

Fumio Kishida suchte den Schulterschluss mit den Nato-Staaten. Für die Stabilität der Region sei es «extrem wichtig, dass sich die europäischen Länder und die USA für Asiens Sicherheitsumfeld interessieren und engagieren», hatte Japans Premier schon vor dem Ukrainekrieg gesagt.[11] Nun schloss er neue Vereinbarungen mit den Regierungen in Washington und London über eine engere militärische Zusammenarbeit ab. Im Januar 2023 begrüßte er den Generalsekretär der Nato in Tokio. Jens Stoltenberg hatte die chinesische Herausforderung seit Jahren schon zu seinem Thema gemacht. Immer wieder hatte er gewarnt: «China kommt uns näher.» Durch Pekings Verhalten im Ukrainekrieg fühlte er sich bestätigt. «Dieser Krieg ist nicht nur eine europäische Krise, sondern ein Angriff auf die Weltordnung», sagte er im Gespräch mit Kishida. «Was heute in Europa geschieht, kann morgen in Ostasien passieren.»[12]

Die Einigkeit war groß zwischen dem japanischen Ministerpräsidenten und dem Nato-Generalsekretär. Kishida kündigte an, sein Land werde bei der Nato ein Verbindungsbüro eröffnen. Was Stoltenberg freute. «Sicherheit ist nicht regional, sondern global», sagte er bei einem Vortrag an der Keio-Universität in Tokio. «Es ist wichtig, dass wir mit unseren Partnern im Indopazifik enger zusammenarbeiten.»[13] Zuvor hatte er in Seoul Station gemacht und die südkoreanische Regierung um Waffen und Munition für die Ukraine gebeten. In Peking zürnte die Sprecherin des Außenministeriums, die Nato «fabriziert eine chinesische Bedrohung». Und warnte: Die asiatisch-pazifische Region sei «nicht das Schlachtfeld für einen geopolitischen Wettbewerb».[14]

Doch ebendas scheint sie zu werden. Vielleicht kein Schlachtfeld, aber doch ein Forum für immer heftigere politische Debatten. Neben Japan wird die Diskussion über die künftige Sicherheitsarchitektur besonders intensiv in Australien geführt. Nun hat der Kontinent wegen seiner kolonialen Vergangenheit, der Mitgliedschaft im Commonwealth und der historisch engen Beziehungen zu den Vereinigten Staaten in der Verteidigungspolitik schon immer global gedacht. Aber Chinas aggressives Vordringen in der Region wie der Krieg in der Ukraine heizen auch in Australien die Diskussion an. Als Premierminister Scott Morrison im März 2022 den Bau eines 7,4 Milliarden US-Dollar teuren U-Boot-Hafens ankündigte, stellte er eine Verbindung auch zum Ukrainekrieg her. Morrison sprach von einem neuen «Bogen der Autokratie».[15] Diejenigen, die ihn trügen, wollten die Weltordnung «nach ihrem Bild» formen. Morrison fühlte sich weiterhin am besten im Bündnis mit den Vereinigten Staaten aufgehoben. Die Allianz mit Washington sei «Vergangenheit, Gegenwart und Zukunft» der australischen Außen- und Sicherheitspolitik». Auch die Nachfolgeregierung in Canberra unter Labor-Premier Anthony Albanese will daran nichts ändern. Seine Partei setzt die spektakuläre Aukus-Partnerschaft mit den USA und Großbritannien zum Bau atomar angetriebener U-Boote fort.[16]

Stück für Stück zeichnen sich die Grundrisse einer neuen Sicherheitsarchitektur ab, die sich von Nordamerika über Europa bis zum Indopazifik erstreckt. Da ist die Nato, die ihre Fühler nach Asien und zum Pazifik ausstreckt. Da ist der Dreierbund zwischen Australien, Großbritannien und den USA. Da ist der «Quadrilateral Security Dialogue» (Quad) zwischen den Vereinigten Staaten, Japan, Indien und Australien. Da sind die immer zahlreicheren bilateralen und «minilateralen» Vereinbarungen, etwa zwischen Japan und Australien oder Indien und Japan. Da sind schließlich die Europäer, die mit ihren Kriegsschiffen und Militärflugzeugen regelmäßig im Indopazifik Flagge zeigen. Von «integrierter Abschreckung» sprechen die Vereinigten Staaten.

Sollte sich aus diesem immer enger geknüpften sicherheitspolitischen Netzwerk tatsächlich so etwas wie ein «globaler Westen» entwickeln, wäre dies auch der tatkräftigen Hilfe Wladimir Putins und Xi Jinpings zu verdanken. Sie haben ermüdeten («hirntoten») Bündnissen, in die Jahre gekommenen Freundschaften und ritualisierten Partnerschaften neues Leben eingehaucht. Die demokratischen Staaten wiederum haben sich unter dem Schock des Ukrainekrieges nicht nur auf ihre gemeinsamen Werte besonnen, sondern auch auf ihre Stärke. Und die ist beträchtlich. Die führenden Industriestaaten sind marktwirtschaftlich ausgerichtete Demokratien. China nennt sich selbst aus guten Gründen immer noch ein Entwicklungsland. Russland ist von seiner Führung zum reinen Rohstofflieferanten heruntergewirtschaftet worden, technologisch spielt es nur in der Rüstungsindustrie eine Rolle. Die Vereinigten Staaten und ihre Verbündeten dagegen bringen es bei einem Anteil von 25 Prozent an der Weltbevölkerung auf 75 Prozent der Weltwirtschaftsleistung. Auf sie entfallen auch rund 75 Prozent der weltweiten Militärausgaben. Deshalb war der Westen auch in der Lage, harte Wirtschaftssanktionen über Russland zu verhängen. Von den Drohungen aus Moskau ließ er sich jedenfalls nicht beeindrucken. China hat dies alles genau beobachtet und wird es sich dreimal überlegen, ob es wegen Taiwan die offene Konfrontation mit dem Westen wagen will.

Schwierig wäre es für den Westen, im Fall eines Konflikts mit der Volksrepublik die Unterstützung der südostasiatischen Staaten zu gewinnen. China ist der wichtigste Handelspartner aller zehn Mitgliedsländer des Südostasiatischen Staatenbundes Asean. Kein Asean-Land möchte in die Lage gebracht werden, sich zwischen der wirtschaftlichen Macht Chinas und der militärischen Stärke der USA entscheiden zu müssen. Sie erwarten vielmehr von den beiden Supermächten, dass diese ihre Spannungen friedlich beilegen und die Aufrüstungsspirale stoppen. Deshalb haben die Regierungen Indonesiens und Malaysias den Bau von atomar angetriebenen U-Booten für Australien kritisiert. Auch beteiligten sich die meisten Asean-Staaten nicht an den Sanktionen gegen Russland und enthielten sich – wie China und Indien – bei den Voten in den Vereinten Nationen über eine Verurteilung des russischen Angriffs der Stimme.

Indonesien, das mit Abstand größte Asean-Land, steht bis heute in der Tradition der Blockfreien-Bewegung. Deren zentrale Prinzipien wurden auf der Bandung-Konferenz 1955 formuliert: Nichteinmischung in die inneren Angelegenheiten anderer Staaten, nationale Souveränität und territoriale Integrität. Für die Regierung in Jakarta sind diese

Prinzipien noch immer Leitlinien ihrer Außenpolitik. Es widerstrebt ihr zutiefst, wenn in Washington versucht wird, die Rivalität zwischen China und den USA ideologisch aufzuladen. Eine Haltung, die auch in anderen südostasiatischen Staaten zu finden ist. Zum Beispiel bei politischen Vordenkern wie Bilahari Kausikan. Der frühere singapurische Spitzendiplomat warnt die Amerikaner in ihrer Auseinandersetzung mit China vor Illusionen. «Eine Politik, die sich auf einen Zusammenprall zwischen Demokratie und Autokratie beruft, riskiert jene Regierungen zu verprellen, die nicht in solch (...) simplistischen binären Kategorien auf die Welt blicken und sich nicht in ein solches Denkmuster zwingen lassen wollen.»[17]

Singapur, sein eigenes Land, hat im Ukrainekrieg allerdings klar Position bezogen und sich an den Sanktionen gegen Russland beteiligt. Die Philippinen, ein anderes wichtiges Asean-Land, haben ihren Verteidigungspakt mit den USA bekräftigt und öffnen den amerikanischen Streitkräften den Zugang zu weiteren Stützpunkten. Statt bisher fünf darf die US-Armee nun neun Militärbasen benutzen, auch im Norden der Inselrepublik in der Nähe zu Taiwan. Umgekehrt haben sich Länder wie Myanmar, Laos und Kambodscha stärker an die Volksrepublik angelehnt. Vor allem auf die Gefolgschaft Kambodschas kann sich Peking verlassen, es gilt inzwischen als reiner Vasallenstaat. Es gibt also keine einheitliche neutrale Haltung Südostasiens in der amerikanisch-chinesischen Rivalität. Nur in einem sind sich alle Staaten einig: Sie wollen nicht vor die Wahl gestellt werden. Sie möchten weiterhin mit der Volksrepublik Geschäfte machen, wissen aber zugleich Amerikas Anwesenheit in der Region zu schätzen, die sie davor bewahrt, von Chinas Übermacht erdrückt zu werden.

Ist auf die Schutzmacht Amerika Verlass? Ganz elementar stellt sich diese Frage für Taiwan. Auf dem 20. Parteitag der Kommunistischen Partei im Oktober 2022 hat Xi Jinping die Position Chinas noch einmal glasklar formuliert: «Wir werden uns weiterhin mit größter Ernsthaftigkeit für eine friedliche Wiedervereinigung einsetzen. Aber wir werden niemals versprechen, auf Waffengewalt zu verzichten.» Weil der Wiederaufstieg der Nation, die Verwirklichung des «chinesischen Traums» ohne die Wiedervereinigung unvollendet bliebe, kann es für die Führung der KP keinen Kompromiss geben: Taiwan muss eines Tages in die Volksrepublik eingegliedert werden. Niemand soll es wagen, sich dieser von der Geschichte hinterlassenen Aufgabe in den Weg zu stellen. Auch nicht Amerika. «Diejenigen, die mit dem Feuer spielen, werden daran zugrunde gehen», lautet die Warnung Xi Jinpings an Washington.

Joe Biden tut aus Pekinger Sicht aber genau das, er spielt mit dem Feuer. Mehrfach hat der amerikanische Präsident unmissverständlich gesagt: Wir werden Taiwan verteidigen. Bisher verfolgten die USA gegenüber Taiwan eine Politik der «strategischen Ambiguität»: Sie ließen bewusst im Ungewissen, ob sie die Insel gegen einen Angriff Chinas schützen würden – auch um die Regierung in Taipei nicht zu ermutigen, den Schritt zur formellen Unabhängigkeit zu gehen in der Gewissheit, Amerika werde Taiwan notfalls zu Hilfe eilen. Unter Biden ist dieser Kurs mehr und mehr einer Politik der «strategischen Klarheit» gewichen. Auch würden sich, vor kurzem noch undenkbar, Australien und Japan im Falle einer militärischen Auseinandersetzung wohl auf die Seite der Vereinigten Staaten stellen.

Dies alles lässt die Kriegsgefahr wachsen. Denn China beharrt auf seiner Position: Es gibt keinen Raum für Zugeständnisse, wenn es um die Kerninteressen des Landes geht. Und die Wiedervereinigung mit Taiwan ist Kerninteresse Nummer eins. Ausgeschlossen, dass die Kommunistische Partei hier nachgibt. Was nicht heißt, dass man die Aufgabe nicht noch einmal für einige Jahre «der Geschichte überlässt», so wie es Mao Zedong und Zhou Enlai vor einem halben Jahrhundert taten, als sie gemeinsam mit Richard Nixon und Henry Kissinger die Annäherung zwischen den beiden Mächten suchten. Die Geduld von damals aber scheint Xi Jinping nicht mehr aufzubringen. Doch China wird den Angriff erst dann wagen, wenn es sich seiner militärischen Überlegenheit sicher ist. Das ist heute noch nicht der Fall. Hohe amerikanische Militärs sehen den Krieg allerdings immer näher rücken. Admiral Philip Davidson, der damalige Chef des Indopazifik-Kommandos, sagte ihn 2021 für das Jahr 2027 voraus. Luftwaffengeneral Mike Minihan, Chef des Air Mobility Command, schrieb Anfang 2023 in einem internen Memorandum, er halte einen Krieg schon 2025 für möglich.

Einen direkten Zusammenhang mit dem Ukrainekrieg gibt es nicht. China folgt seinem eigenen Zeitplan. Gleichwohl hat Russlands Angriff im Westen den Blick auf die von Peking ausgehende Bedrohung der Inselrepublik gelenkt. Immer mehr Politiker, auch aus Deutschland, reisen nach Taiwan. Regierungen, die bisher einen großen Bogen um die Insel gemacht haben, entsenden offizielle Delegationen. Die USA schicken mehr Militärgüter als je zuvor. Die Nato warnt China vor der Anwendung militärischer Gewalt.

Politisch gibt es eben doch eine Verbindung zwischen Taiwan und der Ukraine. Wladimir Putin hat bewiesen, dass Großmächte noch im 21. Jahrhundert imperialem Wahn anhängen und dabei selbst ihren eigenen Interessen zuwiderhandeln. Dass sie bereit sind, Frieden und Wohlstand ihren Ambitionen zu opfern. Xi Jinping denkt pragmatischer und handelt rationaler als Putin. Zugleich sieht er in der Wiedervereinigung mit Taiwan die Erfüllung einer heiligen historischen Pflicht. Wenn er den Moment für gekommen hält, wird er den Befehl zum Angriff geben. Daran kann es kaum einen Zweifel geben.

Der Indopazifik steht vor einem entscheidenden Jahrzehnt. Die politische Rivalität zwischen den beiden Supermächten droht in eine militärische Konfrontation umzuschlagen. Das Wettrüsten beschleunigt sich. Die USA haben ihre Prognosen zum Atomarsenal Chinas deutlich angehoben. Dem Pentagon zufolge könnte sich die Zahl der Nuklearsprengköpfe bis zum Jahr 2035 auf 1500 erhöhen. In den dreißiger Jahren werde sich, warnt das Verteidigungsministerium, die Abschreckungspolitik der USA zum ersten Mal gegen «zwei große Nuklearmächte» richten müssen.[18] Die chinesische Marine ist nach der Anzahl ihrer Schiffe bereits größer als die US Navy. Im Juni 2022 ließ sie ihren dritten Flugzeugträger, die «Fujian», vom Stapel laufen. Bis zum Jahr 2035 will China über sechs Flugzeugträger verfügen. Bei den Feiern zum 100. Geburtstag der Kommunistischen Partei erklärte Xi Jinping im Juli 2021, China werde sich nie wieder herumstoßen und unterdrücken lassen. Diejenigen, die es dennoch versuchten, würden sich an einer «großen Mauer aus Stahl die Köpfe blutig schlagen».

Aber nicht nur China rüstet auf. Taiwan hat seinen Militärhaushalt von 10,7 Milliarden US-Dollar im Jahr 2018 auf fast 22 Milliarden US-

Dollar 2022 mehr als verdoppelt. Australien erhöhte seine Verteidigungsausgaben 2021 um über 6 Prozent. Japan will künftig, genau wie die Nato-Staaten, 2 Prozent seines BIP für den Wehretat ausgeben. Und die USA, die langsam, aber beständig ihre Streitkräfte vom Nordatlantik in den Indopazifik verlagern, meldeten im Jahr 2023 einmal mehr einen Rekordhaushalt für das Pentagon: 816,7 Milliarden Dollar. Noch sind die USA in der Militärtechnologie China voraus. Internationalen Experten zufolge beträgt der Vorsprung rund zwanzig Jahre.[19] Was gewaltig ist – und den Ehrgeiz der Volksbefreiungsarmee beflügeln muss. Denn Xi Jinping hat ihr den Auftrag erteilt, «ihre ganze Energie auf das Kämpfen zu fokussieren». Am Horizont zögen «gefährliche Stürme» auf. Deshalb müsse die Armee «das militärische Training in Vorbereitung auf einen Krieg umfassend verstärken».[20]

Wider besseres Wissen und allen tastenden Annäherungsbemühungen zum Trotz bleiben China und die USA auf Konfrontationskurs. Im März 2023 griff Xi Jinping am Rande des Nationalen Volkskongresses in Peking die Vereinigten Staaten frontal an. Gemeinsam mit ihren Verbündeten verfolgten sie «eine umfassende Eindämmung, Einkreisung und Unterdrückung Chinas, was nie da gewesene schwere Herausforderungen für die Entwicklung Chinas mit sich bringt». Das weltpolitische Umfeld habe sich «dramatisch verändert». China müsse zum Kampf bereit sein. Sein neu ins Amt gekommener Außenminister Qin Gang verurteilte auf einer Pressekonferenz das «rücksichtslose Spiel» der Vereinigten Staaten. Es könne «katastrophale Folgen» haben. Wenn Amerika «nicht auf die Bremse tritt, sondern weiter auf dem falschen Weg beschleunigt», werde dies zu «Konflikt und Konfrontation» führen.[21] In Hintergrundgesprächen mit chinesischen Funktionären war in jenen Tagen Ähnliches zu hören. Die Hegemonialmacht Amerika versuche, den weiteren Aufstieg Chinas um jeden Preis zu stoppen. Sie stoße die Volksrepublik herum in dem Versuch, die eigene «unipolare» Ordnung zu verteidigen. Und irgendwann fiel dann verlässlich das Wort vom neuen Kalten Krieg.

Xi Jinping hatte schon früher erklärt, sein Land werde nie den «westlichen Weg» beschreiten. Kein Zweifel, eine demokratische Regierungsform, die Teilung der Gewalten, eine freie Presse und eine unabhängige Justiz wird es mit der Kommunistischen Partei nicht geben. Für dieses Modell haben sich aber auch am Indopazifik viele Länder entschieden. Ihre Demokratien mögen, genau wie in Europa und in Nordamerika, nicht perfekt sein; aber die Gesellschaften, die sich für ein offenes, liberales System entschieden haben, werden es verteidigen. Taiwan gilt heute, vor Japan und Südkorea, als der freiheitlichste Staat Asiens.

Die chinesische Führung hingegen ist überzeugt, dass ihr Modell des staatlich gelenkten Kapitalismus der offenen Gesellschaft und der sozialen Marktwirtschaft des Westens überlegen ist. Viele hundert Millionen Menschen seien so aus der Armut geholt worden. Das politische System des Westens mit seiner chaotischen, polarisierenden Meinungsbildung und Mehrheitsfindung hätte dies nie geschafft. Vielmehr erweise sich die westliche Demokratie auch in ihren Ursprungsländern als unfähig, die Aufgaben der Zukunft zu lösen.

In einer idealen Welt würde ein friedlicher Wettbewerb über das bessere Regierungssystem entscheiden. In der Welt aber, wie sie ist, geht es um einen ideologisch aufgeladenen Machtkampf, um Einflusssphären, um rohen Vorteil, letztlich um die Frage, wer als Nummer eins unter den Nationen künftig den Ton angibt. Die beiden Supermächte müssten eigentlich alle Kraft darauf richten, eine Kollision zu vermeiden. Stattdessen sammeln sie ihre Truppen.

Dank

Es ist fast fünfzig Jahre her. 1974 kam ich als Student mit einem Fulbright-Stipendium nach Hawaii. Als ich bei der First Hawaiian Bank ein Konto eröffnete, fiel mein Blick im Schalterraum auf eine große Weltkarte, die mich faszinierte. Im Zentrum der Karte lag der riesige Pazifik, und in dessen Mitte wiederum befanden sich die Hawaii-Inseln. Rechts, also im Osten, lagen die Vereinigten Staaten und die anderen Länder Nord- und Südamerikas. Links, im Westen, erstreckten sich Asien und die gewaltigen Weiten Russlands, da lagen Indien und Afrika. Und ganz außen, am linken oberen Kartenrand, war gerade noch Europa zu erkennen.

Auch so konnte man also auf die Welt blicken. Für den jungen Geschichts- und Sinologiestudenten war dies eine inspirierende Perspektive. Zwar hatte er, wie es sich gehörte, schon in seinen ersten Semestern an der Universität Göttingen vom «eurozentrischen Denken» Abschied genommen. Aber Europa stand dennoch für ihn ganz selbstverständlich im Mittelpunkt des Weltgeschehens.

Inzwischen ist unser alter Kontinent tatsächlich ziemlich an den Rand gerückt, politisch und wirtschaftlich. Was nicht weiter schlimm ist. Mehr als 500 Jahre lang haben die Europäer, erst allein, dann gemeinsam mit den Amerikanern, auf der Erde den Ton angegeben. Nicht immer zum Guten der Menschheit und des Planeten. Wer an Bedeutung verliert, könnte man meinen, der wird eher in Ruhe gelassen. Der kann in Frieden seinen Wohlstand genießen. Wie eine große Schweiz. Das war auch lange Zeit so. Bis uns Wladimir Putins Überfall auf die Ukraine aus der Illusion gerissen hat, wir könnten auf unbegrenzte Zeit unser Glück im stillen Winkel leben.

Mein Studienjahr auf Hawaii hat mich also in frühen Jahren gelehrt, aus ganz anderen Blickwinkeln auf die Weltpolitik zu schauen. Dafür bin ich der Fulbright-Kommission bis heute dankbar. Nach meinem Studium habe ich für die Deutsche Gesellschaft für Asienkunde gearbeitet, bis ich dann in den Journalismus ging. Seit 1983 schreibe ich in der ZEIT über Asien. Viele Dutzend Mal war ich in der Region unterwegs. Immer wieder in China und Japan, in Süd- und Nordkorea, auf Taiwan, in Hongkong. In Singapur, auf den Philippinen, in Malaysia, Indonesien. Und einmal auf Guam.

Für die Möglichkeiten der gründlichen Recherche bin ich meiner Redaktion in Hamburg unendlich denkbar. Auch für die Neugier, mit der ich immer wieder bei der Rückkehr von Reisen empfangen wurde. Für das Nachfragen, die intensiven Diskussionen in den Konferenzen des Politischen Ressorts. Niemand zeigte mehr Interesse als Marion Dönhoff, Theo Sommer und Helmut Schmidt. Ihnen verdanke ich viel. Wie auch den anderen Freunden und Kollegen in der ZEIT. Genannt seien: Robert Leicht, Roger de Weck, Giovanni di Lorenzo, Christoph Bertram, Werner A. Perger, Gero von Randow, Anna von Münchhausen, Hanns-Bruno Kammertöns, Dieter Buhl, Frauke Ahlborn, Martin Klingst, Heinrich Wefing, Evelyn Finger, Christian Schmidt-Häuer Uta Wagner, Ulrich Ladurner, Andrea Böhm und Michael Thumann.

Detlef Felken, Cheflektor von C.H.Beck, hat auch dieses Buch von der ersten Idee an begleitet. Wie schon bei früheren Projekten waren seine Anregungen, Hinweise, Rückfragen und sein Enthusiasmus mir eine unentbehrliche Hilfe und Motivation.

Benedikt Erenz, mein Freund und Weggefährte bei der ZEIT, hat das Manuskript mit professioneller Akribie auf stilistische und sprachliche Fehlstellen abgeklopft. Dafür großen Dank!

Wie bei meinen früheren Büchern stand mir auch diesmal Bettina Spyrou mit ihrer freundschaftlichen Hilfe zur Seite. Nicht nur wusste ich bei ihr das Manuskript in guten, sicheren Händen. Ihre aufmerksame Lektüre und ihr dann und wann geäußertes Lob waren beim Schreiben eine willkommene Unterstützung, für die ich sehr dankbar bin.

Der tiefste Dank geht an meine Frau Lisa. Sie hat mir geholfen, die Flut an Material zu sichten und zu ordnen. Immer wieder hat sie durch

Recherchen im Netz neue Quellen und Informationen zutage gefördert. Sie hat die fast anderthalb Jahre währende Arbeit des Schreibens mit Geduld und immer neuer Ermutigung begleitet. Ohne sie gäbe es den Text nicht. Ich danke ihr von Herzen.

Das größte Glück in den Monaten, in denen das Manuskript entstand, aber war die Geburt unserer Enkeltochter Maelle. Ich wünsche ihr ein Leben in einer friedlichen Welt. Maelle ist dieses Buch gewidmet.

Hamburg, im März 2023

ANHANG

Literatur

Graham Allison: Destined for War. Can America and China Escape Thucydides's Trap? London 2017
Michael R. Auslin: Asia's New Geopolitics. Essays on Reshaping the Indo-Pacific. Hoover Institution Press, Stanford, California 2020
Desmond Ball, Lucie Béraud-Sudreau, Tim Huxley, C. Raja Mohan, Brendan Taylor: Asia's New Geopolitics. Military Power and Regional Order. The International Institute for Strategic Studies (The Adelphi Papers 478–480), London 2021
Ian Buruma: Der Staub Gottes. Asiatische Nachforschungen. Aus dem Englischen von Ulrich Enderwitz, Frankfurt am Main 1992
Ian Buruma: Inventing Japan. 1853–1964, New York 2003
Richard C. Bush: Difficult Choices. Taiwan's Quest for Security and the Good Life, Washington, D. C. 2021
Kurt M. Campbell: The Pivot. The Future of American Statecraft in Asia, New York and Boston 2016
Florian Coulmas und Judith Stalpers: Fukushima. Vom Erdbeben zur atomaren Katastrophe. München 2011
Rush Doshi: The Long Game. China's Grand Strategy to Displace American Order, New York 2021
Elizabeth C. Economy: The World According to China, Cambridge 2022
John King Fairbank: The United States and China. Third Edition, Harvard University Press, Cambridge, Massachusetts 1971
Ryan Hass: Stronger. Adapting America's China Strategy in an Age of Competitive Interdependence, New Haven & London 2021
Robert D. Kaplan: Asia's Cauldron. The South China Sea and the End of a Stable Pacific, New York 2014
Sarah Kirchberger, Svenja Sinjen und Nils Wörmer (Hrsg.): Russia-China Relations. Emerging Alliance or Eternal Rivals? Springer 2022
Henry Kissinger: On China, New York 2011
Henry Kissinger: Staatskunst. Sechs Lektionen für das 21. Jahrhundert, München 2022
Kishore Mahbubani: The New Asian Hemisphere. The Irresistible Shift of Global Power to the East. New York 2008
Richard McGregor: Asia's Reckoning. China, Japan, the U. S., and the Struggle for Global Power, London 2017

Rory Medcalf: Indo-Pacific Empire. China, America and the Contest for the World's Pivotal Region, Manchester 2020
Matthias Naß: Countdown in Korea. Der gefährlichste Konflikt der Welt und seine Hintergründe, München 2017
Matthias Naß: Drachentanz. Chinas Aufstieg zur Weltmacht und was er für uns bedeutet, München 2021
Henry M. Paulson, Jr.: Dealing with China. London 2015
Manfred Pohl: Geschichte Japans, München 2002
Ben Rhodes: Im Weißen Haus. Die Jahre mit Barack Obama, München 2019
Kevin Rudd: The Avoidable War. The Dangers of a Catastrophic Conflict between the US and Xi Jinping's China, New York 2022
David Shambaugh: Where Great Powers Meet. America & China in Southeast Asia, New York 2021
Susan L. Shirk: Overreach. How China Derailed Its Peaceful Rise, Oxford University Press 2023
Theo Sommer: China First. Die Welt auf dem Weg ins chinesische Jahrhundert, München 2019
Kai Vogelsang: China und Japan. Zwei Reiche unter einem Himmel. Eine Geschichte der sino-japanischen Kulturbeziehungen, Stuttgart 2020
Wieland Wagner: Japan – Abstieg in Würde. Wie ein alterndes Land um seine Zukunft ringt, München 2018
Karel van Wolferen: Vom Mythos der Unbesiegbaren. Anmerkungen zur Weltmacht Japan. München 1989
Robert B. Zoellick: America in the World. A History of U. S. Diplomacy and Foreign Policy, New York 2020

Anmerkungen

Einleitung

1 Reinventing the Indo-Pacific, *The Economist*, 7. Januar 2023
2 Rory Medcalf: Indo-Pacific Empire. China, America and the Contest for the World's Pivotal Region, Manchester University Press 2020, S. 3. Siehe auch: https://www.theguardian.com/politics/2021/mar/15/why-britain-is-tilting-to-the-pacific-region
3 Jake Sullivan, 2021 Lowy Lecture, Sydney, 11. November 2021. https://www.lowyinstitute.org/publications/2021-lowy-lecture-jake-sullivan
4 Canada's Indo-Pacific Strategy. https://www.international.gc.ca/transparency-transparence/indo-pacific-indo-pacifique/index.aspx?lang=eng
5 Leitlinien zum Indo-Pazifik. Deutschland – Europa – Asien. Das 21. Jahrhundert gemeinsam gestalten, S. 11 f. https://www.auswaertiges-amt.de/blob/2380500/33f978a9d4f511942c241eb4602086c1/200901-indo-pazifik-leitlinien--1--data.pdf
6 Henry M. Paulson, Jr.: America's China Policy is not working, *Foreign Affairs*, 26. Januar 2023. https://www.foreignaffairs.com/china/americas-china-policy-not-working
7 Raphael Minder: Czech election winner tells EU to face reality about China, *Financial Times*, 2. Februar 2023
8 Prime Minister Lee Hsien Loong: National Day Message 2022. https://www.pmo.gov.sg/Newsroom/National-Day-Message-2022

I. Das Ringen der Weltmächte

1. Demokratie oder Autokratie – In welcher Ordnung werden wir leben?

1 Joseph R. Biden, Jr.: Why America Must Lead Again. Rescuing U. S. Foreign Policy After Trump, *Foreign Affairs*, März/April 2020, S. 64–76
2 Abuses, malaises of US democracy exposed in China's report. https://www.globaltimes.cn/page/202112/1240716.shtml
3 Interview mit Lee Kuan Yew. «Ich sage: Wir hängen sie auf», *DIE ZEIT*, Nr. 49, 2. Dezember 1994

4 Ralf Dahrendorf: Die autoritäre Versuchung, *ZEIT-Punkte*, Nr. 4/1995, S. 25
5 Kim Dae Jung: Kultur ist keine Bestimmung. Ebd., S. 24
6 Kishore Mahbubani: The New Asian Hemisphere. The Irresistible Shift of Global Power to the East. New York 2008, S. 49
7 *DIE ZEIT*, Nr. 26, 18. Juni 2020
8 Zur Debatte um Militäreinsätze und den Schutz der Menschenrechte Norbert Frei, Daniel Stahl und Annette Weinke (Hrsg.): Human Rights and Humanitarian Intervention. Legitimizing the Use of Force since the 1970s. Göttingen 2017
9 https://securityconference.org/assets/user_upload/MunichSecurity Report2020.pdf
10 Jimmy Carter. I Fear for Our Democracy. https://www.nytimes.com/2022/01/05/opinion/jan-6-jimmy-carter.html
11 Maria Ressa: Nobel Lecture.nobelprize.org/prizes/peace/2021/ressa/lecture

2. China – Der Traum von der Rückkehr zu alter Größe

1 Ryan Hass: From Strategic Reassurance to Running Over Roadblocks: A Review of Xi Jinping's Foreign Policy Record. China Leadership Monitor, Washington, D. C., 1. September 2022. https://www.prcleader.org/hass-september-2022?utm
2 Ebd.
3 Susan Shirk: Xi Jinping has fallen into the dictator trap. *New York Times International Edition*, 17. Oktober 2022
4 Zit. nach Elizabeth C. Economy: The World According to China, Cambridge 2022, S. 5
5 Der Meister-Machiavellist. *Süddeutsche Zeitung*, 8./9. Oktober 2022
6 Kevin Rudd: The World According to Xi Jinping. What China's Ideologue in Chief Really Believes. In: *Foreign Affairs*, November/Dezember 2022. https://www.foreignaffairs.com/print/node/1129349
7 Ebd.
8 The World China wants, *The Economist*, 15. Oktober 2022
9 Kishore Mahbubani: In Asia, China's Long Game Beats America's Short Game. https://foreignpolicy.com/2021/12/12/china-us-asean-trade-geopolitics/
10 Li Yuan: China's tale of 2 worlds: Rising East, failing West. *New York Times International Edition*, 10. August 2022
11 Rush Doshi: The Long Game. China's Grand Strategy to Displace American Order, New York 2021, S. 10
12 Doshi, S. 51
13 Doshi, S. 167
14 Hal Brands und Michael Beckley: Danger Zone. The Coming Conflict with China, New York 2022, S. 15
15 Wang Jisi: How, and Why, China-U. S. Relations Have Worsened Since

2012? Tucker Memorial Lecture, Wilson Center, 22. April 2022. https://www.wilsoncenter.org/event/eighth-annual-nancy-bernkopf-tucker-memorial-lecture

16 Friederike Böge und Majid Sattar: Keine Diplomatie. *Frankfurter Allgemeine Zeitung*, 20. März 2021. Hubert Wetzel: Unter dem Gefrierpunkt. *Süddeutsche Zeitung*, 20./21. März 2021

17 Ryan McMorrow: Xi calls for new world order in attack on US global leadership. *Financial Times*, 21. April 2021

18 «Xi Jinping ist kein Betriebsunfall»: *Frankfurter Allgemeine Zeitung*, 17. Oktober 2022

19 OHCHR Assessment of human rights concerns in the Xinjiang Uyghur Autonomous Region, People's Republic of China, 31. August 2022. https://www.ohchr.org/en/documents/country-reports/ohchr-assessment-human-rights-concerns-xinjiang-uyghur-autonomous-region

20 *Frankfurter Allgemeine Zeitung*, 7. Oktober 2022

21 *The Economist*, 19. Dezember 2020

22 Elizabeth C. Economy, a. a. O., S. 186 f.

23 Jude Blanchette: Xi Jinjinping's Faltering Foreign Policy, *Foreign Affairs*, 18. März 2022. https://www.foreignaffairs.com/articles/china/2022-03-16/xi-jinpings-faltering-foreign-policy

24 Ryan Hass, a. a. O.

25 https://www.edition.cnn.com/2021/03/25/world/chinese-ambassador-cui-tiankai-amanpour-intl/index.html

26 *Süddeutsche Zeitung*, 8./9. Oktober 2022

27 *The Economist*, 26. Februar 2022

28 Sheena Chestnut Greitens: Xi Jinping's Quest for Order. Security at Home, Influence Abroad, *Foreign Affairs*, 3. Oktober 2022

29 Friederike Böge: Xi Jinpings Sackgasse, *Frankfurter Allgemeine Zeitung*, 15. Oktober 2022

30 Ebd.

31 Brands und Beckley, a. a. O., S. 35

32 Is China closing its doors? Its leaders say no, but actions speak louder than words – and more clarity is needed. https://www.scmp.com/week-asia/opinion/article/3191934/china-closing-its-doors-its-leaders-say-no-actions-speak-louder

33 Brands und Beckley, a. a. O., S. xiv

3. Die Vereinigten Staaten von Amerika – Die Weltmacht will Nummer eins bleiben

1 Damien Cave: Lessons of war in the Pacific. *New York Times International Edition*, 9. August 2022

2 Zit. nach: Robert B. Zoellick: America in the World. A History of U. S. Diplomacy and Foreign Policy, New York and Boston 2020, S. 106

3 John King Fairbank: The United States and China. Third Edition, Harvard University Press, Cambridge, Massachusetts 1971, S. 295

4 Robert B. Zoellick, S. 364

5 Richard M. Nixon: Asia After Viet Nam. *Foreign Affairs*, Oktober 1967, S. 111–125

6 Der Anfang einer neuen Zeit. *DIE ZEIT*, 26. Mai 2011

7 Ben Rhodes: Im Weißen Haus. Die Jahre mit Barack Obama, München 2019, S. 233

8 Remarks By President Obama to the Australian Parliament, 17. November 2011. https://obamawhitehouse.archives.gov/the-press-office/2011/11/17/remarks-president-obama-australian-parliament

9 Kurt M. Campbell: The Pivot. The Future of American Statecraft in Asia, New York and Boston 2016, S. 23

10 Kurt M. Campbell und Jake Sullivan: Competition Without Catastrophe. How America Can Both Challenge and Coexist With China. *Foreign Affairs*, September/Oktober 2019, S. 96–110

11 Kevin Rudd: The Avoidable War. The Dangers of a Catastrophic Conflict between the US and Xi Jinping's China. New York 2022, S. 17

12 Hubert Wetzel: Unter dem Gefrierpunkt. *Süddeutsche Zeitung*, 20./21. März 2021. Friederike Böge und Majid Sattar: Keine Diplomatie. *Frankfurter Allgemeine Zeitung*, 20. März 2021. https://www.washingtonpost.com/national-security/china-us-alaska-meeting/2021/03/19/a18de1c8-88dd-11eb-8a67-f314e5fc88d_story.html

13 https://www.nytimes.com/2021/03/18/us/politics/china-blinken-sullivan.html

14 Matthias Naß: Der Westen ist gescheitert, aber nicht allein schuld. *ZEIT Online*, 15. August 2021. https://www.zeit.de/politik/ausland/2021-08/afghanistan-einsatz-usa-nato-truppenabzug-beteiligung-verantwortung

15 *Frankfurter Allgemeine Zeitung*, 26. Februar 2021

16 Rush Doshi: The Long Game. China's Grand Strategy to Displace American Order, Oxford University Press 2021, S. 10

17 Ebd., S. 4

18 Vgl. dazu Robert B. Zoellick: Biden must build on his dialogue with Xi, *Financial Times*, 8. Dezember 2021

19 Jessica Chen Weiss: The China Trap. U. S. Foreign Policy and the Perilous Logic of Zero-Sum Competition, *Foreign Affairs*, September/Oktober 2022, S. 40–58

20 Matthias Naß: Gut, wenn Rivalen miteinander reden. *ZEIT Online*, 17. November 2021. https://www.zeit.de/politik/ausland/2021-11/usa-china-gipfel-biden-xijinping

21 https://www.whitehouse.gov/briefing-room/statements-releases/2021/11/15/remarks-by-president-biden-and-president-xi-of-the-peoples-republic-of-china-before-virtual-meeting

22 https://www.washingtonpost.com/politics/biden-to-meet-with-chinese-president-in-virtual-summit/2021/11/14/6f59b36c-45bb-11ec-973c-be864f938c72_story.html

23 National Security Strategy. The White House, Washington, 12. Oktober 2022. https://www.whitehouse.gov/wp-content/uploads/2022/10/Biden-Harris-Administration-National-Security-Strategy-10.2022.pdf
24 Rush Doshi, The Long Game, S. 333
25 Ryan Hass: Stronger. Adapting America's China Strategy in an Age of Competitive Interdependence, New Haven und London 2021
26 Ebd., S. 90
27 https://www.international.gc.ca/transparency-transparence/indo-pacific-indo-pacifique/index.aspx?lang=eng
28 https://www.globaltimes.cn/page/202211/1280652.shtml
29 *Frankfurter Allgemeine Zeitung*, 30. November 2022
30 *Financial Times*, 26. September 2022
31 Friederike Böge und Till Fähnders: Ein Inselbesuch als Zeichen gegen «Nötigung» auf See, *Frankfurter Allgemeine Zeitung*, 23. November 2022
32 Sui-Lee Wee: U. S. to Boost Military Role in the Philippines as Fears Over Taiwan Grow. https://www.nytimes.com/2023/02/01/world/asia/philippines-united-states-military-bases.html
Till Fähnders und Majid Sattar: China im Blick behalten, *Frankfurter Allgemeine Zeitung*, 3. Februar 2023
33 Gideon Rachman: Manila attempts to plot path between US and China, *Financial Times*, 20. Januar 2023
34 Steven Lee Myers und Amy Qin: Frustration in Beijing at U. S. accusations, *New York Times International Edition*, 24./25. Juli 2021
35 *Financial Times*, 7. Dezember 2022
36 *The Economist*, 29. Oktober 2022
37 Don Clark und Kellen Browning: Taiwanese chip giant eyes big upgrades to U. S. plant, *New York Times International Edition*, 8. Dezember 2022. Siehe auch: Das nächste Chip-Beben, *Frankfurter Allgemeine Zeitung*, 15. Oktober 2022
38 Ryan Hass: The «new normal» in US-China relations: Hardening competition und deep interdependence. Brookings Institution, Washington D. C., 12. August 2021. https://www.brookings.edu/blog/order-from-chaos/2021/08/12/the-new-normal-in-us-china-relations-hardening-competition-and-deep-interdependence/
Siehe auch: Ryan Hass, Patricia M. Kim und Jeffrey A. Bader: A Course Correction in America's China Policy. Brookings Institution, Washington D. C., Policy Brief, November 2022. https://www.brookings.edu/wp-content/uploads/2022/11/FP_20221103_china_policy.pdf
39 Kevin Rudd: The Avoidable War, S. 378
40 Ebd., S. 399

II. Konflikte und Kriegsgefahr

1. Taiwan – Die bedrohte Demokratie

1 Thomas L. Friedman: Pelosi's visit to Taiwan is reckless. *New York Times International Edition*, 3. August 2022

2 «We are Taiwanese», *New York Times International Edition*, 20. Januar 2022

3 Taiwan tempers welcome of Hong Kong exiles, *Financial Times*, 12. Juli 2021

4 Kevin Rudd: The Avoidable War, S. 99

5 Vgl. Oriana Skylar Mastro: The Taiwan Temptation. Why Beijing Might Resort to Force, in: *Foreign Affairs*, Juli/August 2021, S. 65

6 China blasts US «bully», says it will «fight to the end» for Taiwan. https://www.edition.cnn.com/2022/06/12/asia/us-china-defense-shangri-la-dialogue-intl-hnk-ml/index.html
Siehe auch: Taiwan im Schatten der Bedrohung. *Frankfurter Allgemeine Zeitung*, 13. Juni 2022

7 China has the power to take Taiwan, but it would cost an extremely bloody price. https://www.edition.cnn.com/2022/05/31/asia/china-taiwan-invasion-scenarios-analysis-intl-hnk-ml/index.html

8 *Financial Times*, 19./20. Juni 2021

9 China's drills near Taiwan reveal a lack of leverage. *New York Times International Edition*, 9. August 2022

10 US easing of Taiwan curbs likely to antagonise China. *Financial Times*, 31. März 2021

11 Tsai shows off US military presence in Taiwan, «will be punished eventually». https://www.globaltimes.cn/page/202110/1237597.shtml

12 Don't help China By Hyping Risk Of War Over Taiwan. https://www.npr.org/2021/04/08/984524521/opinion-dont-help-china-by-hyping-risk-of-war-over-taiwan

13 Peter Beinart: Biden's Taiwan policy is truly, deeply reckless. *New York Times International Edition*, 7. Mai 2021

14 Richard Haass und David Sacks: American Support for Taiwan Must be Unambiguous. To Keep the Peace, Make Clear to China That Force Won't Stand. *Foreign Affairs*, 2. September 2020

15 Time for the US to rethink its defence stand on Taiwan, former US Pacific Command chief says. https://www.scmp.com/news/china/diplomacy/article/3147992/time-us-rethink-its-defence-stand-taiwan-former-us-pacific

16 The International Institute for Strategic Studies (IISS): Strategic Survey 2021. The Annual Assessment of Geopolitics, London 2021, S. 149

17 Ryan Hass: An American Perspective on the Role of Taiwan in US-China Relations. Foreign Policy at Brookings, Policy Brief, Juli 2022, S. 8

18 Biden administration stays focused on Taiwan despite preoccupation with Ukraine crisis. *Financial Times*, 2. März 2022

19 Kathrin Hille: Taiwan to bolster military readiness, *Financial Times*, 28. Dezember 2022

20 Kathrin Hille: US and Taiwan remain split on island's plans to foil Beijing invasion. *Financial Times*, 16. September 2021

21 *Frankfurter Allgemeine Zeitung*, 20. Juli 2022

22 Johannes Vogel: Deutschlands China-Stresstest, *Welt am Sonntag*, 15. Januar 2023

23 Europe opens doors, ever so slightly, to Taiwan diplomacy. *New York Times International Edition*, 12. November 2021

24 Gideon Rachman: Dangerous fatalism about a US-China war. *Financial Times*, 9. August 2022

25 Taiwans digitaler Schutzschild? *Frankfurter Allgemeine Zeitung*, 17. August 2021. TSMC will nach Dresden, *Frankfurter Allgemeine Zeitung*, 13. Januar 2023

26 IISS: Strategic Survey 2021, S. 150 f.

27 https://www.cnbc.com/2022/08/02/apple-chipmaker-tsmc-warns-taiwan-china-war-would-make-everybody-losers.htm

2. Südchinesisches Meer – Nuklearbomber über Atollen

1 *The Economist*, 22. Dezember 2018: Parleying with the PLA

2 https://www.scmp.com/print/comment/opinion/article/3083194/why-us-continues-stir-south-china-sea-despite-covid-19-body-blow

3 Robert D. Kaplan: Asia's Cauldron. The South China Sea and the End of a Stable Pacific. New York 2014, S. 49

4 Elizabeth C. Economy: The World According to China. Cambridge 2022, S. 80

5 John Reed: Fishing on the front line of China's ambitions. *Financial Times*, 25. Januar 2019

6 Ebd.

7 Matthias Naß: Chinas Ansprüche sind auf Sand gebaut. *ZEIT Online*, 20. Juli 2016. http://www.zeit.de/politik/ausland/2016-07/suedchinesisches-meer-ansprueche-china-voelkerrecht

8 Steven Lee Myers und Jason Gutierrez: Swarms of ships tighten Beijing's grip. *New York Times International Edition*, 6. April 2021 https://www.edition.cnn.com/2021/04/12/china/china-maritime-militia-explainer-intl-hnk-ml-dst/index.html

9 Matthias Naß: Stunde der Patrioten. *DIE ZEIT*, 19. April 2001

10 https://www.washingtonpost.com/world/national-security/pentagon-disinvites-china-from-major-naval-exercise-over-south-china-sea-buildup/2018/05/23/8aea6f04-5ea1-11e8-b2b8-08a538d9dbd6_story.html

11 https://www.edition.cnn.com/2018/05/23/politics/us-china-military-drills/index.html

12 Hannah Beech: A sea under China's control. *New York Times International Edition*, 24. September 2018

13 https://www.scmp.com/print/week-asia/politics/article/3046619/has-us-already-lost-battle-south-china-sea

14 Ebd.

15 Kevin Rudd: The Avoidable War. The Dangers of a Catastrophic Conflict between the US and Xi Jinping's China. New York 2022, S. 198 f.

16 Mark Raymond und David A. Welch: What's Really Going On in the South China Sea? Journal of Current Southeast Asian Studies 2022, Bd. 41 (2) S. 214–239

17 James Stavridis: It's not too soon to prepare for a sea war in Asia. Politico, 13. Mai 2021. https://www.politico.com/newsletters/politico-china-watcher/2021/05/13/its-not-too-soon-to-prepare-for-a-sea-war-in-asia-492827

18 Jane Perlez: U. S. warship sails near isle claimed by China. *New York Times International Edition*, 26. Mai 2017

19 Till Fähnders und Patrick Welter: Mobbing im Meer. *Frankfurter Allgemeine Zeitung*, 15. Juli 2020.
https://www.edition.cnn.com/2020/07/13/politics/south-china-sea-pompeo-announcement/index.html

20 Gregory B. Poling: How Significant Is the New U. S. South China Sea Policy? Center for Strategic & International Studies, 14. Juli 2020.
https://www.csis.org/analysis/how-significant-new-us-south-china-sea-policy

21 https://www.scmp.com/news/china/military/article/3094019/us-china-may-stumble-conflict-south-china-sea-war-game

3. Pazifische Inseln – Kräftemessen in der Südsee

1 Patricia M. Kim: Does the China-Solomon Islands security pact portend a more interventionist Beijing? Brookings Institution, Washington D. C., 6. Mai 2022. https://www.brookings.edu/blog/order-from-chaos/2022/05/06/does-the-china-solomon-islands-security-pact-portend-a-more-interventionist-beijing/
Damien Cave: China close to gaining critical Pacific foothold, *New York Times International Edition*, 30. März 2022.

2 Christoph Hein: Peking sichert sich Brückenkopf im Pazifik, *Frankfurter Allgemeine Zeitung*, 21. April 2022

3 *Frankfurter Allgemeine Zeitung*, 27. April 2022

4 *The Economist*, 15. Oktober 2022

5 Christoph Hein, a. a. O.

6 Patrick Köllner: «Micronexit» Overshadows Golden Anniversary of the Pacific Islands Forum. GIGA Focus Asia, April 2021
https://www.giga-hamburg.de/de/publikationen/giga-focus/mikronexit-ueberschattet-goldenes-jubilaeum-des-pazifischen-inselforums

7 *The Economist*, 8. Oktober 2022

8 Damien Cave: Why China Is Miles Ahead in a Pacific Race for Influence. https://www.nytimes.com/2022/05/31/world/australia/china-united-states-pacific.html

9 Kathrin Hille: Pacific island tensions resurface, *Financial Times*, 10. April 2019
10 Oliver Hasenkamp: Pazifische Zockerei, IPG, 3. Juni 2022
11 https://www.civilbeat.org/2022/05/chinas-pacific-plan-seen-as-a-regional-strategic-game-changer
12 https://www.edition.cnn.com/2022//06/02/asia/us-coast-guard-pacific-islands-china-intl-hnk-ml/index.html
13 https://www.scmp.com/week-asia/opinion/article/3187024/us-china-relations-asean-needs-pay-attention-great-power-rivalry
14 Damien Cave, a. a. O.
15 https://www.scmp.com/week-asia/politics/article/3208767/fiji-pivoting-back-well-established-partners-australia-and-new-zealand-axing-China-security-deal
16 Pacific Partnership Strategy of the United States. Washington D. C., September 2022. https://www.whitehouse.gov/wp-content/uploads/2022/09/Pacific-Partnership-Strategy.pdf
https://www.csis.org/analysis/white-house-unveils-pacific-islands-strategy-historic-summit
17 https://www.benarnews.org/english/news/pacific/us-palau-radar-01112023014042.html
18 https://www.abcnews.go.com/Politics/wireStory/us-nears-new-cooperation-deals-pacific-island-nations-96432868
19 https://www.lowyinstitute.org/the-interpreter/the-remote-marshall-islands-complicate-us-pacific-policy
20 Christoph Hein und Winand von Petersdorff: Biden entdeckt die Südsee, *Frankfurter Allgemeine Zeitung*, 29. September 2022

III. Großmachtpolitik und «Mittlere Mächte»

1. Russland – Schulterschluss der Autokraten

1 Joint Statement of the Russian Federation and the People's Republic of China on the International Relations Entering a New Era and the Global Sustainable Development. http://en.kremlin.ru/supplement/5770
2 Edward Wong: China Asked Russia to Delay Ukraine War Until After Olympics, U. S. Officials Say. https://www.nytimes.com/2022/03/02/us/politics/russa-ukraine-china.html
3 Matthias Naß: Putins Komplize, *DIE ZEIT*, 10. März 2022
4 Alexander Gabuev: China's New Vassal. How the War in Ukraine Turned Moscow Into Beijing's Junior Partner, *Foreign Affairs*, 9. August 2022. https://www.foreignaffairs.com/print/node/1129127
5 Lea Sahay: Projekt Neuordnung der Welt, *Süddeutsche Zeitung*, 22. Juni 2022
6 Fu Ying: How China Sees Russia. Beijing and Moscow Are Close, but Not Allies, *Foreign Affairs*, Januar/Februar 2016, S. 96–105

7 «Die Fronten klären sich. Und China ist auf der anderen Seite.» *Süddeutsche Zeitung*, 30. März 2022
8 Sarah Kirchberger, Svenja Sinjen und Nils Wörmer (Hrsg.): Russia-China Relations. Emerging Alliance or Eternal Rivals? Open Access Publication 2022, S. 297
9 Der stille Komplize, *Der Spiegel*, 12. März 2022
10 Chris Buckley: At home, China rallies the party to back Russia, *New York Times International Edition*, 5. April 2022
11 Winning the narrative war, *The Economist*, 26. März 2022
12 Beijing warns of retaliation if hit by sanctions, *Financial Times*, 16. März 2022. Siehe auch: China's attempt to play both sides of the Ukraine crisis is starting to crack. https://www.washingtonpost.com/world/2022/03/16/china-ukraine-russia-war-diplomacy-strategy/
13 «They were fooled by Putin»: Chinese historians speak out against Russian invasion. https://www.theguardian.com/world/2022/feb/28/they-were-fooled-by-putin-chinese-historians-speak-out-against-russian-invasion
14 Gideon Rachman: Xi faces a fateful decision on Ukraine, *Financial Times*, 15. März 2022
15 Matthias Naß: Die Torheit des Wladimir Putin, *ZEIT Online*, 8. Juni 2022 https://www.zeit.de/politik/ausland/2022-06/krieg-ukraine-wladimir-putin-russland
16 China will not ditch Russia, for now. *The Economist*, 17. September 2022
17 Friederike Böge: Dafür traut Xi sich außer Landes, *Frankfurter Allgemeine Zeitung*, 15. September 2022
18 Steven Lee Myers und Chris Buckley: Key player on sidelines as conflict escalates, *The New York Times International Edition*, 24. März 2022
19 Xi, Putin hold phone call, vow mutual support amid global turbulence. http://www.globaltimes.cn/page/202206/1268239.shtml
20 Hannes Adomeit: Russia's Strategic Outlook and Policies: What Role for China? In: Kirchberger et al., a. a. O., S. 22 f.
21 Friedrich Schmidt und Patrick Welter: Vernichtungstraining in Fernost, *Frankfurter Allgemeine Zeitung*, 7. September 2022
22 Matthias Naß: Ein Zweckbündnis gegen den Westen, *ZEIT Online*, 9. Februar 2022 https://www.zeit.de/politik/ausland/2022-02/russland-china-buendnis-ostblock-nato
23 The kaleidoscope turns. Why Narendra Modi criticised Vladimir Putin in Samarkand, *The Economist*, 24. September 2022
24 Isolated Russia buys North Korean arms. *New York Times International Edition*, 7. September 2022. North Korea deepens ties with isolated Kremlin, *Financial Times*, 9. September 2022
25 https://www.scmp.com/week-asia/opinion/article/3192700/myanmars-arms-trade-defence-drills-and-energy-deals-russia-show
26 http://www.globaltimes.cn/page/202207/1269756.shtml

27 Jessica Chen Weiss: The China Trap. U. S. Foreign Policy and the Perilous Logic of Zero-Sum Competition. In: *Foreign Affairs*, September/Oktober 2022, S. 53

28 https://www.fmprc.gov.cn/mfa_eng/zxxx_662805/202302/t20230224_11030713.html

2. Japan – Suche nach einer neuen Normalität

1 Matthias Naß: Regent in Krieg und Frieden. *DIE ZEIT*, 13. Januar 1989

2 Matthias Naß: Der Riese sucht seine Rolle. *DIE ZEIT*, 16. Februar 1990

3 Christopher W. Hughes, Alessio Patalano und Robert Ward: Japan's Grand Strategy: The Abe Era and Its Aftermath, *Survival*, Februar/März 2021, S. 125–160

4 Ryan Hass: Stronger. Adapting America's China Strategy in an Age of Competitive Interdependence, New Haven und London 2021, S. 173

5 https://www.straitstimes.com/asia/washingtons-diplomatic-outreach-to-allies-welcome-news-for-tokyo-the-statesman

6 The U. S.-Japan Alliance in 2020. An Equal Alliance With a Global Agenda. Center for Strategic and International Studies, Washington D. C., Dezember 2020, S. 1. https:///www.csis.org/analysis/us-japan-alliance-2020

7 Brad Glosserman: Abe was key to the Indo-Pacific's evolution. Pacific Forum, PacNet#3, 18. Januar 2022. https://www.pacforum.org/publication/pacnet-3-abe-was-key-to-the-indo-pacifics-evolution

8 Demetri Sevastopulo und Kathrin Hille: US and Japan conduct war games amid China tensions over Taiwan, *Financial Times*, 1. Juli 2021

9 Matthias Naß: Geheime Treffen am Berg Fuji, *DIE ZEIT*, 25. Oktober 2012

10 Eine Beziehung auf dem Tiefpunkt, *Frankfurter Allgemeine Zeitung*, 17. Juli 2019

11 Vgl. Desmond Ball, Lucie Béraud-Sudreau, Tim Huxley, C. Raja Mohan, Brendan Taylor: Asia's New Geopolitics, London 2021, S. 23

12 https://www.scmp.com/comment/opinion/article/3163695/japans-defence-pact-australia-reflects-its-shifting-military

13 Alexandra Sakaki: Japans sicherheitspolitische Neuausrichtung. Stiftung Wissenschaft und Politik, Berlin, SWP-Aktuell Nr. 13, Februar 2023

14 Thomas Hahn: Eine Delle in Japans Pazifismus, *Süddeutsche Zeitung*, 17./18. Dezember 2022. Patrick Welter: Japan rüstet auf, *Frankfurter Allgemeine Zeitung*, 17. Dezember 2022

15 Thomas Hahn: Japan sucht den Schulterschluss, *Süddeutsche Zeitung*, 11. Januar 2023

3. Australien – Bollwerk zwischen zwei Ozeanen

1 https://www.washingtonpost.com/opinions/global-opinions/australia-is-standing-up-to-chinas-bullying-it-needs-us-support/2020/12/04/666475fa-3656-11eb-8d38-6aea1adb3839_story.html
2 Richard McGregor: China sends a message with Australian crackdown. *Financial Times*, 26. November 2020
3 Vgl. Rory Medcalf: Indo-Pacific Empire. China, America and the Contest for the World's Pivotal Region, S. 225
4 Soaring migration feeds Australian alarm about China, *New York Times International Edition*, 21./22. September 2019
5 Australia aims to curb China sway on campus, *Financial Times*, 29. August 2019
6 https://www.foreignpolicy.com/2021/11/09/australia-china-decoupling-trade-sanctions-coronavirus-geopolitics
7 *Welt am Sonntag*, 13. Dezember 2020
8 Kurt M. Campbell: The Pivot. The Future of American Statecraft in Asia, S. 217
9 obamawhitehouse.archives.gov/the-press-office/2011/11/17/remarks-president-obama-australian-parliament
10 Australia questions its global allegiances, *New York Times International Edition*, 5. Dezember 2017
11 Sam Roggeveen: Australia risks it big on the U. S., *New York Times International Edition*, 21. September 2021
12 https://www.theguardian.com/australia-news/2021/dec/01/bidens-indo-pacific-adviser-says-australia-wont-lose-sovereignty-under-aukus-deal
13 https://www.zeit.de/politik/ausland/2021-09/indopazifik-politik-eu-usa-china-konflikt-ruestungsexporte-wahlkampf
14 Till Fähnders: Der Neue im Quartett, *Frankfurter Allgemeine Zeitung*, 24. Mai 2022
15 https://www.scmp.com/news/china/diplomacy/article/3184938/us-and-australia-must-boost-indo-pacific-security-cooperation

4. Indien – Stolze Unabhängigkeit

1 *Financial Times*, 26./27. März 2022
2 Amy Kazmin: India unleashes naval power as Beijing tensions rise, *Financial Times*, 29. Oktober 2020
3 https://www.scmp.com/week-asia/politics/article/3206739/china-and-india-navies-vie-influence-indian-ocean-amid-border-tensions
4 The International Institute for Strategic Studies: Strategic Survey 2022. The Annual Assessment of Geopolitics, London 2022, S. 156
5 Vgl. Felix Heiduk: Sicherheit im Indo-Pazifik. Die Asianisierung der regionalen Sicherheitsarchitektur, Stiftung Wissenschaft und Politik, Berlin, Oktober 2022, S. 22–27

6 https://www.globaltimes.cn/page/202301/1284302.shtml
7 Demetri Sevastopulo und John Reed: US and India sign tech and defence deals in attempt to counter China, *Financial Times*, 1. Februar 2023
8 *Frankfurter Allgemeine Zeitung*, 21. Februar 2023
9 Herbert Wulf: Tschüss Schattendasein, *IPG*, 23. Januar 2023
10 Till Fähnders: Indien spürt die deutsche Zeitenwende nicht, *Frankfurter Allgemeine Zeitung*, 22. Februar 2023
11 Shivshankar Menon: The Fantasy of the Free World, https://www.foreignaffairs.com/articles/united-states/2022-04-04/fantasy-free-world
12 Roger Cohen: Russia's war paves way for India's ambitions, *The New York Times International Edition*, 7./8. Januar 2023
13 Toru Takahashi: Why India as new superpower could spell trouble for the West. https://www.asia.nikkei.com/Spotlight/Comment/Why-India-as-new-superpower-could-spell-trouble-for-the-West
14 Christoph Hein: Modi lässt die Muskeln spielen, *Frankfurter Allgemeine Zeitung*, 14. Februar 2023
15 Shivshankar Menon, a. a. O.

IV. Neue Allianzen

1. Quad – Eine «asiatische Nato»?

1 Center for Strategic and International Studies (CSIS). Press Briefing: «Previewing the Quad Leaders Summit», Washington D. C., 22. September 2021
2 https://www.mofa.go.jp/region/asia-paci/pmv0708/speech-2.html
3 Kevin Rudd: The Avoidable War. The Dangers of a Catastrophic Conflict between the US and Xi Jinping's China, New York 2022, S. 20
4 David Shambaugh: Where Great Powers Meet. America & China in Southeast Asia, New York 2021, S. 74
5 Patrick Welter: Unterschiedlich heftig gegen China, *Frankfurter Allgemeine Zeitung*, 7. Oktober 2020
6 https://www.globaltimes.cn/page/202109/1234988.shtml
7 https://www.washingtonpost.com/politics/us-vaccine-asian-countries/2021/03/12/4e9371b4-835f-11eb-9ca6-54e187ee4939_story.html
8 Kevin Rudd, a. a. O., S. 206
9 https://www.globaltimes.cn/page/202109/1234998.shtml
10 *Financial Times*, 1. April 2022
11 *Associated Press*, 10. Februar 2022
12 https://www.edition.cnn.com/2021/03/11/asia/quad-us-india-japan-australia-intl-hnk/index.html

2. Aukus – Drei Westmächte rüsten auf

1 Till Fähnders: Eine halbe Minute Wirbel, *Frankfurter Allgemeine Zeitung*, 3. November 2021
2 Michaela Wiegel: Der Champagner blieb im Kühlfach, *Frankfurter Allgemeine Zeitung*, 18. September 2021
3 Matthias Naß: Die Welt dreht sich weiter – Europa schaut zu. https://www.zeit.de/politik/ausland/2021-09/indopazifik-politik-eu-usa-china-konflikt-ruestungsexporte-wahlkampf
4 Brad Glosserman: After Aukus, «Present at the creation» in the 21st century. In: Pacnet Nr. 46, 5. Oktober 2021. Honolulu, Hawaii. www.pacforum.org
5 www.theguardian.com/politics/2022/apr/05/aukus-pact-extended-to-development-of-hypersonic-weapons; www.scmp.com/news/china/military/article/3173187/aukus-partnership-plans-develop-hypersonic-weapons-apparent
6 Rana Mitter: The Aukus pact is a sign of a new global order. www.theguardian.com/commentis.free/2021/sep/17/aukus-pact-china-us-european-security-nato
7 edition.cnn.com/2021/09/16/australia/australia-china-us-aukus-submarine-intl-hnk/index.html
8 Ebd.
9 Damien Cave und Chris Buckley: Australia bets on lasting American Power *New York Times International Edition*, 18./19. September 2021

V. Europäische Interessen

1. Deutschland – Wird unsere Sicherheit auch am Indopazifik verteidigt?

1 Matthias Naß: Neu hier. Die Bundesregierung schickt eine Fregatte in den Pazifik – und zeigt damit politisch Flagge gegen China, *DIE ZEIT*, 10. Juni 2021
2 Daniel Brössler: Eindeutig uneindeutig, *Süddeutsche Zeitung*, 2. August 2021
3 Mike Szymanski: Flagge zeigen in schweren Gewässern, *Süddeutsche Zeitung*, 3. August 2021
4 Leitlinien zum Indo-Pazifik. Deutschland-Europa-Asien. Das 21. Jahrhundert gemeinsam gestalten. https://www.auswaertiges-amt.de/blob/2380500/33f978a9d4f511942c241eb4602086c1/200901-indo-pazifik-leitlinien--1--data.pdf
5 Ebd.
6 Lewe Paul und Isabel Weininger: Sicherheitspolitik im Indopazifik. Wie kommt Deutschland von Worten zu Taten? Auslandsinformationen 1/2021, Konrad-Adenauer-Stiftung, Berlin, April 2021, S. 37
7 Peter Carstens und Johannes Leithäuser: Flagge zeigen gegenüber China, *Frankfurter Allgemeine Zeitung*, 3. August 2021

8 Mike Szymanski: Für freie Fahrt durch schwieriges Gewässer, *Süddeutsche Zeitung*, 24. November 2021
9 Matthias Naß: Deutschlands Abschied vom chinesischen Traum. https://www.zeit.de/politik/2022-06/china-deutschland-beziehungen-russland-ukraine-krieg-corona
10 Joe Miller: VW business in China tests German foreign policy, *Financial Times*, 17. März 2022
11 *Frankfurter Allgemeine Zeitung*, 31. März 2022
12 *Süddeutsche Zeitung*, 11./12. Juni 2022
13 *Frankfurter Allgemeine Zeitung*, 21. Mai 2022
14 *Welt am Sonntag*, 8. Mai 2022
15 *Der Spiegel*, 21. Mai 2022
16 *Frankfurter Allgemeine Zeitung*, 17. August 2022
17 Ebd.
18 Siehe auch: Christina zur Nedden, Zeichen setzen im Indopazifik, *Welt am Sonntag*, 21. August 2022. Till Fähnders, Präzisionsarbeit bei 800 Stundenkilometern, *Frankfurter Allgemeine Zeitung*, 22. August 2022
19 Matthias Naß: Nichts gelernt? ZEIT-Online, 21. Oktober 2022. https://www.zeit.de/politik/ausland/2022-10/hamburger-hafen-cosco-china-container-terminal-kanzleramt

2. Frankreich – Konfetti des Imperiums

1 https://www.elysee.fr/emmanuel-macron/2018/05/03/discours-a-garden-island-base-navale-de-sydney
2 Philippe Le Corre: France's Indo-Pacific «Third Way», Carnegie Europe, 7. Oktober 2021 https://carnegieeurope.eu/strategiceurope/85525
3 Frédéric Grare: France, the Other Indo-Pacific Power. Carnegie Endowment for International Peace, 21. Oktober 2020
4 Frédéric Grare: Exploring Indo-Pacific Convergences: The Australia-France-India Trilateral Dialogue, *The Washington Quarterly*, Winter 2021, S. 159
5 Maximilian von Klenze: Unter Hummern, *Süddeutsche Zeitung*, 4./5. Dezember 2021
6 *Frankfurter Allgemeine Zeitung*, 13. Dezember 2021
7 Victor Mallet: Macron admits nuclear debt to Polynesia, *Financial Times*, 29. Juli 2021
8 *Frankfurter Allgemeine Zeitung*, 29. Juli 2021
9 Nadia Pantel: Schuld ohne Entschuldigung, *Süddeutsche Zeitung*, 29. Juli 2021
10 «Gewalt stoppt uns nicht»: Gespräch mit David McTaggart, *DIE ZEIT*, 23. August 1985
11 *New York Times*, 12. Oktober 2021
12 https://www.theguardian.com/world/2021/nov/23/as-china-threat-rises-can-aukus-alliance-recover-from-rancorous-birth

13 *Financial Times*, 13. Juni 2022
14 Christoph Hein: 555 Millionen, kein U-Boot, *Frankfurter Allgemeine Zeitung*, 13. Juni 2022

3. Großbritannien – Weltpolitik östlich von Suez

1 Jonathan Ford und Laura Hughes: From a «golden era» to the deep freeze, *Financial Times*, 14. Juli 2020
2 https://www.gov.uk/government/publications/global-britain-in-a-competitive-age-the-integrated-review-of-security-defence-development-and-foreign-policy
3 Jochen Buchsteiner: Johnsons «Schwenk nach Asien». *Frankfurter Allgemeine Zeitung*, 17. März 2021
4 Großbritannien will Atomarsenal vergrößern, *Frankfurter Allgemeine Zeitung*, 17. März 2021
5 Patrick Wintour: Why Britain is tilting to the Indo-Pacific region. https://www.theguardian.com/politics/2021/mar/15/why-britain-is-tilting-to-the-indo-pacific-region
6 Robert Shrimsley: UK's policy on China is full of contradictions. *Financial Times*, 11. März 2021
7 *Frankfurter Allgemeine Zeitung*, 30. November 2022
8 Jochen Buchsteiner: Gegen Peking und Moskau. *Frankfurter Allgemeine Zeitung*, 27. Juli 2020
9 U. K.'s Biggest Naval Fleet in Decades to Flex Muscle With Eye on China and U. S., *The Wall Street Journal*, 13. Mai 2021. https://www.wsj.com/articles/u-k-s-biggest-naval-fleet-in-decades-to-flex-muscle-with-eye-on-china-and-u-s-11620907201
10 Building «Global Britain» will require hard choices, *Financial Times*, 17. März 2021
11 «Permanent military presence» in Indo-Pacific an exaggerated illusion for London, *Global Times*, 7. September 2021. https://www.globaltimes.cn/page/202109/1233611.shtml
12 The International Institute for Strategic Studies (IISS): The UK Indo-Pacific Tilt: Defence and Military Implications, Juni 2022, S. 7
13 Philippe Sands: Britain holds on to a colony in Africa, with U. S. help, *New York Times International Edition*, 5. April 2021
14 Claudia Bröll: Verbannt aus dem Paradies, *Frankfurter Allgemeine Sonntagszeitung*, 14. August 2022
15 Arne Perras: Wem gehört Diego Garcia? *Süddeutsche Zeitung*, 4. Januar 2023
16 Philippe Sands, a. a. O.

4. Nato – Das Bündnis globalisiert sich

1 Matthias Naß: Zum Geburtstag Atomraketen, *ZEIT-Online*, 7. Juli 2021. https://www.zeit.de/politik/ausland/2021-07/china-aufruestung-atomraketen-militaer-usa-5vor8
2 https://carnegieendowment.org/2021/08/05/what-s-driving-china-s-nuclear-buildup-pub-85106
3 Matthias Naß: Ein neuer Sputnik-Moment für die USA, *ZEIT-Online*, 10. November 2021. https://www.zeit.de/politik/ausland/2021-11/nukleares-wettruesten-atomwaffen-usa-china-militaer-5vor8
4 https://www.ft.com/content/cf8c6d06-ff81-42d5-a81e-c56f2b3533c2
5 Pierre Haroche und Martin Quencez: Nato Facing China. Responses and Adaptations, *Survival*, Juni/Juli 2022, S. 75
6 *Frankfurter Allgemeine Zeitung*, 2. Dezember 2020. Siehe auch: Frischzellenkur für die Nato, *Süddeutsche Zeitung*, 2. Dezember 2020
7 «China teilt nicht unsere Werte», *Der Spiegel*, 12. Juni 2021
8 Matthias Naß: Bündnisfall Fernost, *ZEIT-Online*, 14. Juni 2021. https://www.zeit.de/politik/ausland/2021-06/nato-gipfel-bruessel-joe-biden-china-russland-sicherheitspolitik-verteidigung
9 Pierre Haroche und Martin Quencez, a. a. O., S. 74
10 Andrew Small, Bonnie S. Glaser und Garima Mohan: Closing the Gap. US-European Cooperation on China and the Indo-Pacific. The German Marshall Fund of the United States, Februar 2022, S. 24
11 *Frankfurter Allgemeine Zeitung*, 11. Juni 2021
12 Nikolaus Busse: Die neuen Aufgaben der Nato, *Frankfurter Allgemeine Zeitung*, 15. Juni 2021
13 https://www.defense.gov/News/Speeches/Speech/Article/3059852/remarks-at-the-shangri-la-dialogue-by-secretary-of-defense-lloyd-j-austin-iii-a/
14 *Global Times*, 23. Juni 2022
15 Markus Kaim und Angela Stanzel, Der Aufstieg Chinas und das neue strategische Konzept der Nato, SWP-Aktuell, Nr. 5, Januar 2022, S. 5
16 Ebd.
17 A tale of two NATOs, *The Economist*, 18. Juni 2022

VI. Die Supermächte sammeln ihre Truppen

1 National Security Strategy. The White House, Washington D. C., 12. Oktober 2022. https://www.whitehouse.gov/wp-content/uploads/2022/10/Biden-Harris-Administration-National-Security-Strategy-10.2022.pdf
2 Deutschland verliert an der Börse dramatisch an Einfluss. *Frankfurter Allgemeine Zeitung*, 30. Dezember 2022
3 https://www.cnbc.com/2023/02/28/watch-live-us-house-china-panel-holds-first-hearing-html

4 David E. Sanger: Don't Call It a Cold War: U. S. Labors to Name China Rivalry, *The New York Times*, 18. Oktober 2021

5 Michael R. Auslin: Asia's New Geopolitics. Essays on Reshaping the Indo-Pacific, Hoover Institution Press, Stanford 2020, S. 9

6 Steven Lee Myers: China challenges U. S. for leadership in a new world order, *The New York Times International Edition*, 31. März 2021

7 Sigmar Gabriel: Auf den Schultern von Riesen, *Frankfurter Allgemeine Zeitung*, 6. Dezember 2021

8 Gideon Rachman: Ukraine and the start of a second cold war, *Financial Times*, 7. Juni 2022

9 *Financial Times*, 8. März 2022

10 *Frankfurter Allgemeine Zeitung*, 30. März 2022

11 *Financial Times*, 16./17. Oktober 2021

12 https://www.nato.int/cps/en/natohq/opinions_210901.htm

13 https://www.apnews.com/article/russia-ukraine-nato-politics-jens-stoltenberg-china-aeb7fdc3ff76413aab3a84c8afa22288

14 https://www.handelsblatt.com/politik/international/verteidigung-peking-nato-soll-einfluss-auf-traditionelle-verteidigungszone-beschraenken/28956388.html

15 Nic Fildes: Australia eyes new sub base after «wake-up-call», *Financial Times*, 8. März 2022

16 Felix Heiduk: Sicherheit im Indo-Pazifik. Die Asianisierung der regionalen Sicherheitsarchitektur, SWP-Studie 11, Stiftung Wissenschaft und Politik Berlin, Oktober 2022, S. 18 f.

17 https://www.washingtonpost.com/world/2022/05/13/asean-southeast-asia-china-biden/

18 Demetri Sevastopulo: China forecast to extend nuclear arsenal to 1,500 warheads, *Financial Times*, 30. November 2022

19 The International Institute for Strategic Studies: Asia's New Geopolitics. Military Power and Regional Order, London 2021, S. 175

20 https://www.theguardian.com/world/2022/nov/09/xi-jinping-tells-chinas-army-to-focus-on-preparation-for-war

21 Lea Sahay: Ungewohnte Schärfe aus China, *Süddeutsche Zeitung*, 8. März 2023. Friederike Böge: Die Schuldigen sind andere, sagt Xi, *Frankfurter Allgemeine Zeitung*, 8. März 2023.
https://www.edition.cnn.com/2023/03/07/china/china-two-sessions-new-foreign-minister-us-rebuke-intl-hnk/index.html

Bildnachweis

Seite 11: picture alliance/Reuters/Randall Hill
Seite 20: SOPA Images Limited/Alamy Live News/Alamy Stock Foto
Seite 25: Robert Boc/Alamy Stock Foto
Seite 31, 85: picture alliance/Associated Press/Koki Kataoka
Seite 44: aus: Bitter Winter. A Magazine on Religious Liberty and Human Rights (online magazine)
Seite 54: Hartramph/ullstein bild, Berlin
Seite 75: picture alliance/Associated Press/Alex Brandon
Seite 79,171: picture alliance/Associated Press/Uncredited
Seite 96: Cynthia Lee/Alamy Stock Foto
Seite 106: picture alliance/Pool Photo via AP/Francis Malasig
Seite 120: picture alliance/ZUMAPRESS.com/Mcs Kaylianna Genier/U.S. Navy/Planet Pix via ZUMA Wire
Seite 126: picture alliance/EPA/Alexei Druzhinin/Kremlin/Sputnik/Pool Mandatory Credit
Seite 143: akg-images, Berlin
Seite 150: picture alliance/EPA-EFE/Franck Robichon
Seite 189: picture alliance/EPA/Etienne Laurent
Seite 200: picture alliance/dpa/Sina Schuldt
Seite 208: imageBROKER/Holger Weitzel/Alamy Stock Foto
Seite 213: picture alliance/abaca/Eliot Blondet/Abacapress.com
Seite 219: picture alliance/Reuters/Kimimasa Mayama
Seite 227: picture alliance/dpa/MAXPPP/Foto: VCG

Personenregister

AUS DEM VERLAGSPROGRAMM

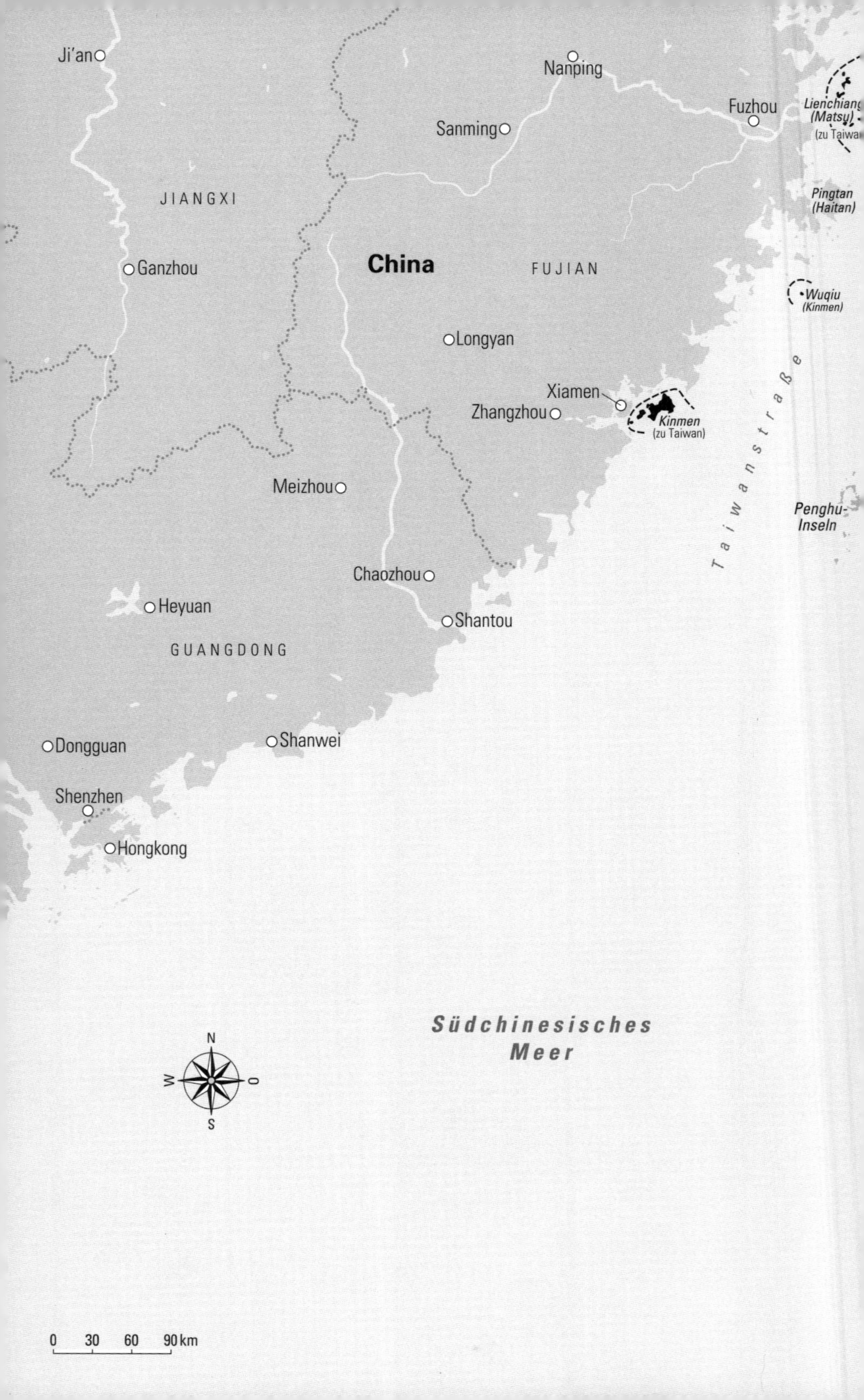

Ji'an
Nanping
Fuzhou
Lienchiang
(Matsu)
Sanming
JIANGXI
Pingtan
(Haitan)
Ganzhou
China
FUJIAN
Wuqiu
(Kinmen)
Longyan
Taiwanstraße
Xiamen
Zhangzhou
Kinmen
(zu Taiwan)
Meizhou
Penghu-
Inseln
Chaozhou
Heyuan
Shantou
GUANGDONG
Dongguan
Shanwei
Shenzhen
Hongkong
Südchinesisches
Meer
N
W
O
S
0
30
60
90 km